Für die wichtigsten drei Frauen meines Lebens
meine Mutter, meine Tochter und Doreen

Bildnachweis:
Die Bilder des Textteils: Andreas Zmuda, Doreen Kröber
Coverfoto: Andreas Zmuda
Kartenicon: © Stepmap GmbH, Berlin
Karte: Andreas Zmuda, Cordula Hamann

Bibliografische Information der Deutschen Bibliothek:
Die Deutsche Bibliothek verzeichnet diese Publikation in der deut-
schen Nationalbibliografie. Detaillierte bibliografische Daten sind im
Internet über http://dnb.ddb.de abrufbar.

© 2013 traveldiary.de Reiseliteratur-Verlag, Hamburg
www.reiseliteratur-verlag.de
www.traveldiary.de

Umschlagentwurf und Layout: Jürgen Bold, Jens Freyler
Satz: Jens Freyler
Druck: Standartu Spaustuve

ISBN 978-3-944365-23-7

Andreas Zmuda, Cordula Hamann

Abflug

Der Beginn einer abenteuerlichen
Weltreise mit dem „fliegenden Motorrad"

Prolog

Da saß sie nun auf diesem alten, roten Sofa. Pippi Langstrumpf Zöpfe, ein rotes Kopftuch über einem selbstbewussten Gesicht. Sie lächelte mich an, fragend, vielleicht auch hoffend? In einem karierten Hemd und einer grauen Trekkinghose steckte ein durchtrainierter und äußerst wohlgeformter Körper. Dazu reichte mir ein einziger Blick und mein Hormonhaushalt kam auf Touren. Hoffentlich gehörte sie zu meiner Gruppe.

Meine bisherige Reisegruppe hier in Cusco, Peru bestand aus einer älteren, ständig schlechtgelaunten Dame, einem Postbeamten aus Wien, klein, mit Halbglatze und dickem Bauch, und einem Ehepaar, bei dem er nicht viel zu sagen hatte und sie ununterbrochen von Urlauben aus der Vergangenheit schwärmte. Der ebenfalls zu meiner Gruppe gehörende pensionierte Biologie-Lehrer war für mich schlicht der Horror, da ich mich nach zwanzig Jahren als Reiseleiter noch immer nicht mit der Flora und Fauna des Amazonas-Dschungels auskannte. Ute, eine vollbusige Dame aus Sachsen, schien ganz nett zu sein und verstand sich offenbar prächtig mit zwei Freundinnen aus Berlin, eine gemütlich rund, Rastalocken mit bunten Perlen in einem Moskitoganzkörperschutzanzug, den sie wahrscheinlich auch noch nachts im Schlafsack trug. Die andere eine Ärztin und optisch das Gegenteil. Dazu noch ein junger, halbseitig spastisch Gelähmter, bei dem ich mich fragte, wie ein Reisebüro diesen Mann überhaupt auf eine vierwöchige Amazonas-Expedition von Peru über Bolivien nach Brasilien schicken konnte. Ja, und dann die auf dem roten Sofa, die einzige nach meinem Geschmack.

Mein Job als Reiseleiter für Dschungelexpeditionen und Trekkingtouren brachte kaum Geld ein, half mir aber, viele nette Frauen kennen zu lernen. Zu viele nach Meinung meiner kolumbianischen zweiten Ehefrau. Sie warf mich hinaus und von nun an verbrachte unser gemeinsamer Sohn Stevie die gesamten Sommerferien bei mir, egal wo auf der Welt. Das passte ganz gut, da meine damals 16-jährige Tochter Steffi aus meiner ersten Ehe in Berlin nun ihrerseits das Liebesleben entdeckte und daher auf die Sommerferien-Reisen mit Papa verzichtete.

Als klar war, dass Pippi Langstrumpf tatsächlich zu meiner Reisegruppe gehörte, konnte mir weder der Biologe, noch die ständig nörgelnde ältere Dame mehr etwas anhaben. Acht Tage brauchte ich. Dann nutzte ich die Pause in einem kleinen Dschungeldorf und den dortigen Barbesuch. Nach einigen Rum & Coke wurde die Reisegruppe schnell locker und der DJ reagierte prompt. Er legte nach einem ordentlichen Trinkgeld anstelle des bisherigen Technos den vereinbarten langsamen Blues auf und ich bat Doreen, so hieß die Schöne von der roten Couch, auf die Tanzfläche.

Danach waren wir unzertrennlich. Als wir uns in Manaus verabschiedeten, wusste ich, dass sie nun zwar allein nach Berlin flog, aber ich ihr nach zwanzig Jahren Südamerika, Karibik und vielen Abenteuern in wenigen Tagen folgen würde. Auf solch eine Frau hatte ich mein Leben lang gewartet. Aus die Zeit der wilden Nächte. Aus der Morgen danach, wenn das Blut von weiter unten wieder im Gehirn angelangt war und ich mich fragte, wie ich in diesem Bett hatte landen können.

Nur ein Jahr später und rund 11.000 Kilometer von Peru entfernt sitzt Doreen wieder auf einer roten Couch. Wir sind zu Besuch bei ihren Eltern in Halle. Hätte ich Doreens Vater gerade mitgeteilt, dass er ab sofort und lebenslang auf sein geliebtes Bier zum Abendessen verzichten müsse, er hätte mich nicht entsetzter ansehen können. Seine Augen sind weit, sein Blick kalt auf mich gerichtet. Er öffnet den Mund, allerdings nur, um ihn gleich wieder zu schließen. Ohne ein Wort. Dabei wären mir Zweifel, schlimmstenfalls Beschimpfungen in seinem herrlich sächsischen Dialekt, lieber als dieses Schweigen. Denn dagegen hätte ich Argumente setzen können. Obwohl… welche Argumente? Nach nur einem gemeinsamen Jahr als Paar, hat sich unser Vorhaben Stück um Stück entwickelt. Aus Urlaubsplänen sind Pläne für eine halbjährige Auszeit geworden. Aus dem halben Jahr ein Jahr. Dann, an einem gemütlichen Abend auf unserem Balkon bei zwei oder drei Flaschen Rotwein und einem schönen Straußen-Filet vom Grill, entstand ein konkreter Plan: Eine Reise über fünf Kontinente mit einer Dauer von drei bis vier Jahren. Mein neuer, nun geregelter bürgerlicher Alltag sollte sich urplötzlich wieder zurückverwandeln in ein chaotisches Leben als Vagabund. 160.000 Kilometer rund um die Welt und das in einem offenen Ultraleichtflugzeug, unserem nagelneuen Trike, einem fliegendem Motorrad. So etwas Verrücktes habe selbst ich mir noch niemals ausgedacht.

Vorhin bei unserer Ankunft war Doreens Mutter noch warmherzig und offen. Auch das Essen mit Kassler, Klößen und leckerer Meerrettichsoße verlief ganz entspannt. Aber nun setzt sie sich im Zeitlupentempo neben ihre Tochter auf die rote Couch. Abwechselnd sieht sie Doreen und mich an, eine

Mischung aus Ungläubigkeit und Angst in ihren Augen. Und ein bisschen Wut kann ich auch erkennen.

„Doreen hat gekündigt?"

Warum spricht sie ihre Tochter nicht direkt an? Ich würde mich jedenfalls in diesem Moment gerne hinter Doreen verstecken, um den mütterlichen Blicken zu entgehen. Wenn das schon körperlich nicht funktionieren kann, dann doch wenigstens mental. Schließlich ist Doreen eine gestandene selbstbewusste Frau von Ende Dreißig. Das zeigt sie dann auch. Sie geht zu ihrem Vater, nimmt ihn bei der Hand und führt ihn zur Couch.

„Setz dich, Papa, wir haben euch etwas mitgebracht. Danach, glaubt mir, versteht ihr uns ganz sicher besser." Sie öffnet in unserem mitgebrachten Laptop das selbstgebastelte Video. Eine Mischung aus Aufnahmen von zwei Trike-Abenteurern aus der Schweiz und Südafrika, die eine ähnliche Expedition, wenn auch nicht so weit und so lange geflogen sind, und dazwischen geschnittene Fotos von Doreen und mir und einem Trike, das in etwa dem gleicht, was gerade von einem der führenden Hersteller für Ultraleichtflugzeuge in Frankreich eigens für uns gebaut wird.

Lächelnd beobachten wir, wie sich Doreens Eltern durch die Bilder von unserer Abenteuerlust anstecken lassen. Ihre anfänglichen Behauptungen, dass wir eigentlich nur verrückt sein können, verstummen, nur ihre Fragen nach Details unserer Pläne zeigen, dass sie sich große Sorgen machen.

„Habt ihr eine Krankenversicherung?"

„Wie läuft das mit der Rente?"

„Was habt ihr für einen Plan danach?"

„Wie finanziert ihr das alles?"

Eine Krankenversicherung haben wir wirklich abgeschlossen. Ich war bisher siebzehn Jahren ohne diese ausgekommen, aber Doreen ist sie wichtig. Eine Rentenversicherung habe ich eh keine. Schließlich bin ich erst 50 Jahre alt und kann mir nicht vorstellen, mit der Arbeit aufzuhören. Und für danach haben wir keinen Plan. Aber bei fast achtzig Ländern werden wir schon eines finden, das uns dann zu einer guten Geschäftsidee inspiriert. Und wie wir das finanzieren? Ja, das ist wirklich ein ernstes Problem, das mir viele Nächte den Schlaf raubte, denn selbst Doreen weiß bis zu diesem Zeitpunkt nicht, wie teuer das Ganze eigentlich werden wird. Eigenmittel und die ganzen Kleinsponsoren stehen uns für das erste Jahr zur Verfügung. Aber danach? Ich bin mir sicher, dass sich eines Tages die Lösung auftun wird.

Und auch meine Eltern machen sich das erste Mal in meinem Leben Sorgen oder besser gesagt: Sie geben es das erste Mal zu, obwohl sie über die Jahre schon einiges von mir gewohnt sind. Aber diese Reise ist selbst ihnen zu viel. „Dies ist eine Kamikaze-Aktion. Es gibt sicher einfachere Wege, sich umzubringen", meint mein Vater.

Wenn er schon so reagierte, wie verständlich sind dann die Vorbehalte von Doreens Eltern. Doreen hatte wie ich ein harmonisches Elternhaus und ist auch ein Einzelkind. Aber das ist es dann schon mit den Parallelen. Ab ihrem dreizehnten Lebensjahr ist sie in einem Sportinternat aufgewachsen. Dann folgte das Studium zur Diplomwirtschaftsingenieurin und sie wurde beruflich sehr erfolgreich. Privat gesettelt warteten alle auf den überfälligen Nachwuchs, das Eigenheim und was sonst noch so zu einem geordneten Leben gehört. Damit ist nun also Schluss, denn sie hat mich kennengelernt. Innerhalb von acht Tagen wurde aus einem siebzehn Jahre langen Lebensgefährten ein Ex und ich der Neue, der begann, alles in ihrem Leben gehörig auf den Kopf zu stellen. Erstaunlicherweise haben mich ihre Eltern trotzdem freundlich aufgenommen, obwohl sie von Doreen wussten, dass sie ihren neuen Freund im Amazonasdschungel kennengelernt hatte. Wie mir später Rita, Doreens Mutter, verlegen gestand, dachten die Eltern, ich sei vielleicht ein wilder Indianer, der für die Reise nach Europa seinen Lendenschurz gegen eine Jeans getauscht hat. Naja, so schlimm war es nicht, aber sicher entsprach mein bisheriges Leben nicht gerade dem Idealbild eines Schwiegersohnes - und wüssten sie alles Details - drei gescheiterte Ehen, zwei Kinder von zwei Frauen, zwanzig Jahre lang ungeregeltes Einkommen, kein Haus, kein Auto und keinen Cent auf der Bank - wer weiß, ob ich das rote Sofa hier in Halle je gesehen hätte.

„Wann seid ihr denn nur auf diese Idee gekommen?", fragte Rita. Ehrlich gesagt: Ich hatte schon länger diesen Traum, einmal mit einem Trike um die Welt zu fliegen. Und dann erlebte ich etwas mit Doreen und plötzlich löste sich diese Idee aus der Traumwelt und drängte sich immer mehr in die Realität.

Ein halbes Jahr nachdem ich Doreen kennengelernt hatte, wollte ich einen neuen Reisebaustein für meine Agentur testen und fragte Doreen, ob sie Lust habe, mich zu begleiten. Im tiefsten Amazonien wollten wir eine ehemalige Asphaltstraße suchen, die sich der Urwald längst wieder zurückgeholt hatte. Diese Trekkingtour wäre beinahe nicht nur die erste, sondern auch die letzte

Die selbstgemachten Ausweise helfen bei mancher Sicherheitskontrolle

gemeinsame Reise geworden. Eine lange Geschichte, die ich mit Sicherheit zu einem späteren Zeitpunkt noch erzählen werde, wenn irgendwann einmal eine langweilige Etappe auf unserer Weltreise kommen sollte. Jedenfalls stand am Ende der Geschichte ein verärgerter Kuani-Indianer, mitten im Dschungel, der uns mit seiner Lanze aufspießen wollte. Eine Lanze mit einem Dreizack. Mit Widerhaken wohlgemerkt. Jede Frau, die ich bis dahin gekannt hatte, wäre entweder in Ohnmacht gefallen, in unkontrollierte Schreikrämpfe ausgebrochen oder hätte sich wenigstens in die Hose gemacht. Aber Doreen blieb ganz ruhig, wir überlebten, und spätestens an diesem Tag wusste ich, dass sie die richtige Frau an meiner Seite war. Im Leben und auch auf dieser ungewöhnlichen Weltreise, unserer Expedition als Trike-Globetrotter.

Inhalt

Die Welt passt in einen Pilotenkoffer.
Man muss sie nur herauslassen.
Kontinent für Kontinent, Land für Land, Mensch für Mensch.

Kapitel 1
Miami. Nur Anschauen. Nicht anfassen!

„Komm mal gucken", fordert Doreen mich auf. „Bei Facebook sind schon die Fotos von der Party und vom Flughafen gepostet."
Widerwillig erhebe ich mich von dem Bett, über dessen Größe sich selbst ein schlankes japanisches Paar beschweren dürfte, und trete hinter Doreen.
„Mann, sind wir gute Schauspieler", entfährt es mir.
Sie sieht mich fragend an. Auf dem Bildschirm hocken Doreen und ich vor bunten Plakaten, auf denen „Gute Reise" in allen Sprachen dieser Welt geschrieben steht, und grinsen so breit in die Kamera wie Popeye nach seiner fünften Dose Spinat. In Wirklichkeit habe ich mich selten so platt gefühlt. Die letzten Wochen in Berlin waren stressig. Doreen hat noch bis zum letzten Tag gearbeitet und ich von morgens vier Uhr bis spät in die Nacht am Computer versucht, unsere to-do-Liste abzuarbeiten, obwohl alle Zeit für „to do" bereits abgelaufen war. Es würde mich nicht wundern, wenn ich auf dem Foto irgendwo noch weiße Farbe an unseren Händen finden könnte. War es wirklich erst zwei Tage her, dass Doreen und ich die Wände ihrer Wohnung in Berlin-Friedrichshain gestrichen haben, um sie einigermaßen annehmbar dem Vermieter zurückzugeben? Jedenfalls war ich selten so froh, in ein Flugzeug zu steigen, wie gestern in Berlin-Tegel. Familie und Freunde haben uns am Vorabend in meinem Elternhaus verabschiedet und es sich trotzdem nicht nehmen lassen, auch noch am Flughafen zu erscheinen. War ich die vielen Male zuvor von Berlin über den großen Teich geflogen, hatte kein Hahn danach gekräht. Im Gegenteil: Mein Vater wartete gewöhnlicherweise nicht einmal bis zum Einchecken, um einem sonst unweigerlich drohenden Strafzettel für falsches Parken zu entgehen. Jetzt waren alle gekommen und trotzdem hatte ich nur den einen Wunsch: mich auf den Sitz fallen zu lassen, um bis Miami durchzuschlafen. Doreen stupste mich von der Seite an. „Wann können wir endlich einsteigen?", flüsterte sie mir zu. Ich formte meine Hände an meinem Mund wie einen Trichter. „Last call for Mrs. Kröber", trötete ich und wir sahen uns verschwörerisch an.
Ganz tapfer drückten unsere Eltern die Tränen weg, als es nun wirklich ans Einsteigen ging. Und Steffi, meine liebe, inzwischen 26jährige Tochter? Sie hatte bis zum Schluss gestrahlt und, wie kaum eine andere Tochter dieser Welt war sie es gewohnt, ihren Vater zum Flughafen zu bringen. Nun kullerten auch bei ihr die Tränen. Am liebsten wäre ich umgekehrt, um sie noch

„Großer Bahnhof" beim Abschied am Flughafen Berlin-Tegel

einmal in den Arm zu nehmen. Meinen Sohn Stevie werde ich schon in ein paar Tagen in Florida treffen, aber Steffi erst in einem Jahr wiedersehen. Ein letzter Blick durch die Glasscheibe auf diese Truppe, die uns so lieb ist, die wir so vermissen werden und die uns in den letzten Wochen so unterstützt hat. Noch einmal setzte ich mein breitestes Lächeln auf und winkte so munter und so lange, bis mir der Arm wehtat.

Was zwischen diesem Moment und jetzt lag, war nicht viel mehr als ein Direktflug von zehn Stunden, den wir neun Stunden lang verschlafen haben. Aber gleichzeitig eine der wichtigsten Entscheidungen unseres Lebens. Denn wir haben zuhause alles aufgegeben. Die Wohnungseinrichtung und das Auto verkauft. Unsere meisten Klamotten verschenkt, vertrödelt oder gespendet, Doreens sicheres Angestelltenverhältnis als Wirtschafts-Ingenieurin beim künftigen neuen Flughafen Berlin/Brandenburg gekündigt, für ihre Katze Luci eine neue Familie gefunden und meine Nachfolgerin bei Otto's Tours in ihre Verantwortung für alle drei Niederlassungen in Ecuador, Venezuela und Peru hoffentlich gut eingearbeitet. All unsere Hoffnung liegt in dem neuen Abschnitt, der heute beginnt und für den es nun kein Zurück mehr gibt. Mein Plan ist es, freiwillig vom ersten Moment der Reise an spesenmäßig in meinen frühesten Auswanderungsstatus zurückzukehren, um ja dieses Mega-Budget der kommenden Jahre irgendwie zu stemmen. Aber das stellt sich als ziemlich frustrierend heraus. Wie das kleine schäbige Hotel hier, das nur 500 Meter vom Strand entfernt liegt, bei dem ich allerdings jede Minute erwarte, dass die Kakerlaken aus den Ritzen kriechen.

„Ich muss hier raus", sage ich zu Doreen.

„Gucken kostet schließlich nichts", stimmt Doreen fröhlich zu. Für sie ist es der erste Aufenthalt in den USA, wo alles größer und breiter ist, wo jeder sich gleich als best friend ausgibt, niemand zu Fuß geht und sich auf den Tellern XXL-Portionen türmen. Und Budget hin oder her, das Schlendern auf dem weltberühmten Ocean Drive macht hungrig. Die leckeren Essensgerüche noch mehr. Aber wir bleiben standhaft und teilen uns eines der Aushang-Touri-Reinlock-Menus und werden tatsächlich von dem großen Steak, aber besonders von einem Riesenberg Kartoffelbrei satt. Trotzdem nervt mich der abschätzende Blick des Obers, wieso wir uns in unserem Alter nicht etwas Besseres leisten können. Ich könnte ihm jetzt aufzählen, in welchen exquisiten Hotels, an welch tollen Orten dieser Welt und in welch wunderbaren Restaurants ich bereits in meinem Leben gespeist habe. Und dass wir auch jetzt in diesem Moment jederzeit in eines der besten Art-Déco-Hotels am Drive wechseln könnten, um dort auf der Terrasse bei einem herrlichen Cocktail den flanierenden Menschen zuzusehen. Aber ich halte meinen Mund und lobe das Essen, obwohl Diplomatie nicht gerade eine meiner Stärken ist. Außerdem hätte die Aufzählung auch viel zu lange gedauert.

Hat er meine Gedanken gelesen? Ein Cocktail, ein XXL-Cocktail - was sonst im Land der Superlative? - steht vor uns. Doreen tauscht ein verschwörerisch verschmitztes Lächeln mit dem Ober. Ich rücke meinen Stuhl näher an sie heran und Hand in Hand sehen wir zu, wie das Tageslicht verschwindet und die Lichter Miami Beach in ein bunt leuchtendes Meer verwandeln.

Mann, wie lange ist es schon her, dass ich mir nur einen Cocktail leisten konnte? Jetzt ist der Verzicht freiwillig und mit Doreen stört er mich überhaupt nicht, aber früher… Ich muss unwillkürlich an Bogotá 1997 denken. Es war mein erstes Date mit Ingrid, meine spätere zweite Ehefrau und Stevies Mutter. Sie kam aus dem Norden Bogotás, ich aus dem Süden. Gerade keinen richtigen Job als Reiseleiter an der Hand, musste ich mit 250 Dollar über den Monat kommen. 50 Dollar gingen davon allein für die Miete eines drei Mal drei Meter großen Zimmers drauf. Das durfte meine neue Eroberung natürlich nicht wissen, denn im Norden der kolumbianischen Hauptstadt wohnten diejenigen, die 50 Dollar nicht für die Miete, sondern als angemessenes Trinkgeld in einem guten Restaurant gaben.

Bisher hatte ich von Ingrid nur ein Foto gesehen, das etwa bis zur Brust reichte. Deshalb schlug ich als Treffpunkt eine Kirche neben einem Park im Norden der Stadt vor. Ingrid war pünktlich. Ich war überpünktlich. Hinter einem der großen Parkbäume versteckt, hatte ich eine gute Aussicht auf den Eingang der Kirche. Doch die optische Prüfung hielt alles, was das kleine Foto versprochen hatte. Nach einer angemessenen Wartezeit hastete ich – eine Rose in der Hand – zu ihr und entschuldigte wortreich meine Verspätung. Ingrid betrachtete irritiert die einzelne Rose, die mir der Blumenverkäufer mit mitleidsvollen Blicken geschenkt hatte. Zu dieser Zeit kostete ein Strauß hundert roter Rosen etwa fünf Dollar und ein Kolumbianer kaufte seiner Angebeteten mindestens einen solchen Hunderter-Strauß. Aber Ingrid ist eine gebildete Frau und verzieh mir als Europäer diesen Fauxpas. Ich schlug eine kleine Bar in der Nähe vor und wir tranken einen Cocktail. In Kolumbien zahlt der Mann, ausschließlich und nicht nur bei einem Date. Einen zweiten Cocktail hätte ich nicht überstanden. Ich musste sie irgendwie anders beeindrucken. Deshalb hatte ich vorsichtshalber einen Katalog von Otto's Tours und die Videokassette einer Aufzeichnung des deutschen Fernsehens mitgenommen. Im Auftrag einer großen Markenfirma für Outdoor-Bekleidung hatte ich eine Tour durch Venezuela geführt, die gefilmt worden war. Ich glaube, Ingrid hatte zuvor noch niemals mit einem armen Verrückten wie mir zu tun gehabt und es war überraschend leicht, sie für die Idee zu begeistern, gemeinsam den Film anzusehen. Nur, wo?

„Wir können ihn bei mir sehen. Ich wohne ganz in der Nähe."

Genau auf einen solchen Vorschlag hatte ich gehofft. Mit ihrem Auto – ich hatte natürlich keines – fuhren wir noch weiter in den reichen Norden der Stadt hinein, in eine Tiefgarage, die der Pförtner erst nach einer entsprechenden Gesichtskontrolle öffnete. Mit dem Fahrstuhl fuhren wir direkt in eine Wohnung. Von einem großzügigen Flur gingen mindestens acht Türen ab.

„Welches ist dein Zimmer?", fragte ich.

„Wie meinst du? Das ist meine Wohnung", antwortete sie erstaunt.

„Okay", sagte ich nur und betrat das Wohnzimmer mit geschätzten zweihundert Quadratmetern. Ingrid deutete mir an, mich zu setzen und verließ den Raum wieder. Ich sah mich um. In Kolumbien gibt es keinen Fernseher im Wohnzimmer. Das ist unhöflich. Man hat ein gesondertes Fernsehzimmer und bei den Minderbegüterten steht das Gerät im Schlafzimmer. Ingrid kam mit zwei Drinks wieder zurück. „Lass uns hinüber gehen." Bei einer Acht-Zimmer-Wohnung überraschte es mich nicht, dass Ingrid mit hinüber leider den Fernsehraum meinte und meine Vorfreude, ohne den Umweg des Films ihr Schlafzimmer kennenzulernen, verschwand.

„Mist. Das habe ich vergessen: Hier steht nur das Fernsehgerät. Den Videorekorder habe ich noch… habe ich in meinem Schlafzimmer", gestand sie etwas verlegen.

Halleluja. Besser konnte es nicht laufen.

„Kümmer du dich um den Film. Ich mache uns noch ein paar Häppchen zu essen." Der Film war schnell eingelegt und das Gerät startbereit. Ich sah auf die Uhr und erschrak. Wie sollte ich um diese Zeit hier wieder wegkommen? Geld für ein Taxi hatte ich keines und der letzte öffentliche Bus dürfte soeben abgefahren sein. Zehn Kilometer durch Bogotá laufen? Da könnte ich mich gleich selbst umbringen, was für mich wahrscheinlich etwas humaner ablaufen würde. Nein, ich musste alles auf eine Karte setzen. Und diese Karte reichte mir gerade Ingrid, denn sie kam zurück und verkündete: „Ich habe noch etwas ganz Leckeres im Kühlschrank gefunden. Mach's dir doch schon bequem. In spätestens zehn Minuten bin ich fertig." Und verschwand wieder.

Wie macht man es sich als Mann im Schlafzimmer einer Frau bequem? Ich streifte die Schuhe ab und kletterte, die Fernbedienung in der Hand, auf das hölzerne Hochbett. Nun, mit meiner Straßenkleidung konnte ich mich hier schlecht hinlegen. Also zog ich mich aus – sagte ich schon, dass ich immer und überall nackt schlafe? – und schlüpfte unter die Bettdecke.

Es war gut, dass Ingrid die Leckereien aus ihrem Kühlschrank mit einem Servierwagen ins Zimmer schob, denn ein Tablett hätte sie bei meinem Anblick mit Sicherheit fallen lassen. Ingrid schwört bis heute, dass in dieser Nacht noch nichts zwischen uns gelaufen war. Meine Erinnerung sagt mir da etwas anderes.

„So, wie du lächelst, Schatzi, hast du gerade an etwas sehr Schönes gedacht. Woran denn?", reißt mich Doreen aus meinen Erinnerungen.

„An uns Schnuddelbacke. An uns. Und daran, wie schön es hier ist."

Auf dem Nachhauseweg fragt sie mich: „Hast du Abid schon erreicht?" Sie ist ein bisschen tipsy und ich? Normalerweise hätte ich mir noch einige von diesen Cocktails reingezogen. Jetzt aber bin ich froh, dass wir es bei dem einen belassen haben. Die Wolken über dem Atlantik konnten die enorme Anspannung der letzten Wochen in Berlin eben doch nicht in sich aufsaugen und der Jetlag kommt hinzu.

„Nein, aber ich versuch es gleich noch mal." Abid ist mein Fluglehrer gewesen, als ich vor rund sieben Jahren hier meine Sportpilotenlizenz gemacht habe. Und Abid ist ein wirklich guter Freund. Außerdem wird er in Florida, genauer gesagt in Zephyrhills, dem Ort, an dem wir die nächsten Wochen bis zu unserem Take Off verbringen werden, mein wichtigster Ansprechpartner und eine absolut unentbehrliche Hilfe sein. Auch, um die vielen Formalitäten zu erledigen, die auf uns warten und die mir von Natur aus ein Graus sind.

Der Abend auf dem Ocean Drive hat uns gut getan und ich muss beim Anblick unseres kleinen Hotels beinahe lächeln. Wir steigen die Treppe hinauf und ich lasse mir meine Stimmung auch von dem schäbig eingerichteten Zimmer nicht mehr vermiesen, den vielen Moskitos und dem Gestank, der aus allen Ritzen dringt. Eine tolle Zeit liegt vor uns und ich freue mich, endlich Abids Stimme am Ende der Leitung zu hören. Wir quatschen ein paar Worte der Begrüßung, aber dann platzt doch gleich aus mir heraus, was mich am meisten interessiert: „Ist mein Trike eigentlich angekommen?" Ich habe gefühlte tausend Mal mit der Herstellerfirma DTA in Frankreich telefoniert. Es musste einfach schon da sein. Ich höre förmlich das Rollgeräusch auf der Startbahn, spüre den Bügel in meinen Händen und das Rumpeln unter meinem Hintern und dann dieser unvergleichbare Moment, in dem sich Trike und Boden voneinander lösen und dieses geile Gefühl der Freiheit in meinen Körper strömt. Die Landschaft unter mir schrumpft zusammen und mit ihr alle Probleme dieser Welt. Abids Worte am anderen Ende der Leitung bereiten mir eine Bruchlandung. Nein, mein Trike sei noch nicht angekommen, aber gleich morgen früh würde er in Frankreich anrufen und nach dem Grund für die Verspätung fragen. Meine mühsam am Drive wiedererlangte Hochstimmung verfliegt. So, wie ich eigentlich ab morgen mit meinem Trike davonfliegen wollte. Vielleicht sollte ich doch noch einen weiteren XXL-Cocktail an der Bar nehmen? Doch Doreen zieht mich einfach auf unser Minibett.

„Mach dir keine Sorgen. Das Trike kommt bestimmt morgen an."

„Dann ist es noch lange nicht aus dem Zoll", knurre ich.

„Psst", sagt sie nur und ich spüre ihren Atem an meinem Ohr. Noch einmal öffne ich die Augen. Das Zimmer ist so schäbig wie vor einer Minute, aber die Größe des Bettes ist mir mit einem Mal ziemlich egal.

Kapitel 2
Das Licht am Ende des Tunnels hat auch einen Schalter

Ausgeschlafen nutzen wir die frühe Stunde und baden noch vor dem Frühstück im Meer. Wir sind die einzigen und splitternackt. Danach fühlen wir uns stark genug für alle Probleme, die noch kommen mögen. Ein ordentliches Frühstück - wobei sich ordentlich eher auf die Menge als auf die Qualität bezieht - und dann checken wir aus. Noch einmal bestaunen wir den Ocean Drive, nun in voller Länge in unserem alten, japanischen Mietwagen.

Es gibt mehrere Möglichkeiten, nach Zephyrhills zu fahren. Wir wählen den Weg an der Ostküste hoch, denn wir wollen noch nach Orlando. In unserem Gepäck haben wir unsere normalen Klamotten. Aber für unser Trike-Abenteuer brauchen wir extrem leichte Kleidung. In einem großen Outdoor-Shop in Orlando hoffen wir die ersten Teile unserer Spezialgarderobe etwas günstiger zu erwerben, denn nun beginnt der Kampf um jedes Gramm: an unseren Körpern – das fette Essen gestern Abend zählt einfach noch nicht – und bei jedem Kleidungsstück, angefangen bei der Unterhose bis hin zur wasserabweisenden Oberbekleidung für den Flug. 473 kg haben wir als zulässiges Gesamtgewicht, 150 kg wiegen wir beide, unsere Kleidung und die Camping-, Film- und Fotoausrüstung 43 kg. 230 kg allein das Trike, ein voller Tank 75 kg, macht schon 25 Kg zuviel. Wir sollten besser mit einem Landrover fliegen.

Doreen sieht begeistert aus dem Fenster, um ja kein Detail der Landschaft und der Orte zu verpassen, dabei gibt es nicht viel zu sehen. Amerikanische Kleinstädte ähneln sich doch sehr. Breite Straßen, flache Gebäude und riesige Einkaufszentren in beinahe jedem Ort. Außerdem spuken mir neben den einzusparenden Kilos tausend andere Dinge im Kopf herum, besonders die Finanzen. Unmittelbar vor unserem Abflug hatte ich wenigstens noch mit Josefina die wichtigsten Dinge klären können. Josefina ist die Chefin unseres Hauptsponsors, meiner ehemaligen Reiseagentur Otto's Tours, die uns bei dieser Expedition entscheidend unterstützen wird. Ein tolles Vertrauen hat diese Frau in mich und ich werde einen Teufel tun, sie zu enttäuschen. Nicht so, wie damals vor fünfzehn Jahren. Aber das ist eine andere Geschichte. Zurück zu meinem jetzigen Hauptproblem: der Zeit. Was, wenn ich jetzt schon Tage verliere, nur weil das Trike noch nicht da ist? Die Zeit in Zephyrhills ist ohnehin knapp bemessen und das Visum für die USA hat nur drei Monate Gültigkeit. In der Zeit ist alles vorzubereiten und der erste Teil unserer Weltreise muss uns schon bis an die mexikanische Grenze gebracht haben. Um mich selbst aufzuheitern, versuche ich krampfhaft, die Vorfreude, die ich durch Abids Nachricht verloren habe, wieder in meinen Kopf zu kriegen. Irgendwie klappt es aber nicht. Doch um 18 Uhr erreichen wir Zephyrhills: Lande- und Startbahn, Hangars, wohin man sieht, große und kleine Flugzeuge und viele Trikes. Als ich in Abids Hangar eintrete, strömt mir der typische Ölgeruch entgegen. Und da ist es wieder, mein inneres Hochgefühl. Wir treffen auf Larry und seine langjährige Mitarbeiterin Amy und die Wiedersehensfreude erhöht sich noch, als ich erfahre, dass mein Trike wenigstens schon im Zoll eingetroffen ist. Larry ist der langjährige Partner und Freund Abids und ebenfalls Fluglehrer. Und ein knallharter Geschäftsmann. Ihm, seinem Vater Phil und Abid gehören die auf diesem Flughafen ansässigen Firmen Tampabay Aerosports und Evolution Trike. Und Abid und Larry… aber das ist auch eine andere Geschichte.

In Gegenwart der übrigen Piloten, die ich fast alle von früher kenne, ist es, als sei ich zuhause angekommen und ich versuche, auch Doreen etwas von dem Gefühl abzugeben, indem ich sie ständig ins Gespräch einbeziehe, sie oft in den Arm nehme und wir unter dem Tisch Händchen halten. Doreen genießt das sichtlich, aber sie braucht es nicht. Sie ist nicht schüchtern und außerdem nehmen alle Piloten sie herzlich auf.

Mit einem Mal kommen auch Wes und Marsha. Natürlich! Ich hätte es wissen müssen. Sie gehören einfach hierher wie die Rinde zum Baum. Obwohl sie wirklich viel um die Ohren haben, sind sie fast jeden Abend auf dem Flugplatz. Wes ist um die sechzig und als Ingenieur selbständig. Außerdem ist er Priester und betreut ehrenamtlich und mit viel Hingabe die Insassen von acht Gefängnissen. Und das, obwohl Wes und auch Marsha, vorsichtig ausgedrückt, eher konservativ sind. Aber das sind sie hier eh alle. Wenn es politisch wird, hat der arme Obama bei den Piloten von Zephyrhills einen ziemlich schlechten Stand. Und natürlich fliegen beide. Doch sie hatten damals Larry als Fluglehrer, ich dagegen Abid. Und Larry und Abid… Ich sagte ja schon: ein ganz spezielles Thema. Aber vielleicht sucht man sich ja instinktiv den Fluglehrer aus, der zu einem passt. Abid ist der Beamtentyp, der Abwägende. In allem, was er tut. Larry ist wie Abid ein hervorragender Pilot, aber ganz sicher auch der risikoreiche, einer, der immer bis ans Ziel und darüber hinaus gehen muss.

Als Wes hört, dass mein Trike noch nicht da ist, bietet er mir sofort an, mit ihm ein paar Runden zu fliegen. Immerhin ist es jetzt anderthalb Jahre her, dass ich das letzte Mal selbst geflogen bin. Das macht mir keine Sorgen, wohl aber, mit Wes zu fliegen. Er will mir zeigen, wie tief er über den Bäumen fliegen kann, wo sich die Wildschweine versteckt halten und wie er mit dem Trike Rehe jagt. Mein Pech, dass ich die Thermik kenne, die ein Fluggerät von dieser Leichtigkeit gut und gerne mal bis zu fünf Meter hoch und runter drücken könnte. Die Baumwipfel unter uns könnte ich aber mit einem Strecken meines Fußes fast schon berühren. Ich habe keinen Schiss - normalerweise jedenfalls nicht. Aber mir fallen mit einem Mal Geschichten ein, die Marsha erzählt hat. Beim Fliegen sehe sich Wes ganz gerne auf seinem iPad Videos an und einmal sei er sogar eingeschlafen. In zwei Kilometern Höhe. Sie hatte ihn wecken müssen, als das Trike zur Seite wegkippen wollte. Aber Wes ist auch so erfahren, dass er sich einiges leisten kann. In vielen Dingen ist er mir als Pilot ein Vorbild, ganz abgesehen davon, dass er ein echt guter Freund ist. Aber bei diesem Flug mit ihm, wird mir wieder einmal klar, dass ich lieber Abids sicherem Flugstil folgen will. Klar, macht es Spaß, das Trike auch mal zu fordern. Wer geht nicht gerne einmal auf einen Rummelplatz? Aber Doreen und ich wollen keine Wildschweine jagen, sondern um die Welt fliegen. Und wir wollen in Sydney auch ankommen. Mit allen Armen und Beinen und was sonst noch so zu einem gesunden Körper passt.

In den kommenden vierzig Tagen muss ich noch vierzig Flugstunden absolvieren, zwanzig Solostunden und zwanzig mit meinem Lehrer Dave Miller, siebzig Jahre alt und ein sehr erfahrener Pilot. Nur, wie macht man das ohne ein Trike? Ich bin stinksauer, denn unser Gunther Plüschow, wie es feierlich von uns getauft wurde, steht zwar jetzt im Zoll, aber dort muss es vorerst auch bleiben. DTA hat sich das nächste Meisterstück geleistet: Es fehlen wichtige Unterlagen, die die Mitarbeiter einfach vergessen haben. Vergessen! Ich könnte kotzen! Abid und ich hängen am Telefon, sobald der Zeitunterschied einen Anruf nach Montélimar zulässt. Sie versprechen, per Express die fehlenden Unterlagen zu schicken. Ich mag eigentlich diese lockere französische Lebensart. Aber können die nicht einmal etwas professionell erledigen? Wir haben alles da hinein gesteckt und das Trike hat eine Menge Geld gekostet. Ich versuche meinen Ärger herunterzuschlucken und die verlorene Flugzeit mit anderen, nicht minder wichtigen Dingen auszufüllen. Das mit dem Runterschlucken funktioniert nicht wirklich. Aber ich nutze die Zeit und surfe wie wild im Internet, um die Million Dinge zu finden, die wir noch brauchen. Und ich kaufe jede Menge wichtiger Dinge.

Doreen kommt aus unserem Miniapartment zu mir ins Office. Marsha hatte uns gleich bei unserer Ankunft angeboten, bei Wes und ihr zu wohnen. Aber ihr Haus liegt eine dreiviertel Stunde vom Flugplatz entfernt. Und so haben wir Larrys Angebot nur zu gerne angenommen, ein lange nicht genutztes Apartment im Hangar zu beziehen. Marsha und Amy haben es entrümpelt, gesäubert und die zwei Ratten, die sich dort eingenistet hatten, in die Ewigkeit befördert. Und nun ist es eine überraschend annehmbare Unterkunft: Ein winziger Schlafraum mit durchgelegener Matratze, Regal und einem großen Kühlschrank und ein Zimmer mit Fenster, Schreibtisch und Couch. Dafür eine wunderbar weiche Auslegware, auf der die vielen Ölflecken beinahe nicht stören. Das mit den Ratten habe ich Doreen verschwiegen, sonst hätten wir doch unser leichtes Zelt aufbauen müssen, was für gute fünf Wochen die eindeutig unbequemere Lösung gewesen wäre.

Dort hat Doreen bis eben Zubehör sortiert und Gebrauchsanweisungen gelesen. Wenn Doreen schlechte Laune hat oder genervt ist, legt sie ein Gesicht auf, das mich veranlasst, mit einem Vorwand schnell den Raum zu verlassen. Jetzt bleibt mir nichts weiter übrig, als zu bleiben.

„Was soll das? Wir haben gerade über einhundert Dollar ausgegeben, exakt für die gleichen Dinge." Doreens Tonfall unterscheidet sich deutlich von ihrer sonstigen netten und lieben Art und ich werde auf der Stelle sauer; über die Frechheit, sich in meine Angelegenheiten zu mischen.

„Aber diese Schlafsäcke haben mindestens ebenso gute Qualität und wiegen 250 Gramm weniger und außerdem brauche ich deine Kommentare nun wirklich nicht."

„Allein der Zeitaufwand lohnt sich dafür nicht. Dann müssen wir eben woanders die 250 Gramm einsparen. Die wollen mit Sicherheit wieder ein Fax mit der Passkopie oder Vorkasse oder sonst eine Sicherheit."

Da hat sie Recht. Mit einer deutschen Kreditkarte in den USA per Internet zu bestellen, ist ziemlich aufwendig und für die paar Wochen lohnt es sich für uns auch nicht, ein amerikanisches Konto einzurichten. Ich würde ja gerne auf Doreen hören, aber leider bin ich ein Perfektionist und die Schlafsäcke auf meinem Monitor sind wirklich besser. Natürlich drücke ich „order now", denn was weiß Doreen schon, was richtig oder falsch ist.

„Du solltest besser Theorie lernen", sagt Doreen schnippisch und fügt hinzu: „Jetzt ist Schluss mit Einkaufen. Ich will nach Tampa." Wegen ihres Ärgers über mein Online-Shopping würde ich am liebsten widersprechen. Aber ich möchte ja auch nach Tampa, Fußball gucken und das weiß Doreen genau!

Tampa haben wir in einer knappen Stunde erreicht und finden fast sofort eine Kneipe, in der das Spiel Deutschland gegen Holland übertragen wird. Als wir einen der letzten Plätze ergattert haben, küsse ich Doreen.

Sie lacht. „Womit hab ich das verdient?"

„Nur so." Wir haben nämlich einen Volltreffer gelandet. Mr. Dunderbaks heißt die Kneipe, die eingerichtet ist wie im tiefsten Bayern. 600 Biersorten an den Wänden. Das Spiel geht 2:1 für Deutschland aus. Eine Niederlage gegen die Käsköppe hätte ich heute auch nicht verkraftet. Drei Maß leckeres, kaltes Bier machen den Abend perfekt und ich bin froh, dass mich auf der Rückfahrt kein Sheriff stoppt.

Abid und Jennifer, eine Pilotin, die ich ebenfalls von früher kenne, sind bei unserer Rückkehr in Zephyrhills noch da und kurzerhand setzen wir uns zu einem abschließenden Bierchen zusammen. Nur Doreen entschuldigt sich für einen Moment. Sie hat starke Kopfschmerzen.

„Soll ich mitkommen?", frage ich besorgt.

Sie schüttelt den Kopf, lächelt mir zu und schon ist sie nach oben verschwunden.

„Nun aber mal raus mit der Sprache", fordert mich Abid auf und ich weiß im ersten Moment überhaupt nicht, worauf er hinaus will.

„Na die Sache mit Doreen."

„Was ist mir ihr?"

„Komm, mein Alter, bisher konnten sie dir nicht jung genug sein, nicht groß genug und unter einer Schönheitskönigin lief fast gar nichts."

Ich grinse ihn provozierend an. „Willst du behaupten, dass Doreen alt, klein und hässlich ist?"

„Du spinnst ja", mischt sich jetzt Jennifer ein. „Natürlich nichts von dem. Aber ich verstehe schon, was Abid meint." Auch sie lächelt mich spitzbübisch an.

„Ich auch", antworte ich und nehme einen großen Schluck Bier.

„Wird halt alt, mein Andreas", prostet Abid mir zu. „Alt und endlich vernünftig."

„Findest du vernünftig, was ich jetzt gerade mache? Die Fliegerei? Die Weltreise? Dass wir alles in Berlin verkauft haben?"

„Hast du auch wieder recht. Also, was ist an Doreen das Besondere, dass du alter Weiberheld doch noch mal so zahm wirst? Was ich im Übrigen sehr begrüße."

Ich lehne mich zurück. Eine schwierige Frage. So etwas fühlt man. Man weiß es. Aber erklären? Ich versuche es trotzdem: „Bei ihr fühle ich mich irgendwie angekommen."

„Na, der Satz kommt mir bekannt vor", widersprechen mir Abid und Jennifer wie aus einem Mund.

„Ja, und wann habe ich das gesagt? Immer nur im ersten halben Jahr. Rosarote Brille und Schmetterlinge im Bauch. Aber Doreen und ich sind jetzt schon zwei Jahre zusammen und zwar die gesamte Zeit. Jeden Tag. Und das erste Mal hat sich daran nichts geändert. Ich kann es immer noch so sagen. Das ist der Punkt."

„Muss Liebe schön sein." Abid hebt erneut sein Bier und seufzt theatralisch, den Kopf in den Nacken gelegt und die Augen in den Himmel gerichtet.

„Lass ihn doch", ermahnt ihn Jennifer und sieht mich ernst an. „Das ist schön. Wirklich schön. Denn auf den ersten Eindruck konnte ich mir das nicht richtig vorstellen: der verrückte Andreas, der immer irgendwelche Flausen im Kopf hat und Doreen. Sie wirkt so… so gestanden. So ruhig und ausgeglichen. Auch, als du mir erzählt hast, welchen Posten sie in Berlin hatte. Ja, Doreen im schwarzen Kostümchen bei den Besprechungen oder in gepflegter Jeans auf der Baustelle des Flughafen, das kann ich mir vorstellen, aber zusammen mit dir?"

„Uiii. Ihr kennt sie wirklich noch nicht. Sie kann ganz schön sauer werden. Und dann ist sie so unausstehlich, wie ich es sein kann. Und außerdem sieht man Doreen nicht gleich auf den ersten Blick an, dass auch in ihr eine richtige Abenteurerin steckt. Schon bevor sie mich kannte, hat sie jeden Urlaub genutzt, um tolle Reisen zu unternehmen, meist sogar allein. Individualreisen nach Australien, Neuseeland, Botswana, Kanada, China und Thailand und so weiter. Und nichts mit Komfort und Luxus – sondern Abenteuerreisen, meist nur mit Zelt. Ich muss gestehen, dass ich inzwischen bequemer geworden bin als sie es ist. Du, die hat mich in Kuba wirklich in die hintersten Seitengassen geschleift, weil da die labbrigen Teigstücke, die ein Pizza sein wollen, ein paar Cent billiger waren. Zelten. Im eiskalten Fluss waschen. Alles überhaupt kein Problem für sie. In den Sachen ist sie herrlich unkompliziert."

„Ihr habt euch ja auch im Ausland kennengelernt, oder?", fragt Jennifer.

„Ja, auf einer Amazonasexpedition von Peru bis Brasilien. Da war sie in der Gruppe, die ich als Guide zu begleiten hatte."

„Und dann hat's Bumm gemacht. Aber sicher nicht erst nach tausend Mal berührt", kann Abid sich nicht verkneifen, wieder auf meinen unzweifelhaften Ruf anzuspielen.

„Auch da irrst du, mein lieber Freund. Diese Art von Bumm hat es zwar schon gemacht. Aber das richtig Bumm, das kam dann erst ein halbes Jahr später."

„Oh, nun wird es spannend. Erzähl schon", ärgert mich jetzt auch Jennifer. Aber sie lacht dabei und fragt, ob ich noch ein Bier haben möchte. Ich überlege kurz, ob ich die beiden gleich noch einmal schocken und behaupten soll, ich tränke jetzt immer nur noch ein Bier. Aber, das würde eher mich böse treffen. So entscheide ich mich zu nicken und erzähle weiter.

„Ich hatte mir wieder einmal eine extreme Wanderung fernab jeglicher Zivilisation im brasilianischen Amazonas ausgedacht. So etwas zieht bei bestimmten Kunden immer. Und weil es halb Arbeit, halb ein gemeinsamer Urlaub sein sollte, begleitete mich Doreen. Wir waren beide ganz heiß auf die Tour, denn in diesem Gebiet sollten Jaguare leben. Der Häuptling des Dorfes, von dem aus wir starteten, stellte uns einen seiner Leute als Guide zur Verfügung, gegen Bares versteht sich. Einschließlich Munition und Waffen. Denn wir wollten die Jaguare zwar sehen, aber nicht unbedingt ihr Galadiner werden. Doch auch am zweiten Tag wurde es dunkel, ohne dass wir von den Tieren außer ein paar Spuren etwas gesehen hatten. Wir pennten also wieder in der Hängematte irgendwo im Busch. In anderthalb Meter Höhe, so dass das Krabbelgetier des Bodens hübsch unten blieb. Unser Guide und seine Kumpels hängten ihre Hängematten allerdings in vier Meter Höhe auf und kletterten wie Affen die Bäume hoch. Machten die das immer so oder hatten die Schiss vor den Jaguaren? Keine Ahnung, aber nachts fing es zu gießen an und ich war heilfroh, dass wir eine Hängematte mit einem Regenschutz hatten – die Indianer nicht. Sie kamen herunter und schlichen sich auf den Boden unter unserer Hängematte. Das war uns ja egal, aber plötzlich wurde es warm unter unseren Hintern. Die Indianer hatten ein kleines Feuer angezündet. Das allein war schon unglaublich, aber als ich mich herunter beugte, um zu fragen, ob sie noch alle Tassen im Schrank hätten, sah ich, dass im Feuer ein riesiger, noch blutender Vogel lag. Doch sie haben ihn nicht etwa gebraten. Da hätte sich ja vielleicht sogar mein Magen freudig zu Wort gemeldet. Nein, sie haben lediglich im Feuer das Federkleid des Vogels abgebrannt und rissen anschließend nacheinander Teile des rohen Tieres ab und steckten sie in ihre Münder. Nach einigen Bissen hatten alle Indianer ein gezeichnetes

Gesicht. Ich bin ja hart im Nehmen. Aber dieser Anblick der blutverschmierten Gesichter im Widerschein des Feuers… einfach grauselig."

„Ist ja eklig", stimmt sogar Abid zu und Jennifer schüttelt sich.

„Ja, bis vor ein paar Jahren haben sie völlig abgeschieden von jeglicher Zivilisation gelebt und man munkelte, dass sie immer noch Kannibalismus betreiben. Das ist sicher Quatsch. Aber ihr könnt euch vorstellen, dass wir trotzdem ziemlich unruhig eingeschlafen sind.

Am nächsten Morgen ging mein erster Blick unter unsere Hängematte. Die Feuerstelle war erloschen. Knochen des Vogels lagen wie im Kreis um die Stelle herum. Aber die Indianer waren weg. Mitsamt den Waffen und der Munition. Lediglich das Gewehr, das wir mit in die Hängematte genommen hatten, war noch da. Mit drei Kugeln. Zuerst dachten wir, okay, die sind in der Nähe unterwegs, besorgen vielleicht ein paar Bananen oder pinkeln an einen Baum. Also suchte ich sie und da sah ich sie, gar nicht so weit von unserem Nachtlager entfernt: Hunderte Abdrücke von Tatzen."

„Wirklich von Jaguaren?", fragt Jennifer ungläubig.

„Klar, wir kannten die Spuren ja ganz genau. Was mir allerdings auch ein Rätsel war: Jaguare sind normalerweise Einzelgänger. Und das passte überhaupt nicht zu der Vielzahl der Spuren. Entweder war gerade Paarungszeit, oder wir nächtigten ausgerechnet an einem Trampelpfad, den viele einzelne Jaguare benutzten oder aber ein und derselbe Jaguar ist in Erwartung fetter Beute wie im Käfig hin und hergelaufen. So oder so, keiner dieser Erklärungen trug dazu bei, uns zu beruhigen. ‚Etwas weiche Knie habe ich jetzt schon', flüsterte Doreen. Charmant untertrieben. Mir war ganz schlecht bei dem Gedanken, dass Doreen und ich engumschlungen in unmittelbarer Nähe in der Hängematte geschlafen hatten. Aber dann hat mich die Wut gepackt. Unser toller Guide hatte die Spuren offenbar auch gesehen und war einfach abgehauen, ohne uns zu warnen. Uns blieb nichts weiter übrig, als ihm zurück in die Sicherheit des Dorfes zu folgen. Das lag inzwischen 55 Kilometer entfernt. Und ich rede von 55 Kilometern im Dschungel, nicht auf einer deutschen Autobahn. Flüsse, Schlamm, umgekippte Baumstämme. Mit der Machete mussten wir teilweise den Weg freischlagen, denn wir hatten nur unseren Kompass und irgendwie fehlten die Hinweisschilder, dass man wenigstens den Weg wiederfand, den man gekommen war. Und da sagte doch Doreen tatsächlich neben mir: ‚Eigentlich schade, dass wir nicht alleine weitergegangen sind. Bestimmt hätten wir die Jaguare gesehen.' Also ihr beiden

Im Dschungel lernten wir uns kennen und lieben

kennt mich ja. Ich bin bestimmt kein Angsthase. Zuerst habe ich gedacht, vielleicht ist sie ja nur zu naiv, um die Gefahr zu erkennen. Aber das konnte nach meinen bisherigen Erfahrungen mit ihr eigentlich nicht sein. Nein, sie meinte das wirklich ernst. Ey Abid, Alter, da hab ich wirklich den Hut vor ihr gezogen. Also im Geiste. Man muss so etwas einer Frau ja nicht gleich sagen."

„Darauf Prost", bestätigt Abid und lacht lauthals, während mir Jennifer freundschaftlich in die Seite schlägt. „Jedenfalls seid ihr wohlbehalten im Dorf angekommen, sonst säßest du jetzt nicht hier", stellt sie fest.

„Ja, das sind wir. Aber der Hammer kam ja noch. Ich beschwerte mich natürlich beim Häuptling und kündigte an, dass ich für diesen Guide keinen Cent bezahlen würde, wofür er auch gleich Verständnis zeigte. Leider nur der Guide nicht. Als wir das Dorf verlassen wollten, folgte er uns. Er trug ein Speer in der Hand, vorne ein rostiger Dreizack mit Widerhaken. Doreen merkte es als erste. ‚Das ist kein Spaß. Der hat Kriegsbemalung aufgelegt. Was machen wir jetzt?', fragte sie. Unsere Position war äußerst ungünstig. Das Dorf lag auf einem Hügel, etwa 200 Meter hinter uns. Und wir und der Guide standen ebenfalls etwas erhöht. Als ich mich zu ihm umdrehte, erkannte ich hinter ihm die versammelte Gemeinschaft, die vom Dorfrand zu uns herüber sah. Und mir wurde eines klar: Niemand von denen würde hier helfen. Sie würden seelenruhig zusehen, wie ein großer Held aus ihrer Mitte uns jetzt aus Rache abschlachtete. Mir fiel die gestrige Szene mit dem blutigen Vogel unter unserer Hängematte wieder ein und in dem Moment war ich mir gar nicht mehr sicher, ob die Sache mit dem Kannibalismus wirklich vom Tisch war. Leider gab es auch gar keinen Zweifel an der Treffsicherheit unseres Guides, denn ich hatte ihn die letzten Tage mit seinem Dreizack-Ding äußerst erfolgreich jagen sehen. Ich machte das einzige, das mir in dieser Situation sinnvoll erschien: Ich ging mit geöffneten und nach vorne ausgestreckten Händen und breit lächelnd auf ihn zu. Er holte mit dem Speer nach hinten aus und sagte nur: ‚Ich war dabei und will dafür auch mein Geld.'

Logisch, dass ich ihm das Geld gab, Gerechtigkeit hin, Gerechtigkeit her. Immer noch lächelnd und betont langsam drehte ich mich danach um, wollte mich von ihm entfernen und prallte beinahe mit Doreen zusammen. Entweder, die Frau liebte mich so sehr, dass sie bereit war, mit mir gemeinsam zu sterben oder sie hatte einfach keine Angst. ‚Lass uns rennen', wisperte sie mir zu. Ihre Lippen bebten und ihre Augen waren feucht. Also schied das mit der Furchtlosigkeit als Grund schon einmal aus.

Wir sind nicht gerannt, sondern langsam den nächsten Hügel hochgestiegen. Wenn er mich töten wollte, würde er es erst recht tun, wenn ich wie eine verängstigte Beute zu flüchten versuchte. Und obwohl mein Adrenalinspiegel aus verständlichen Gründen extrem hoch gewesen sein dürfte, wusste ich in diesem Moment: Mit dieser Frau wird alles anders."

Mein Mund ist ganz trocken und ich nehme einen herzhaften Schluck aus meiner Bierflasche. Irgendwie sollte man so etwas öfter machen, geht es mir durch den Kopf. Vom Anfang einer Beziehung erzählen. Er wird vom Alltag so wahnsinnig schnell verschüttet.

„Wow. Das ist ja eine druckreife Liebesgeschichte", erklärt Jennifer strahlend.

„Sollte wohl eher eine Abenteuergeschichte werden. Ist unserem Andreas halt etwas entglitten", kommentiert Abid in seiner gewohnt trockenen Art und in diesem Moment kommt Doreen zurück.

„Na, konntest du ein bisschen schlafen? Geht's dir besser, Schnuddelbacke?"

„Möchtest du auch ein Bier?", fragt Jennifer und erhebt sich schon.

„Nein danke. Ich habe gerade eine ganze Flasche Wasser getrunken. Worüber habt ihr erzählt?"

„Och, nur so über die Fliegerei", antworte ich.

„Ja, was ihr noch so vorhabt und so", antwortet Abid.

„Männer", meint Jennifer nur und lacht mich verschmitzt an.

Kapitel 3
Manchmal braucht es weibliche Überzeugungskraft

Heute Morgen um 9:30 Uhr wird am Hangar eine große Kiste vom LKW abgeladen. Mein Trike! Ich umarme Abid, der sich um die Zollabfertigung gekümmert hat, und Dean, den Mechaniker, der mir gleich helfen wird, das Trike zusammenzubauen. Und Doreen umarme ich natürlich auch. Aber dann habe ich nur noch Augen für die Kiste - wie ein kleines Kind für das übergroße, bunt verpackte Paket unter dem Weihnachtsbaum. Vergessen, dass heute bereits der 14. Juni ist, vergessen die ungeplanten Lagergebühren beim Zoll.

Es dauert nur drei Stunden, dann steht es und sieht wunderschön aus. Wie könnte man es beschreiben? Ein motorisierter Drachen? Ein Hängegleiter? Ich nenne es fliegendes Motorrad, aber keiner der Begriffe wird meinem Trike gerecht. Auf extrem wenig Platz – ohne Flügel braucht unser Moskito nur eine Fläche von zwei mal drei Metern – ist alles untergebracht, was ich brauchen werde. Und das ganze steht auf drei Reifen, hinten zwei, vorne einer. Den hinteren sind windschnittige Radkappen verpasst worden, das vordere sieht wirklich wie bei einem Motorrad aus. Ich sitze als Pilot in der vorderen der beiden hintereinander angebrachten Sitzschalen. Zwischen meinen Beinen das Instrumentenbord, das entfernt an die Mittelkonsole eines Autos erinnert: Eine schmale rechteckige Konsole, die sich nach vorne zu einem Oval erweitert, das für eine bessere Beobachtung leicht nach oben gekippt ist. Darin untergebracht sind das GPS, der Geschwindigkeitsmesser – ich kann immerhin 100 bis 120 Stundenkilometer fliegen -, Höhenmesser, Motoren- und Abgastemperaturmesser, Funkgerät und ein Transponder, der eingehende Signale empfängt und sie automatisch beantwortet. Ein Instrumentenflug ist mir damit trotzdem nicht möglich. Ich kann ausschließlich auf Sicht fliegen. Aber genau das will ich ja auch. Ich will in der Luft frei sein, nichts als das Allernötigste um mich herum haben und ich will sehen können, welch wunderbare Welt sich unter mir befindet. Wie ein Vogel. Gut, da stört jetzt vielleicht der hundert PS starke Viertaktmotor, der hinter Doreens Sitz hängt. Wenn mein Trike ein Auto wäre, würde man es wohl Benzinschlucker nennen, denn der 80 Liter Tank unter Doreens Sitz wird jede Stunde, je nach Flughöhe – ich kann zwischen 20 Meter bis zu maximal 4.500 Meter hoch fliegen, um stolze 12 bis 20 Liter erleichtert. Und dann das Wichtigste: die wie bei einem Kinderdrachen geformten Flügel, die sich mächtig über das Trike spannen. Es fühlt sich an, als seien sie meine eigenen Flügel, denn über einen Bügel sind meine Hände direkt mit ihnen verbunden. Mit diesem Bügel lenke und leite ich allein durch Gewichtsverlagerung und Schwenken der Flügel das Trike. Ja, das in etwa ist technisch gesehen ein Trike. Aber in Wirklichkeit bedeutet es viel mehr als diese Technik und ich kann es kaum erwarten, den Motor zu starten, als Doreen erscheint. Ihr Gesicht ist ernst. Zu ernst für diese frohe Stunde.

„Andreas, du solltest kommen und die Mails lesen."

„Jetzt nicht. Ich habe nun echt etwas Wichtigeres zu tun."

Sie lässt sich nicht beeindrucken. „Es ist wichtig. Ihr dürft den Motor auf keinen Fall starten. DTA hat gerade mitgeteilt, dass du nicht vergessen darfst, die Benzinleitung auszutauschen. Die Firma Rotax habe die Benzinleitung des Motors zurückgerufen. Sie hätten leider vergessen, die Ersatzleitung mit einzupacken. Und inzwischen sei diese in einem anderen Trike eingebaut. Jedenfalls dürfe der Motor nur mit einer Austauschbenzinleitung gestartet werden. Sonst verlieren wir alle Garantie auf den gesamten Motor."

Ich starre Doreen an und bin zu keinem Wort fähig. Am liebsten würde ich mich wie Spock nach Frankreich beamen, um den Leuten da einmal in den Ar… zu treten. Bis sich ein Funke Hoffnung in meinem Hinterkopf regt und ich frage, nein ich bitte: „Und wann und wo bekommen wir die Leitung?"

Sie zögert mit der Antwort, bis Dean ebenfalls drängt: „Sag schon!"

Doreens Miene nimmt eine Mischung aus Frust und Mitleid an: „Es gibt sie in den USA noch gar nicht. Sie werden gerade erst hergestellt. Das kann zwei Tage dauern oder zwei Monate."

Die österreichische Firma Rotax ist Weltmarkführer bei Motoren für Leichtflugzeuge und Snowmobile. Und mein Herz macht einen Hüpfer, als ich am Telefon vernehme, dass nun doch schon innerhalb von drei Tagen alle Niederlassungen weltweit, auch die in den USA, mit den neuen Benzinleitungen versorgt worden sind. Wunderbar, denke ich, und rufe in der genannten Firma Lockwood in Sebring/Florida an. Ja, sie hätten auch eine Benzinleitung erhalten, aber erstens wüssten sie nicht, ob nicht andere Piloten diese dringender bräuchten… Ich denke, ich spinne. Es gibt niemanden auf der ganzen Welt, der dieses Teil dringender braucht als ich!… und außerdem müsse ohnehin das Trike zu ihnen gebracht werden. Denn die Benzinleitung dürfe ausschließlich durch einen für Rotax-Motoren lizensierten Mechaniker eingebaut werden.

Ich bin wie vor den Kopf geschlagen. Die Rettung liegt nur knapp drei Auto-stunden entfernt und ich habe keinen Trailer, mit dem ich mein Trike dorthin transportieren könnte. Ich rufe alle Leute an, die ich kenne. Keiner hat einen freien Trailer. Wenn ich mein Trike nicht dorthin bringen kann, ist meine einzige Alternative, hier in Zephyrhills einen zugelassenen Mechaniker zu finden. Ich frage Dean, ob er die nötige Zulassung für den Austausch hat. Überraschenderweise bestätigt er. Er habe sie, aber es täte ihm echt leid, die nächsten fünf Tage habe er mit Sicherheit null Zeit, die Leitung auszutau-schen.

Wut und Ärger steigen in mir hoch. Richtig schwierig, diese Gefühle zu unterdrücken. Aber schließlich kann Dean ja nichts für mein Pech und er würde es bestimmt zwischenschieben, wenn er könnte. Planlos laufe ich über das Gelände, bis mein Blick auf eines der Büros fällt. Bill Jensen! Dieser Flug-lehrer ist mindestens 80 Jahre alt. Er führt eine eigene Flugschule und hat an die 25.000 Flugstunden auf dem Buckel. Ich schätze, es gibt weltweit kaum mehr als hundert Piloten, die das aufweisen können. Aber was ein begeister-ter Pilot ist, der geht eben nicht mit 65 Jahren in Rente. Wenn also jemand alle Mechaniker kennt, dann Bill. Seine Bürotür steht offen und zu meinem Glück sitzt er hinter seinem Schreibtisch. Wobei Schreibtisch eigentlich ein Möbelstück sein sollte, an dem man schreiben oder wenigstens Schriftstücke ablegen kann. Bei Bill gleicht sein Office aber eher einer Werkstatt und auf dem Schreibtisch liegen ölverschmierte Ersatzteile.

Bill sieht mich kommen, neigt seinen Kopf aber gleich wieder in Richtung Chaos. „Wo zum Teufel…? Hi, Andreas, was gibt's?", grüßt er dabei freund-lich.

Ich schildere ihm mein Problem und frage, ob ihm noch ein Mechaniker in der Gegend einfällt. Bill hat inzwischen gefunden, was er gesucht hat und hält ein Stück Papier hoch. Ich weiß nicht, ob er deshalb so stolz ist oder wegen des Inhalts seiner Antwort: „Auch, wenn ich das schon lange nicht mehr mache, habe ich trotzdem noch die Zulassung dafür. Her mit dem Teil."

Wirklich wahr nehme ich nur den Teil seiner Antwort mit der Zulassung. „Ja toll. Ist ja super. Bringe ich. Bald. Heute Nachmittag? Passt es dir?", stottere ich. Dann renne ich zurück zu unserem Hangar.

„Doreen, Liebling. Du musst sofort nach Sebring."

„Das sind…"

„Über drei Stunden. Ich weiß. Völlig egal. Lass alles stehen und liegen."

Das hat sie aufgrund meiner Aufregung sowieso schon getan. Ich ziehe sie förmlich aus dem Apartment in Richtung Auto. „Hier." Ich drücke ihr die Anschrift der Firma in die Hand, umarme sie kurz und sehe ihr dann eindringlich in die Augen. „Schnuddelbäckchen. Du kommst nicht ohne das Teil wieder, okay?"

„Du bist wie ein ungeduldiges Kind", beschwert sie sich, aber in ihren Augen erkenne ich, dass sie mich versteht. Die Zeit wird langsam verdammt knapp, alles zu schaffen, was bis zum Take Off noch erledigt werden muss.

Ich winke ihr noch hinterher, dann mache ich mich auf den Weg zu Abids Büro, den nächsten Stolperstein aus dem Weg räumen. Mann, ich will fliegen! Es reicht jetzt langsam mit den Vorbereitungen. Sonst dauert diese Zeit am Boden noch beinahe so lange wie unsere gesamte Expedition.

Wenn jemand sagt, Deutschland sei der Weltmeister in Bürokratie, der irrt. Mein Trike wird nicht zugelassen, weil DTA sich das dritte Ding geleistet hat: Es fehlen notwendige Papiere für die amerikanische Zulassungsbehörde. Abid und ich rufen wieder in Montélimar an und erfahren, dass der Chef und alle Mitarbeiter nun in ihrem verdienten Jahresurlaub seien. Ich bin nahe am Nervenzusammenbruch. Aber die private Pilotenlizenz muss ich mit dem eigenen Trike machen und mir bleiben nur noch dreieinhalb Wochen

Willkommen in Florida!

bis zum Take Off. Abid versucht mich zu beruhigen, aber nur mit viel Mühe brülle ich nicht die schlimmsten Schimpfworte ins Telefon.

Den Rest bis Doreens Rückkehr, die ich mich nicht traue, zwischendurch anzurufen, weil ich noch eine schlechte Nachricht jetzt nicht verkraften würde, schreibe ich Emails. Im Telegrammstil, weil es einfach zu viele sind. Und jeder will etwas von mir wissen oder haben. Oder ich will etwas von ihm haben, was schon längst hätte da sein müssen. Dann suche ich weiter im Internet nach einer Möglichkeit, die Sache mit dem GPS zu lösen. Ich könnte ein iPad kaufen, auf das ich die Flugkarten speichere. Aber der Preis für die Karten haut mich um: 8.000 US Dollar! Außerdem ist ein iPad nicht unbedingt wasserfest. Und das sollte es nun mal in der Luft dort oben sein.

Auf meinem Schreibtisch, wohlgeordnet in einer Ecke, liegen fünf Lehrbücher. Dicke Wälzer mit aller Theorie, die ich bis zur schriftlichen Prüfung der privaten Pilotenlizenz, ohne die ich die USA nicht verlassen darf, noch lernen und auffrischen muss. Die Minuten und Stunden rasen dahin, aber auf Bücher lesen habe ich nun echt keinen Bock. Unten hupt es. Doreen ist wieder da. Ich kippe beinahe meinen Schreibtischstuhl um und renne zu ihr. Sie bemüht sich, ein ernstes Gesicht zu machen, aber ich weiß: sie hatte Erfolg. Ich kann sie mit diesem Spielchen immer reinlegen, sie mich nie. Ich umarme sie, hebe sie hoch und drehe mich mit ihr. Sie hat beharrlich mit ihrem deutsch gefärbten Englisch so lange auf die Leute bei Lockwood eingeredet, bis sie die einzige Benzinleitung, die die Firma aus Österreich geschickt hatte, erhielt. Ich liebe Doreen! „Mach mal Pause jetzt", rufe ich ihr schon im Laufen zu. Das Kästchen mit der wertvollen Fracht in meinen Händen will ich schnellstmöglich zu Bill. Nicht, dass der schon Feierabend gemacht hat.

„Danke. Ist nett von dir", antwortet Doreen und ihr Unterton bringt mich fast zum Stehen. Aber nein. Zeit zum Kuscheln und für die richtige Würdigung ihrer Tat ist heute Abend noch. Nach getaner Arbeit, besonders nach Bills getaner Arbeit.

Ich sehe natürlich zu, wie der 80jährige Bill die alten Verbindungen löst und die neue Benzinleitung einbaut. Bills Finger zittern etwas und bei jeder gelösten Schraube will ich am liebsten die Hand darunter halten. Er ist dann doch erstaunlich schnell fertig und ich bedanke mich überschwänglich. Ein Eintrag im Logbuch, ein Stempel, und der legitimierte Austausch ist für alle Zeiten und für alle Behörden festgehalten. Als Bill um die Ecke ist, greife ich zum Werkzeugkoffer und ziehe vorsorglich alle Schrauben nach. Zwei waren wirklich bedenklich lose, aber ansonsten steht nun meinem ersten Flug fast nichts mehr im Weg. Nur noch die Zulassung meines Trikes, für die Papiere fehlen, bei denen ich noch keine Ahnung habe, wie ich die von hier aus von der Pariser Flugaufsichtsbehörde beschaffen soll. Geht nicht, gibt's nicht! Aber morgen ist schließlich auch noch ein Tag, denn in diesem Moment erinnere ich mich an Doreen und an mein Vorhaben, ihre heutige Heldentat angemessen zu würdigen.

Doreen ist gelangweilt. Bis zum buchstäblich letzten Tag vor unserer Abreise hat sie gearbeitet und ist voll in ihrem Job aufgegangen. Hat Meetings abgehalten mit Geschäftspartnern und Mitarbeitern, Kalkulationen erstellt und Vertragsverhandlungen geführt. Von einem Tag zum anderen besteht ihre Hauptaufgabe darin, Wäsche zu waschen, Botengänge zu erledigen und Bedienungsanleitungen zu lesen. Die einzige anspruchsvolle Herausforderung, die sie meistern muss: Unser gesamtes Hab und Gut sinnvoll in einzelne Beutel und Kunststoffboxen zu verteilen und damit dann zwei schwarze Seitentaschen und zwei blaue Beutel zu packen, deren einzelnes Gewicht genau bestimmt ist. Sie muss dabei ein System entwickeln, das wir für unsere gesamte Reise beibehalten können. Aber ansonsten? Den Computer habe ich voll im Beschlag, da kann sie viel zu selten heran, und das Zusammensein mit mir, sagt sie, sei derzeit auch kein Zuckerschlecken. Zeit für sie hätte ich keine und durch den Stress sei ich unausstehlich. Jedenfalls wirkt Doreen zunehmend frustriert. Zeit, sie einmal ordentlich auszuführen. Aber das gestaltet sich schwieriger als gedacht.

Zephyrhills hat nur rund 12.000 Einwohner, aber in den Wintermonaten sogar fast 100.000, denn dann kommen die Rentner aus dem Norden der USA, die Snowbirds, und überwintern hier. Die arbeiten dann mit über achtzig Jahren hinter dem Tresen von Burger King und geben der Stadt das Flair eines Altersheims mit sechsstelliger Belegungszahl. Und einige von diesen Snowbirds sind halt in Zephyrhills hängengeblieben. Da alte Leute gerne früh schlafen gehen, ist so gut wie jede Bar in Zephyrhills um zwanzig, spätestens einundzwanzig Uhr geschlossen. Für zwei Menschen aus Berlin, wo die Bars frühestens um dreiundzwanzig Uhr öffnen, sehr gewöhnungsbedürftig. Wir wollen schon fast aufgeben, da fällt uns das Rosis auf. Die Bar ist gerammelt voll, die Tür leider verschlossen. Ich bin von Natur aus ein neugieriger Mensch. Natürlich drücke ich meine Nase an die Scheibe und prompt wird die Tür aufgerissen. Runzlige Hände ziehen mich in das Lokal. Sie gehören zu einer Lady von maximal einen Meter zwanzig, die mit Sicherheit die achtzig überschritten hat und – zwei Kokosnüsse als Bikinioberteil über dem T-Shirt trägt. Doreen muss folgen, ob sie will oder nicht. Und drinnen geht die Post ab! Um die vierzig Leute mit einem Altersdurchschnitt von weit über siebzig, feiern lautstark einen Geburtstag und wir sind mit einem Mal mitten drin und erleben hautnah, was die Statistiken dieser Welt schon lange behaupten: Frauen werden älter als Männer. Ich zähle durch und komme auf sechsunddreißig Damen und – ich muss sie suchen – vier Männer. Aber, was hier geboten wird, hätte selbst Dieter Bohlen die Sprache verschlagen. Bunt, aber so stilvoll und witzig ist die Gesangsshow, dass mindestens ein Teil der Gruppe sicher einmal sein Geld auf den Bühnen dieser Welt damit verdiente. Eine weitere Dame nimmt mich in Beschlag, indem sie sich einfach auf meinen Schoß setzt. Sie kneift mir in die Wange und nennt mich Schnuddiwuddi. Ich muss versprechen, jetzt öfter zu kommen und sie erzählt mir aus ihrem Leben. Sie wäre mit Frank Sinatra jahrelang durch die Welt gezogen. Jetzt wird mir einiges klar. Doreen und ich sind überhaupt nicht verrückt, was so einige in letzter Zeit von uns behaupten. Es gibt so viel mehr Menschen mit wirklich irren Lebensgeschichten. Gerne hätte ich der Frau noch weiter zugehört, aber die Geburtstagsgesellschaft löst sich langsam auf. Im Alter 80plus geht man eben doch früher ins Bett.

Bei DTA in Frankreich hält nur noch eine Person die Urlaubsstellung. Eine Sekretärin der Sekretärin, sehr junge Stimme, aber wenigstens einige Brocken Englisch kann ich ihr entlocken. Abid und ich hängen beide am Telefon und dank Abids Französischkenntnissen schaffen wir den notwendigen Kontakt zur Pariser Flugaufsichtsbehörde. Die Frau bei DTA hat sich noch niemals um Zulassungspapiere gekümmert, aber sie gibt alles und verspricht, die Papiere so schnell es geht mit DHL zu senden. Ich hätte sie knutschen können.

Heute, zehn Tage später, halte ich endlich den Umschlag von DHL in den Händen und der Typ von der US-amerikanischen Zulassungsbehörde ist auf dem Weg zu uns. Ich wollte ihn schon früher am Tag hier haben, denn heute ist EM-Halbfinale Deutschland gegen Italien und das darf ich natürlich nicht versäumen – keine Sekunde! Und bei dem ganzen Stress hier wäre ein Fußballspiel genau das, was mir gut tun würde, gerade ein Sieg gegen die Italiener. Aber in den USA interessiert niemanden eine Fußball-EM. Der Prüfer lässt sich jedenfalls stundenlang Zeit, hier aufzukreuzen.

Abid wird dabei sein. Er ist ein Schatz, ein Kumpel, und unheimlich hilfsbereit, obwohl ich im Moment das Gefühl habe, er ist ein bisschen genervt von mir.

„Denkst du dran, dass du auch noch die Firma gründen musst? Ich sag es dir noch mal: Ich will die Zulassung nicht auf den Namen meiner Firma haben, okay?", ermahnt er mich, heute bereits zum zweiten Mal. Die letzten Tage hatte ich allerdings so gar keinen Nerv für weitere Bürokratie. Und wie ich Abid kenne, kriegt er sich schon wieder ein. Schließlich ist er sehr stark. Weniger körperlich, er ist kleiner als ich, aber mental. Und er ist ein Arbeitstier wie ich es bin. Seine Firmen hat er allein aufgebaut, obwohl er aus sehr wohlhabender Familie stammt. Aber diese Familie lebt in Pakistan. Abids Schwester ist dort Parlamentspräsidentin und sein Vater war ebenfalls ein einflussreicher Politiker gewesen. Bis er erschossen wurde, den zehnjährigen Abid an seiner Hand haltend. Mit 19 Jahren ging Abid in die USA. Wurde Computerspezialist. Doch seine ganze Leidenschaft galt Flugzeugen. Als er sein erstes ferngesteuertes Modellflugzeug in den Händen hielt, schraubte er solange daran herum, bis sich die Aerodynamik des Modells verbesserte. Mehr oder weniger durch Zufall lernte er Trikes kennen und war fasziniert. Er machte den Pilotenschein, obwohl das sehr holprig anfing. Als Flugschüler steuerte er sein Trike beim ersten Soloflug in einen Wassergraben des Flughafens. Ich hätte zu gerne das Gesicht des Fluglehrers gesehen! Aber wenig später machte er selbst den Fluglehrerschein und gründete seine erste Firma: Tampabay Aerosports. Sein eigentliches Ziel: Ein Trike zu entwickeln, das besser sein würde als alle anderen, die auf dem Markt waren. Später kauften sich sein Freund Larry und dessen Vater Phil mit einem kleineren Betrag in die Firma ein. Der Plan mit dem Trike gelang Abid dann später wirklich, aber vieles andere ging den Bach herunter. Ich sagte ja schon: Abid und Larry…

Der Typ von der Zulassungsbehörde schreibt und schreibt auf seine Liste. Und ich sehe ihm an, dass er beabsichtigt, uns nach dem Schreiben eine Kopie der Liste zu übergeben und dann wieder abzurauschen, um vielleicht in ein paar Wochen die Mängelbeseitigung zu kontrollieren. Aber in ein paar Wochen werde ich schon in der Luft sein und außerdem hat er nicht mit Abid gerechnet. Während der Zulassungsbeamte noch schreibt, schraubt Abid bereits die Mängel weg. Ein Punkt nach dem anderen wird auf der Liste wieder gestrichen. Das Ganze dauert zwei Stunden und dann gibt der Prüfer voll entnervt, aber auch grinsend auf und wir halten die USA-Zulassungspapiere in den Händen. Mein Trike hat das Kennzeichen N 217 TG. N ist die Länderkennung, in meinem Fall die USA, 217 steht für den Starttag 21. Juli und TG natürlich für Trike Globetrotter.

Stolz will ich Doreen die Zulassungspapiere präsentieren, aber vorher genieße ich die letzten 35 Minuten des Spiels Deutschland – Italien. Gut, genießen ist jetzt in Bezug auf das Spiel vielleicht nicht das richtige Wort, aber meine Hochstimmung der geklappten Zulassung hält eben immer noch an.

Nach dem Abpfiff – Deutschland hat verloren und ich beschlossen, mindestens drei Jahre lang keine Pizza mehr zu essen - zeige ich Doreen die Unterlagen und sie tippt auf eines der Papiere. „Wieso hast du das Kennzeichen geändert?"

„Hab ich nicht." Aber Doreen hat natürlich Recht. Da steht nicht N 217 TG sondern N 217 GT. Ärgerlich, aber bei allem Perfektionismus: Ich bin so erleichtert, dass es überhaupt mit dem Prüfer geklappt hat, dass mir der Fehler fast egal ist. Doch dieses Mal habe ich Abid vergessen, Abid den Bürokraten, den Überkorrekten. Er kriegt fast einen Herzkasper, denn schließlich hätte er das Kennzeichnen in den Anträgen richtig eingetragen. Nein, hatte er nicht, wie sich nun am Telefon herausstellt. Aber Abid lässt nicht locker, bis der Prüfer ihm bestätigt, dass der Prüfer morgen nochmals vorbei kommt, um das Kennzeichen zu ändern.

Am liebsten würde ich mir jetzt ein paar Bierchen reinkippen, aber ich verkneife sie mir. Denn ab morgen, endlich nach fast drei Wochen Aufenthalt in Zephyrhills, werde ich in die Lüfte abheben. Und jeden Tag werde ich jetzt fliegen. Und nicht nur, weil ich mir kaum noch etwas anderes vorstellen kann, sondern auch, weil ich noch 40 Flugstunden, eine schriftliche, eine mündliche und eine praktische Prüfung zu absolvieren habe.

Heute ist der 3. Juli und es geht ausnahmsweise einmal nicht um mich. Heute ist Doreens Tag: Ihr Jungfernflug in unserem Trike steht an, der erste in einem Trike überhaupt.

„Und, hast du Angst?", fragt Marcha.

Doreen schüttelt energisch den Kopf. „Ich bin aufgeregt. Aber nicht vor Angst."

„Aber du bist noch niemals… es ist schon was anderes, als in einem geschlossenen Flugzeug. Da ist nichts unter dir. Du siehst deine Füße und dann nichts mehr."

„Du, bei meinem Bungee-Sprung in Neuseeland hatte ich nicht mal meine Füße vor der Tiefe. Und bei meinem Tandemfallschirmsprung aus über vier Kilometern Höhe auch nicht", lacht Doreen nur und sitzt eine Sekunde später bereits im Trike. Ich zeige ihr, wie sie Helm und Gurt schließen muss, kontrolliere, dass nichts an ihrer Kleidung lose herumhängt und dann geht es auf in die Lüfte. Ich fühle so etwas wie Stolz, dass ich Doreen jetzt diesen so wichtigen Teil meines Lebens direkt zeigen kann. Hoffentlich ist sie begeistert. Wie sollten wir das sonst über 160.000 Kilometer gemeinsam aushalten? Eine solche Leidenschaft muss man miteinander teilen, sonst stellt sie sich zwischen einen. Aber langsam kenne ich Doreen gut genug. All ihre Sportarten haben mit Geschwindigkeit zu tun. Eisschnelllauf, Snowboarden, Bungeejumping. Ich wusste, sie wird ebenso von dieser direkten Art des Fliegens begeistert sein. Sie ist halt eine Abenteurerin wie ich.

Eine halbe Stunde später landen wir wieder und Marcha steht noch immer am Hangar. „Und, wie war's?", fragt sie, als ich mit dem Trike zum Stehen komme.

Doreen lacht über das ganze Gesicht, springt aus dem Sitz und umarmt erst Marcha, dann mich. „Unbeschreiblich. Wunderbar. Einzigartig. Es ist, als sei man ein Vogel."

„Ein Vogel mit einem lauten Motor", gibt Marcha zu bedenken.

„Den hab' ich nach einer Weile gar nicht mehr gehört. Der summt so schön monoton und bei dem Anblick nach unten habe ich alles um mich herum vergessen."

Ich bin mächtig stolz auf meine Doreen und bestehe darauf, dass Marcha gleich ein Erinnerungsfoto an diesem wichtigen Tag von uns schießt.

Kapitel 4
Mit dem Funkgerät einen Weihnachtsbaum einschalten

Bei den Flugstunden ist auch ein Nachtflug vorgeschrieben. Er muss mindestens fünf Stunden dauern, wobei zwei unterschiedliche Flughäfen ange-
flogen werden müssen. Natürlich muss ein lizensierter Fluglehrer anwesend
sein. Nur leider finde ich keinen, der diesen Nachtflug mit mir machen will.
Denn bei meinem Trike ist der Rettungsfallschirm noch nicht eingebaut. Und
ohne den ausgerechnet nachts zu fliegen, das ist den Lehrern zu risikoreich.
Ganz abgesehen davon, dass Fluglehrer mit der Lizenz für Privatpiloten auch
nicht zu Hauf hier herumrennen. Viele Fluglehrer haben nur die Lizenz zur
Ausbildung der Sportpiloten, das, was ich im Moment noch bin. Aber es gibt
ja meinen Freund Wes. Er hat nämlich gestern seine Fluglehrerlizenz für
Privatpiloten bestanden und natürlich fliegt er mit mir. Ob mit oder ohne
Fallschirm, ist Wes ziemlich egal, und ich freue mich natürlich. Halbwegs
jedenfalls. Denn in meinem Kopf drängt sich hartnäckig eine Erinnerung
nach vorne: Gleich in seiner Anfangszeit hatte Wes einen schweren Unfall.
Ein heftiger Seitenwind kam über die Baumwipfel heran gerauscht und
erzeugte dort, wo die Bäume aufhörten, unkontrollierbare Wirbel, die Wes
bei der Landung zu Boden drückten. Mit der Nase voran bohrte sich sein
Trike in die Landebahn. Totalschaden, den Wes Gott sei Dank mit blauen
Flecken und Verstauchungen überstanden hat.
„Wollen wir nicht bis morgen warten? Dean will vormittags den Fallschirm
einbauen", frage ich Wes. Er schüttelt den Kopf. „Hast du das Wetter nicht
kontrolliert? Morgen können wir nicht fliegen. Wir starten in einer Stunde."
„Eine Stunde?", rufe ich entsetzt. „Das ist mit Flugplan erstellen, Benzin
tanken, Vorflugkontrolle und umziehen überhaupt nicht zu schaffen."
„Dann halt dich mal ran", sagt er nur und grinst.
Ich stürze ins Büro und studiere die Karten. Ein internationaler Flughafen ist
vorgeschrieben. Einziges Ziel in Reichweite von Zephyrhills ist der internationale Flughafen von Ocala. 75 Automeilen von hier entfernt. Wie viele Flug-
meilen, das muss ich jetzt bestimmen, je nachdem wie ich fliegen will. Weil ich
nur einen Motor habe, muss ich bei jedem beabsichtigten Flug auf der Strecke
nach Notlandeplätzen, zum Beispiel einer größeren Wiese, suchen. Nachts
sieht man allerdings statt Wiesen nur große schwarze Flächen. Die könnten aber ebenso gut Fabrikgelände sein, die nachts unbeleuchtet sind, oder
Seen oder sonst etwas, das eine Notlandung zur Katastrophe werden lässt.

Ich entscheide mich, entlang der Straßen, insbesondere der Autobahn Nr. 75 zu fliegen. Hier hat man wenigstens etwas Licht und Orientierung durch die fahrenden Autos. Dumm nur, dass in den USA die Hochspannungsleitungen ebenfalls entlang den Autobahnen geführt werden. Mit einem Trike durch die Leitungen zum Landeanflug anzusetzen, gleicht in etwa einem Lotteriespiel: Man überlebt oder man überlebt nicht.

Wes sitzt ganz entspannt hinter mir und verlässt sich auf das GPS, das anzeigt, die Autobahn ist jetzt unter uns. Wir sind also auf einem guten Weg. Ich lenke mich von der Vorstellung ab, mein Motor könne gerade jetzt den Geist aufgeben und ich hätte aus unserer Höhe, circa eintausend bis tausendfünfhundert Meter, ziemlich genau noch sechs Kilometer zu gleiten und dabei Zeit einen geeigneten Landeplatz zu finden, wohlgemerkt in stockfinsterer Nacht.

Mein Motor fällt nicht aus und nach zweieinhalb Stunden erreichen wir Ocala. Beeindruckend, die fünfgrößte Stadt Floridas mit ihren Lichtern von hier oben zu sehen. Nur, wo ist der Flughafen? Es gibt drei: Jim Taylor Field - das ist der internationale Flughafen - und dann noch den Gainesville Regional Airport und den Orlando Sanford Airport. Wir dürfen nur auf dem internationalen landen und der ist erstaunlicherweise so dunkel, wie die anderen beiden auch und reiht sich damit in die vielen dunklen Flächen der Stadt: Parks, Wohngebiete ohne Straßenbeleuchtung oder Brachgelände. Es ist 23:30 Uhr und die Menschen in Ocala schlafen. Nicht einmal das international übliche Flugplatzleuchtfeuer, weiße Lampen, die in allen Himmelsrichtungen blinken oder blitzen, können wir finden. Ich richte mich nach dem GPS und fliege auf Jim Taylor Field zu. Mit einem sehr mulmigen Gefühl. Hinter mir wird Wes erstaunlich ruhig. Ist er wieder eingeschlafen? Je dichter ich an den Flughafen komme, desto schneller schlägt mein Herz und ich fühle meinen Pulsschlag im Hals hämmern. Trotz der kühlen Nachtluft sind meine Hände schweißgebadet. Ich wische sie an meiner Jacke ab und mein Blick fällt auf das Funkgerät im Instrumentenboard. Freude und Fassungslosigkeit mischen sich. Manchmal liegt die Lösung doch so nah.

„Shit. Habe ich alter Sack schon Alzheimer?", ruft Wes. Egal, ich bin der Pilot und trage die Verantwortung. Ich stelle die Funkfrequenz des Towers ein, drücke sieben Mal auf den Knopf und unter uns geht ein Lichtermeer an. Vorfeld, Landebahnen und Taxiways erstrahlen unter uns. Ich drücke noch ein paar Mal, denn wie bei einem Dimmer bestimmt das achte bis dreizehnte Signal die Helligkeit. Ich fühle mich zurückversetzt in meine früheste Kindheit, wo mich meine Mutter an Heiligabend aus dem Wohnzimmer ausgesperrt hat. Und dann kam der Moment, in dem sie die Zimmertür öffnete und mir der Weihnachtsbaum mit gefühlten tausend Kerzen entgegen leuchtete. Aber das Gefühl jetzt hat noch mehr. Es ist erhaben. Fantastisch. Nur für mich, nur für meinen kleinen Moskito, erstrahlt ein internationaler Flughafen im hellsten Licht und lädt mich ein, auf ihm zu landen. Wes Stimme kann ich anhören, dass auch er ganz aufgeregt ist. Er sagt mir genau, was ich jetzt machen muss, denn eine Nachtlandung unterscheidet sich deutlich von einer Landung am Tag, denn die starken Landebahnleuchten verfälschen den Eindruck des richtigen Abstandes zwischen Trike und Boden.

„Lass die Geschwindigkeit höher und geh flacher ran", rät mir Wes und sieht sich meine Landung auf dem Bildschirm seines iPhones an, das er auf Filmaufnahme gestellt hat. Aber das Landelicht an meinem Trike ist ebenfalls krass hell, so dass ich eine wahre Zuckerlandung hinlege. Ich stoppe das Trike schnell und gebe wieder Vollgas.

„Was machst du?", will Wes wissen.

„Wann hat man schon einmal diese Möglichkeit?" Dann hebe ich ab, um hundert Meter weiter gleich wieder zu landen. Und gleich nochmals dasselbe Spiel. Ich gebe Gas und im Nu bin ich wieder in der Luft und fliege eine großzügige Runde über dem Flughafen, bevor ich erneut zur Landung ansetze. Was für ein geiles Gefühl! So muss sich ein Kartfahrer fühlen, wenn man nur für ihn den Nürburgring öffnet.

Leider funktioniert das Funkgerät nicht für die Flughafengebäude. So stelle ich mein Trike neben seinen riesigen Geschwistern ab und wir pinkeln auf die Wiese neben uns. In jeder Hinsicht erleichtert rufen wir Doreen und Marsha an und berichten ihnen von dem super verlaufenen Flug.

Als wir wieder in der Luft sind, konzentriere ich mich auf das nächste Ziel: ein kleiner Dorfflughafen, der aber auch über eine funksteuerbare Nachtbeleuchtung verfügt. Wenigstens funktioniert meine Lösung des Problems GPS. Ich habe doch tatsächlich ein iPad gekauft, das Doreen und ich in eigener Handarbeit wasserfest gemacht haben und für das ich zwei Softwareprogramme gefunden habe, die mir für sage und schreibe nur 130 Dollar das gesamte Kartenmaterial liefern. Doreen als unsere Finanzmanagerin hat sich ein Loch in den Bauch gefreut.

Auf dem Hinflug nach Ocala hatten wir als Orientierung neben dem GPS die Lichter der Fahrzeuge auf der Autobahn und bald schon am Horizont die Helligkeit der Großstadt Ocala. Jetzt aber fliege ich mitten in der Nacht über Land. Ich orientiere mich an einzelnen Häusern, von denen noch ein schwaches Licht ausgeht und lasse das GPS nicht aus den Augen. Ich muss mich nur auf meine Geräte verlassen. Doch selbst wenn man der Technik vertraut, ist es ein Scheißgefühl und ich bin froh, dass Doreen und ich unsere Weltreise-Etappen bei Tageslicht zurücklegen werden.

Das GPS zeigt unter uns eine kleine Landstraße. Doch ich sehe sie nicht, kein Mensch befährt sie mehr um diese Zeit. Als auch die letzten Bewohner dieser Gegend schlafen gehen und die Lichter ihrer Häuser verlöschen, sehe ich in der Welt unter mir nicht mehr den geringsten Orientierungspunkt. Mein Höhenmesser und auch das GPS zeigen mir, wie hoch ich fliege. Aber was nützt mir das? In der Schwärze um mich herum verliere ich jedes Raumgefühl und kann nicht mehr spüren, ob ich gerade fliege oder ob das Trike nach links oder rechts abzukippen droht, was unweigerlich zum Absturz führen würde.

Mein GPS zeigt an, dass das Dorf, das wir anfliegen wollen, unmittelbar in unserer Nähe ist. Ich hoffe nah genug und drücke wieder sieben Mal das Funkgerät. Und noch einmal staune ich, wie gut das funktioniert. Und auch Wes, der gerade erst gestern seinen ersten eigenen Nachtflug absolviert hat. Jetzt habe ich wieder den künstlichen Horizont, den ich zum Anflug brauche. Ich fliege auf den Dorfflughafen zu und lege dieses Mal keine Zuckerlandung hin. Wes brummelt etwas in das Funkgerät und weil ich ihn nicht verstehen will, brumme ich nur zurück.

Fast auf jedem Flughafen gibt es eine Zapfstelle, bei der man problemlos per Kreditkarte auftanken kann. Das ist einer der sichersten Faktoren, die man bei der Flugroutenerstellung einplanen kann, denn diese Flughäfen sind auf den Flugkarten entsprechend gekennzeichnet. So auch dieser, auf dem wir uns gerade befinden. Nur leider hängt ein Schild „out of order" an der Zapfsäule und damit haben wir ein richtig großes Problem. Das Benzin reicht möglicherweise nicht ganz bis nach Hause. Und nun? Noch einen Flughafen anfliegen? Es gibt keinen zwischen uns und Zephyrhills, der über eine funksteuerbare Nachtbeleuchtung verfügt. Hier bleiben bis zum Morgen, um mit Hilfe von irgendwelchen Flughafenmitarbeitern per Auto Benzin zu besorgen? Auch keine super Lösung, weil ich morgen früh einen wichtigen Termin habe. Die GoPro 3D-Kameras sollen eintreffen, müssen am Trike montiert und anschließend justiert und ausprobiert werden.

Wes und ich beraten uns und entscheiden, statt wie geplant zur besseren Orientierung wieder entlang der Straße zu fliegen, die direkteste Fluglinie zu wählen. Mein Trike stelle ich auf sparsamsten Benzinverbrauch. Damit fliegen wir zwar langsamer, haben aber eine größere Reichweite. Trotzdem ist uns beiden klar, dass der Verbrauch für diese Flugetappe reichlich knapp werden könnte, vielleicht sogar zu knapp.

Ich entspanne mich gerade wieder einigermaßen, als ich am Horizont vor mir Blitze wahrnehme. Das kann doch wohl nicht wahr sein. Nichts davon war in der Wetterübersicht angekündigt, die ich natürlich vor unserem Start in Zephyrhills eingehend studiert habe. Gewitter mit ihren Wolken und Blitzen ist wohl das Schlimmste, was uns nun passieren kann. Und meist auch das einzige, das dann noch passiert. Selten überlebt ein Trike so ein Zusammentreffen. Und sagte ich schon, dass mein Rettungsfallschirm noch nicht montiert ist? Ich muss mich zusammennehmen, um meine Angst zurückzudrängen. Auch von Wes kommt nichts mehr. Wahrscheinlich betet er gerade und ich hoffe, das macht er gleich für mich mit. Oder ist er nur cooler als ich? „Hey Wes? Hast wohl die Hosen voll. Keine Sorge. Ich fliege ja."

Als Antwort kommt ein verächtliches Lachen.

Ich versuche, die Entfernung des Gewitters abzuschätzen. Auf gar keinen Fall darf ich in eine Wolke geraten. Dort verliert man als Pilot völlig die Orientierung, ganz zu schweigen davon, dass ich ja über keine Ausstattung verfüge, die einen reinen Instrumentenflug möglich machen würde. Deshalb ziehe ich als erstes mein Trike tiefer. Wesentlich tiefer. Wir fliegen nur noch auf einer Höhe von circa 200 Metern. Denn bis dorthin ist es in der Regel auch bei schlechtem Wetter wolkenfrei. Und das ist jetzt erst einmal das Wichtigste überhaupt. Das und die Sendemasten für Handy und sonstige Verbindungen, die in den USA wie in Deutschland überall im Land verstreut stehen und die dummerweise bis zu 300 Meter hoch sind. Und weil ich sie nachts viel zu spät vor mir erkennen würde, umfliege ich jeden im GPS eingezeichneten Mast äußerst großzügig und hoffe, dass meine Pläne wirklich auf dem neuesten Stand sind. Diese Umwege tun weder einer größtmöglichen Entfernung zum Gewitter hinter uns gut, noch den knappen Benzinreserven. Ich überlege mir Notlandungsmöglichkeiten. Bei jedem Blitz, der die Welt vor uns erhellt, tippt mir Wes auf die Schulter und deutet auf ein mögliches Landegebiet. Also beschäftigt sich auch mein Fluglehrer mit einer Notlandung, was nicht gerade zu meiner Beruhigung beiträgt. Außerdem zeigt er etwas, das ich nur als schwarzes Loch erkennen kann. Und sicher werde ich nicht das Risiko eingehen, dort zu landen und vielleicht in einem See abzusaufen.

Endlich zeigt mein GPS an, dass der Flughafen Zephyrhills in unmittelbarer Nähe liegt. Es wird auch Zeit, die Blitze vor uns mehren sich und der beginnende Regen sticht wie Nadeln in mein Gesicht. Dieses Mal lege ich eine extrem knappe Landung hin, in unmittelbarer Nähe zu unserem Hangar. Die Tore sind weit geöffnet, denn auch Doreen und Marsha haben das nahende Gewitter bemerkt und halten vor dem Hangar Ausschau nach uns. Mit hoher Geschwindigkeit lasse ich das Trike hinein rollen. Kaum haben wir die Tore geschlossen, fegt ein Gewittersturm vom Feinsten über den Flughafen hinweg. Marsha und Doreen lachen vor Freude über unsere glückliche Rückkehr, aber Wes und ich sehen uns an und wissen: wenn wir jetzt noch da draußen wären oder gar noch in der Luft, wäre uns das gleiche passiert wie einem Vogel, der den Rotorblättern meines Motors zu nahe kommt.

Es ist schon fast drei Uhr und ich falle todmüde ins Bett. Trotzdem macht sich ein anheimelndes Gefühl in mir breit. Nachdem, was ich heute geleistet habe, kann mir in Zukunft eigentlich gar nichts mehr passieren, oder?

Natürlich sind die 3D Kameras nicht geliefert worden. Auch nicht das Material eines unserer Hauptsponsoren, einem Hersteller von Unterwäsche. Nicht die Schlüpfer selbst fehlen so dringend, nein, ich brauche endlich die Vorlage für das Branding auf den Tragflächen des Trikes. Überhaupt: Es fehlt an allen Ecken und Enden.

„Schatz, nutz doch die Zeit zum Lernen. Du hast nur noch wenige Tage", fordert Doreen mich auf.

„Ja, und du übst, das Zelt aufzubauen."

„Ich kann ein Zelt aufbauen. Ich muss nicht üben."

„Und ich kann fliegen und muss trotzdem lernen. Also probier das Zelt aus. Zack-zack."

„Das baut sich auf wie jedes andere."

„Mag sein, aber vielleicht fehlt ein Teil. Wann willst du das dann besorgen? Via Internet aus der Luft? Bitte bau das Zelt auf."

Wutentbrannt verschwindet Doreen in unserem Schlafzimmer, wo unsere gesamte Ausrüstung deponiert ist, kommt mit dem Zelt unter dem Arm wieder heraus. Wortlos stürzt sie mit ihrer typischen ernsten Mine an mir vorbei, die Treppe herunter und vor den Hangar auf die Wiese. Ich folge ihr und sehe zu, wie sie mit schnellen Handbewegungen unser Ultraleichtzelt zum Stehen bringt.

„Siehst du. Hab ich dir doch gesagt."

„Glück gehabt, hätte ein Teil fehlen können."

„Hat es aber nicht. Kümmer dich lieber mal um einen neuen Kocher."

Wolkenflug über Zephyrhills

Unser Kocher ist ein ganz spezieller. Ein Hochleistungskocher, der mit allen möglichen Brennmitteln funktioniert. Schon ein paar Tage hat Doreen probeweise Kaffee, Rührei und Dosensuppen gekocht. Nicht weil es ums Kochen geht, ist Doreen als Frau dafür zuständig, sondern weil sie unter anderem für unsere gesamte Ausrüstung verantwortlich ist. Ich muss mich dafür um alles kümmern, was mit Technik, Trike, Benzin, Wartung, Reparatur und Flugplanung zu tun hat. Doreen wirft mir die Gebrauchsanleitung des Kochers zu. Frauen mögen ja Gebrauchsanweisungen lesen, Männer nicht. Männer probieren aus - und mein Vorteil ist, dass ich schon einmal so eine Art Kocher hatte. Natürlich war nur die Düse verstopft, was ich ihr schon gestern gesagt habe. Er funktioniert wieder. Mein Erfolg besänftigt sie nicht gerade. Fehler, und sind sie noch so klein, würde Doreen niemals zugeben. In diesem Fall muss ich allerdings gestehen, dass es umgekehrt für mich auch schwer wäre, eine russische Gebrauchsanweisung zu verstehen, wenn ich in der Schule nur Englisch gehabt hätte. Ich lasse Doreen einige Minuten schmollen, dann gehe ich ihr nach und nehme sie in den Arm. So ist das eben, wenn zwei Dickköpfe aufeinander prallen. Doreen war es bisher genauso wie ich gewohnt, Leuten zu sagen, was sie tun und lassen müssen. Und nun holen wir uns eben Beulen aneinander. Sie erwidert meine Umarmung keineswegs. Ich sei unausstehlich, mein Umgang mit allen sei unmöglich und jeder ginge mir am besten aus dem Weg. Ich kann es mir ehrlich gesagt nicht vorstellen. Ich habe nur so wahnsinnig viel zu tun und stehe deshalb ziemlich unter Druck. Und da nervt mich eben alles.

Außerdem habe ich ein schlechtes Gewissen als Vater. Mein Sohn Stevie, 11 Jahre alt, ist für fünf Tage aus Kolumbien angereist, um mich vor unserem Abflug noch einmal zu sehen. Aber ich habe eigentlich keine Zeit für ihn. Zumal von dieser wertvollen Zeit dank der Reiseplanung seiner Mutter bereits ein ganzer Tag futsch ist. Sie hat den Flug statt nach Orlando – von Zephyrhills eine Stunde hin und zurück - nach Miami – 10 Stunden hin und zurück - gebucht.

Ich verbinde das Schöne mit dem Nützlichen, nämlich die erforderlichen Flugstunden mit einem Männerausflug. Ich lade meinen Sohn in das Trike, gurte ihn fest, setze ihm den Helm auf und zeige ihm, wie er während des Fluges mit mir über das im Helm eingebaute Mikro sprechen kann. Dann will ich ebenfalls einsteigen und sehe aus den Augenwinkeln gerade noch, wie sich Stevie bekreuzigt. Seine Mutter Ingrid ist eine gläubige Katholikin und nimmt ihn jeden Sonntag mit in die Kirche. Dann geht es los in Richtung eines kleinen Flughafens in der Nähe. Als wir dort landen, ist seine Angst im

Mit Wes um die Wette

Stevie – Fliegen macht hungrig

wörtlichen Sinne verflogen und Stevie strahlt über das ganze Gesicht und genießt mit mir ein XXL-Männerfrühstück. Wir fühlen uns wie früher, als wir noch von morgens bis abends zusammen waren. Stevies Mutter ist Managerin einer Bauträgerfirma und arbeitet täglich zehn Stunden und mehr. So war Stevie außer vormittags im Kindergarten die restliche Zeit bei mir im Büro. Wo immer ich hin musste, begleitete er mich. Natürlich machten wir dabei Dinge, die bei seiner Mutter absolut tabu waren: Wir aßen an einfachen Straßenständen und fuhren mit dem öffentlichen Bus. Abends alberten wir in der Badewanne und nach der vierten Gute-Nacht-Geschichte schlief nicht etwa Stevie ein, sondern ich.

Heute geht mein Sohn in eine der teuersten Privatschulen Kolumbiens, in der stolze achteinhalb Stunden täglich, auch am Samstag, gepaukt wird, und er niemals allein vor die Tür darf. Mit dem Bus durch die Stadt Santa Marta fahren? Absolut undenkbar. Sein Leben zuhause ist insofern ziemlich unselbstständig und Dinge wie Zimmer aufräumen und ähnliches erledigen rund um die Uhr zwei Haushaltsangestellte. Seine Mutter versucht, ihre mangelnde Zeit durch neueste Technik wettzumachen. Ein Blackberry Handy, den besten Computer und das schon vor Jahren. Ich dagegen kaufe ihm ein billiges Prepaidhandy und ein Fahrrad und zeige ihm, wie er in Berlin mit der U- und S-Bahn fährt. Und er genießt dieses in ihn gesetzte Vertrauen sehr. Zum Glück ist er sehr sprachbegabt und lernte in Südafrika und auf Tobago in den Monaten mit mir fließend Englisch und in Berlin auch noch ein recht passables Deutsch, so dass er sich problemlos in aller Welt verständigen kann. Und das nicht auf einer Schule, nein im Alltag auf der Straße mit schnell gewonnenen Freunden. Für mich ist das ein Fundament für ein unabhängiges Leben, was ich meinem Sohn vermitteln möchte, wie auch zuvor meiner Tochter Steffi. Als Sechsjährige lebte sie zum Beispiel wochenlang mit mir bei einem Indianerstamm in Venezuela, wo ich in sieben Monaten mehr Erfahrungen für Südamerika sammelte, als meine Kollegen in vielen Jahren am Schreibtisch ihrer Reiseagenturen.

Das alles bestärkte allerdings Ingrids Familie, die zur sogenannten besseren Gesellschaft gehört, nur darin, dass ich ein unverbesserlicher Hippie sei. Sie hätten es immer schon gewusst und Ingrid hätte besser früher auf sie hören sollen. Hätte sie das? Vielleicht, aber definitiv wären ihr auch einige sehr intensive Jahre mit mir durch die Lappen gegangen.

Als Stevie und ich das Frühstück verputzt haben, drängle ich schweren Herzens darauf, wieder zurück nach Zephyrhills zu fliegen, wo ich mich an meinen geliebten Schreibtisch setzen muss, von dessen Ecke mich die fünf dicken Theoriebücher hämisch angrinsen. Aber erst einmal muss ich etwas anderes machen, etwas Wichtigeres halt.

Kapitel 5
Mit Vollgas in Richtung Geburtstagskuchen

Das erst-einmal-etwas-anderes-tun bestimmt im Moment mein Leben, aber noch weiter hinaus kann ich die Pilotenprüfungen nicht schieben. Es ist heute schon der 18. Juli und Doreen und Stevie begleiten mich nach Tampa-Nord. Ich sitze allein in einem Prüfungsraum, hinter einem der vielen PCs. Kameras in jeder Ecke des Raumes überwachen mich. Insgesamt 800 Fragen gibt es. Und der Computer wählt hieraus willkürlich 60 Stück aus, die ich in anderthalb Stunden beantworten muss. Ich spreche wirklich durchaus annehmbar Englisch - wenn nur diese Fachbegriffe nicht wären. Ja, und wenn ich mehr Zeit gehabt hätte. Trotzdem habe ich ein gutes Gefühl und bin in Gedanken schon bei der mündlichen und praktischen Prüfung, die für morgen und übermorgen angesetzt sind.

„Möchten Sie jetzt Ihr Ergebnis erfahren oder noch einmal Ihre Antworten überprüfen?", fragt mich dieser blöde Computer. Vor Jahren habe ich die schriftliche Prüfung für die Sportpilotenlizenz mit 99% bestanden. Diese hier war nicht wirklich schwerer. Also, was soll die Frage?

Natürlich drücke ich den Button für Ergebnis und - traue meinen Augen nicht. Eine rote Lampe erscheint auf dem Monitor. Eine Frage zu viel, die ich falsch beantwortet habe, eine einzige! Benommen packe ich meine Sachen zusammen und gehe hinaus zu Doreen und Stevie. Die sind gut gelaunt und quatschen und lachen miteinander. Mir ist eher zum Heulen zumute. Sie glauben, ich veralbere sie wieder einmal mit meinem ernsten Gesicht, bis sie begreifen, dass ich wirklich durch die Prüfung gefallen bin. Doreen will mich in den Arm nehmen, aber ich winke ab und gehe einfach weg.

Nach fünf Minuten habe ich mich soweit beruhigt, dass ich mich von beiden trösten lasse. Wir fahren nach Zephyrhills zurück und Doreen ruft Wes an. Er versucht, ein anderes Prüfungszentrum zu finden, wo ich heute Nachmittag vielleicht die Prüfung wiederholen kann. Es findet sich keines. Aber morgen früh wäre es möglich, erfahren wir am Telefon. Gemeinsam mit Wes gehe ich die von mir versauten Fragen durch und noch ein paar andere. Denn welche Fragen aus den 800 möglichen in der morgigen Prüfung rankommen werden, kann niemand voraussagen.

Doch dann muss ich los, um Stevie zum Flughafen zu bringen. Nach seinem Abschied haben wir haben gerade einmal Zeit, noch vier Stunden zu schlafen, bevor wir uns erneut auf den Weg zum Prüfungszentrum machen müssen.

Ich will diese verdammte Prüfung hinter mich bringen. Ich kann fliegen. Ich weiß alles darüber, was notwendig ist. Wer hat sich so einen Scheiß wie Prüfungsstress und Fragenkataloge einfallen lassen? Die negative Spannung ist inzwischen auf dem Höhepunkt. Es ist mir auch gerade so etwas von egal, dass Abid sauer auf mich ist, weil ich mich noch immer nicht um die Firmengründung gekümmert habe.

Wieder sitze ich in einem sterilen Prüfungsraum. Und es hilft mir leider überhaupt nicht, dass ich so ungeduldig und nervös bin. Im Gegenteil. Dieses Mal überrascht es mich nicht einmal mehr, dass ein großer roter Kreis auf dem Monitor mein unfassbares Versagen sichtbar macht. Ich kann nicht mehr klar denken und bin Doreen dankbar, dass sie einfach nur schweigt, als wir nach Zephyrhills zurück fahren.

Aber ich habe Freunde! Und Wes, Marsha und Abid sind welche. Wes telefoniert noch einmal und findet ein weiteres Prüfungszentrum. Inzwischen ist bereits Peter, der Prüfer, auf seiner 700 km langen Anreise. Wenn er hier ankommen wird, will er mir die mündliche und praktische Prüfung abnehmen. Für 500 Dollar Gebühr. Und natürlich erst, wenn ich zuvor die schriftliche Prüfung bestanden habe. Peter ist der einzige Prüfer für Florida. Klappt das heute hier nicht, würde er erst in ein paar Wochen wieder nach Zephyrhills kommen und unseren Take Off könnten wir endgültig knicken. Wes redet auch mit ihm und Peter verspricht, auf meine Rückkehr zu warten und nicht gleich wieder abzufahren.

Minuten später sitze ich mit Wes, Marsha und Doreen im Auto und meine Gedanken kreisen nur um den Zusammenbruch unserer Pläne. Alle Vorbereitungen, aller Stress wird umsonst gewesen sein, wenn ich diese allerletzte Chance nicht ergreifen kann. Ganz abgesehen von der ungeheuren Blamage in der gesamten Pilotengemeinde.

Mit einem Mal höre ich Wes beten. Weder Doreen noch ich sind gläubig, jedenfalls nicht so richtig. Aber Doreen nimmt meine Hand und drückt sie sanft. Und ich glaube, wie ich spürt sie in diesem Moment eine spirituelle Kraft. Wie hat Wes das nur hinbekommen? Sollte ich es auch einmal mit beten versuchen? Zumindest bin ich jetzt wesentlich ruhiger als zuvor. Als wir am Prüfungszentrum ankommen, ziehen sich Marsha, Doreen und Wes in die Pilotenlounge zurück. Ich würde sie schrecklich gern begleiten.

Aller Ärger über meine Unfähigkeit hilft mir gar nichts. Ich zahle zum dritten Mal die 200 Dollar Prüfungsgebühr und drücke dann den Startknopf. Die erste Frage erscheint. Es ist eine, die ich kenne und bei der ich vor allen Dingen

auch die Antwort weiß. Auch die zweite und dritte Frage sind leicht zu beantworten. Ich kann mich etwas entspannen und spüre, dass es genau das ist,
was mir gefehlt hat. Entspannung. Ey, ich bin cool. Ich schaff das. ,Geht nicht,
gibt's nicht' ist mein Lebensmotto. Das ist die richtige Einstellung. Das Glas ist
nicht halb leer, es ist halb voll. Ich drücke die nächsten Fragen und es scheint
mir, sie werden immer leichter. Dann die letzten Multiple-Choice-Fragen.
Eine der vier Antworten ist immer Blödsinn, eine kommt inhaltlich gar nicht
in Frage. Also habe ich bei jeder Frage eine Fifty-fifty-Chance. Am Ende fragt
mich der PC wieder, ob ich meine Antworten noch einmal durchgehen oder
jetzt mein Ergebnis wissen möchte. Fast drücke ich auf Ergebnis. Aber dann
kontrolliere ich doch noch einmal alle meine Antworten. Ich versuche, mich
an die Stunden mit Wes zu erinnern, in denen er mit mir geübt hat, und kontrolliere Frage für Frage, ob sich irgendetwas davon auf dem Monitor wieder-
findet. Schließlich bin ich durch und die Prüfungszeit geht auch langsam zu
Ende. Ich drücke auf „Ergebnis" und schließe gleichzeitig meine Augen. Bei
der ersten Prüfung hatte ich schließlich auch ein gutes Gefühl. Was, wenn
ich mich wieder täusche? Ohne private Pilotenlizenz brauche ich gar nicht
losfliegen, alles andere hat keine weltweite Gültigkeit. Ich hocke vor diesem
Monitor, verschließe wie ein Kleinkind die Augen, in der Hoffnung, das Pech
sieht mich nicht. Was für ein kläglicher Anblick. Geht nicht, gibt's nicht. Ich
öffne die Augen. Ich erkenne die grüne Lampe, aber ich erkenne mich selbst
in diesem Moment nicht mehr. Denn Tränen der Erleichterung suchen sich
einen Weg. Ich kann absolut nichts dagegen machen. Völlig losgelöst heule
ich mir den ganzen Frust und Stress der letzten Tage herunter.
Die Kameras werden mir bewusst und das Gefühl, dass mir jemand beim
Heulen zusieht, lässt mich meine Sachen schneller zusammenpacken. Ich
spüre, dass meine Kräfte wiederkommen. Eigentlich war es doch klar, dass
ich das schaffen würde. Nur, so schwer und so knapp habe ich es mir nicht
vorgestellt. So verdammt knapp.
Meine Augen sind noch nicht wieder ganz trocken und ich öffne die Tür
zur Pilotenlounge. Sechs Augenpaare starren mir entgegen und da bin ich
mir sicher, dass die drei alten und erfahrenen Piloten einer Fluglinie, die mit
Doreen, Marsha und Wes im Raum sitzen, Bescheid wissen. Ich bin ernst.
Sehr ernst und sechs Gesichter antworten mir mit einem Ausdruck, der
immer stärker in Stein gemeißelt scheint. In gebeugter Haltung schließe
die Tür hinter mir und drehe mich wieder um. Erst, als sich die erste Träne
aus Doreens tieftraurigen Augen auf den Weg macht, lache ich ein breites

Lachen, reiße meine Fäuste in die Höhe. „Yes, I did it!" Doreen und ich fallen uns in die Arme und Wes und Marsha springen vor Freude auf. Wes klopft mir kräftig auf die Schulter. Die drei Piloten werfen anerkennende Blicke herüber.

„Schnuddelbäckchen, jetzt steht unserem Take Off nichts mehr im Wege", sage ich überglücklich.

Doch Doreen ist vorsichtig geworden. „Du musst noch durch die mündliche und durch die praktische Prüfung", wendet sie vorsichtig ein.

„Ach was, das schaffe ich mit links."

Als wir in Zephyrhills ankommen, steht der Prüfer schon vor dem Hangar. Peter ist geschätzte 65 Jahre alt. Mit seiner großen Brille, einem weißen Cappy und einem dunkelblauen kragenlosen Shirt, sieht er eher wie ein Mediziner aus. Aber einen solchen könnte ich im Moment schließlich auch gut gebrauchen. Der viel zu wenige Schlaf, das schweißgebadete Aufwachen mitten in der Nacht, die Albträume, aus denen ich oft auch tagsüber nicht aufzuwachen scheine…

„Hi Andreas, ich kann nur hoffen, dass du die schriftliche Prüfung nun bestanden hast. Ich bin jetzt acht Stunden hierher unterwegs. Ach ja, die 500 Dollar Prüfungsgebühr, die fallen natürlich trotzdem an. Und ich könnte erst nach drei Monaten wiederkommen. Du weißt ja, ich bin der einzige…"

Selten habe ich so gerne jemanden unterbrochen, um ihm zu sagen, dass er alle Wenn's und Aber's stecken lassen kann.

„Na, dann. Ich dusch jetzt mal kurz und so in einer Stunde starten wir mit der mündlichen Prüfung."

Andere Triker haben mir berichtet, dass Peter für die Prüfung bis zu neun Stunden ansetzt. Zwölf dicke Wälzer bringt er mit, die man benutzen darf. Wenn ich die nicht brauche und alles aus dem Kopf weiß, wird es in rund vier Stunden machbar sein. Muss ich bei jeder Frage nachgucken, dann eben die Höchstdauer. Ich rechne nach: Fünf Uhr Beginn plus neun Stunden Prüfung macht zwei Uhr nachts. Der arme Mann war acht Stunden hierher unterwegs. Das wird er sich nicht antun wollen - hoffe ich zumindest.

Die mündliche Prüfung beginnt mit den strengen Worten: „Meine schnellste Prüfung war circa drei Stunden. Wenn du also super vorbereitet bist und mir jede Frage schnell und zu 100% beantworten kannst, dann haben wir beide sogar noch ein paar Stunden Schlaf vor der Flugprüfung morgen früh um sechs Uhr. Also streng dich an."

Wenn du super vorbereitet bist. Das klingt mir im Ohr, als würde jemand eine Kirchenglocke direkt neben meinem Kopf anschlagen. Ich bin alles andere als super vorbereitet, nämlich eigentlich überhaupt nicht.

Trotzdem ist es erst kurz nach Mitternacht, als ich todmüde nach oben schleiche und mich neben Doreen auf die Matratze fallen lasse. Ich spüre ihren warmen Körper, das Einzige, das mir in den letzten Wochen die Kraft gab, jeden Morgen wieder aufzustehen. Hochzufrieden über die bestandene Prüfung schlafe ich sofort ein.

Doreen weckt mich mit einem Kaffee aus einem unruhigen Halbschlaf. Es ist fünf Uhr morgens.

„Der Prüfer drängelt ein bisschen. Er will früher als geplant losfliegen. Er habe beinahe einen anderen Termin verschwitzt, heute um elf Uhr vormittags."

Was er dagegen nicht vergisst, ist mir während des Fluges noch ein paar Fragen zu stellen, die er gestern in der Eile versäumt habe. Welche Eile in einer fünfstündigen Prüfung? Ich kann kaum die Augen offenhalten, mein Magen knurrt ungefähr in der Lautstärke eines Wolfes, der seit drei Wochen keine Beute mehr gesichtet hat, und dieser Mann will mir noch mehr Fragen stellen? Wohlgemerkt, während ich meine praktische Flugprüfung ablege. Auch nicht gerade etwas, das man so einfach mal nebenbei aus dem Ärmel schüttelt. Aber im Gegensatz zu dem ganzen theoretischen Zeugs bin ich beim Fliegen selbst viel sicherer und entspannter. Ich tue alles, was er will: S-Kurve und andere Figuren fliegen, eine exakte Flughöhe halten, Wind beobachten. „Sofort Gas weg. Notlandung", schreit Peter.

Okay, jetzt bin ich wach. Ich prüfe die Umgebung unter mir. Mann, schon einmal habe ich bei der Notlandung beinahe eine Prüfung versaut, damals zum Sportpiloten. Wir sind 450 Meter hoch und netterweise hat mich Peter gerade vorher über ein Waldgebiet gelotst, wohl wissend, dass eine Notlandung wegen der Bäume wesentlich schwieriger ist als über offenem Gelände. Aber ich hab sie längst gesehen: eine Lichtung. Ich steuere auf sie zu. So dicht, wie wir schon dran sind, muss ich sofort mit dem Gleitflug beginnen. Genau im richtigen Winkel gleite ich zur Notlandung auf diese Lichtung zu und reiße das Flugzeug hinter den ersten Bäumen recht gewagt in Richtung Boden. Normalerweise reicht das für die Prüfung, aber Peter will mich offenbar wirklich hier auf der Wiese landen lassen. Ich fasse es nicht. Aber es

kommt einfach nichts aus seinem Mund. Anderthalb Meter vor dem Aufsetzen schreit er ins Mikro: „Vollgas! Durchstarten! Zieh hoch! Zieh hoch!"
Ich tue, was er sagt und starte durch. Ziehe mein Trike hoch und wir kommen gerade so über die ersten Baumwipfel. Ich steige auf 300 Meter. Noch höher. 450 Meter und warte auf eine Ansage. Aber Peter scheint urplötzlich stumm geworden zu sein. Bei 600 Metern frage ich vorsichtig: „Höhe jetzt halten?"
„Ja, Höhe halten. Sofort zurück zum Flughafen, in die Flugplatzrunde einreihen und landen." Weiter sagt er nichts. Völlig verunsichert frage ich: „Habe ich etwas falsch gemacht?"
„Was denkst du denn, wie deine Notlandung war?"
Keine Ahnung, worauf er hinaus will. Trotz der Höhe beginne ich zu schwitzen. Wenn er mich jetzt nach all den Strapazen der letzten Wochen durchfallen lässt, bin ich geliefert. Dabei finde ich, dass ich in der jetzigen Prüfung bisher alles ziemlich cool hinbekommen habe. Also antworte ich: „Ich denke, sie war in Ordnung. Ich hätte ohne Schaden am Trike landen können, wir hätten beide überlebt und nach einer Motorreparatur hätten wir ohne weitere Hilfe von dort aus wieder starten können. Ich finde, damit sind die Bedingungen für eine Notlandung doch optimal erfüllt, oder? War es in deinen Augen nicht gut?"
„In den ganzen 20 Jahren, in denen ich Prüfer bin, war das mit Abstand die beste Notlandung, die ich erlebt habe."
Wow, die Überraschung saß. Ich entspanne mich und fliege auf Zephyrhills zu, setzte zur Landung an, um unmittelbar vor dem Aufsetzen wieder zusammenzuzucken.
„Durchstarten, Vollgas, wieder hoch. Einreihen und noch einmal landen."
Jetzt bin ich etwas mutiger und frage gleich: „War der Landeanflug nicht gut?"
„Doch super. Ich will nur wissen, ob du das jedes Mal so gut hinbekommst."
Seine Stimme verrät das erste Mal einen Anflug von Humor. Ich setze also ein zweites Mal zur Landung an, und dieses Mal schreit er nicht. Über den Taxiway darf ich in Richtung unseres Hangars und ich kann mir nicht verkneifen, das Mikro aus dem Mund zu ziehen und mit voller Kraft meine Erleichterung und auch meinen Stolz in den Wind zu schreien. „Yesssssss. Ich habe bestanden!" Ich weiß es. Peter braucht es mir gar nicht mehr zu bestätigen. Nur Minuten später halte ich die Privatpilotenlizenz und mein Logbuch mit Peters Eintragung „very good job" in den Händen. Mit einem breiten Grin-

Juhu, ich habe meine private Pilotenlizenz!

sen weist Peter ironisch darauf hin, dass er etwas mehr Präzision von einem Deutschen erwartet habe und wir fallen uns in die Arme. Das große Abenteuer kann endlich beginnen.

Diese riesige Erleichterung verspüre ich noch lange, die Vorfreude auf unseren Abflug in drei Tagen leider nicht. Es gibt so vieles, das noch nicht erledigt ist. Die Zeit rennt. Nie schaffe ich es, pünktlich fertig zu werden. Aber es gibt Menschen, auf die in dieser Hinsicht Verlass ist. Und so ein Mensch ist mein bester Jugendfreund Reidi. Mit ihm bin ich als Fünfzehnjähriger als Matrose auf einem Kohledampfer von Berlin bis nach Amsterdam gefahren und wir haben dort alle möglichen Abenteuer und Dummheiten miteinander durchgestanden. Gemeinsam sind wir sogar vier Wochen lang ohne Geld durch Deutschland getrampt. Von der Ordensschwester eines Klosters bis hin zum schwulen Opernsänger, es fand sich immer jemand, der Mitleid mit zwei hungrigen, schlaksigen Jugendlichen hatte und uns Unterkunft und Essen gab. Im Gegensatz zu mir, dem die damaligen Abenteuer nicht gereicht haben, ist Reidi ein Vorzeige-Deutscher geworden. Mit gerade etwas über 20 heiratete er Daniela und ist bis heute mit ihr zusammen. Beide haben gute Jobs, ein schönes Haus gebaut und ihre beiden Kinder, Kevin, 18 Jahre, und Denise, 17 Jahre, sind das, was man wohlgeraten nennt. Trotzdem und auch über lange Pausen hinweg ist unsere Freundschaft geblieben. Reidi und seine Familie haben schon vor Monaten eine Urlaubsreise nach Florida geplant und sich für den 18. Juli um 10 Uhr zum Frühstück am Flughafen Zephyrhills angekündigt. Und Reidi ist pünktlich. Lachend steht er vor mir am Hangar. Nach meinem ersten Schock, wie schlimm es um mich und meine Nerven stehen muss, dass ich das vergessen konnte, freue ich mich einfach nur riesig. Der Reihe nach nehme ich alle auf einen kurzen Flug mit.

Der Vormittag mit den Vieren hat mir richtig gut getan und meine verloren geglaubte Vorfreude auf den Abflug an meinem Geburtstag kommt zurück. Doch es bleiben mir nur noch zwei Tage. Besonders das Anschnallen der Taschen und des Equipments muss geübt werden, was allerdings voraussetzt, dass alles bereits gepackt ist. Für einen Außenstehenden mag das nicht nach einem Problem klingen. Und doch gehört das effektive Packen und Austarieren des Gewichts und besonders die hundertprozentige Sicherung des Gepäcks zu den wichtigsten Dingen. Wenn sich auch nur eine winzige Kleinigkeit während des Fluges lösen und in die Rotorblätter hinter Doreens Sitz fliegen würde… ich muss die Folgen nicht weiter ausmalen.

Jedenfalls ist es jetzt kurz vor Mitternacht zum 21. Juli und Doreen und ich stellen fest, dass wir mindestens noch drei bis vier Stunden brauchen, bis alles abflugbereit sein wird. Ich treffe eine Entscheidung. Statt des geplanten Abfluges morgen früh werden wir erst morgen Nachmittag starten. Es hat überhaupt keinen Sinn, völlig übermüdet nach nur zwei Stunden Schlaf aufzubrechen, nur um einen Termin einzuhalten, der lediglich aus einer symbolischen Bedeutung heraus so festgelegt worden war. Ich wollte unbedingt an meinem fünfzigsten Geburtstag mit dem Abenteuer beginnen. Nun, ich werde an meinem fünfzigsten Geburtstag starten. Aber eben am Nachmittag. Punkt. Das erste Mal seit Wochen stelle ich keinen Wecker.

Es ist mein Geburtstag und vor allem der Tag unserer Abreise. Doch keiner von uns kann den Moment genießen, denn die Anspannung der letzten Tage liegt noch in der Luft. Die Geburtstagstorte darf trotzdem nicht fehlen: Ein Käsekuchen mit Erdbeeren, der fast so lecker schmeckt wie der meiner Mutter. Doreen hat ihn gestern gekauft und mit Kerzen die Zahl 50 gesteckt. Gleich nach dem Frühstück stürzen Doreen und ich uns wieder in die letzten Vorbereitungen. Obwohl die wenigen größeren Sponsoren, die unsere Expedition finanziell unterstützen, nur einen Bruchteil der Gesamtkosten unserer Weltreise ausmachen, sind die Wünsche dieser Firmen natürlich extrem wichtig. Schließlich möchten sie irgendeinen Nutzen aus dem Sponsoring ziehen. Nur leider hat es bis heute bei keiner der Firmen geklappt, mir die Brandings, also die gewünschten Aufkleber zu liefern bzw. sie haben sie in der falschen Größe gesandt. Sind wir erst einmal abgeflogen, wird das mit einer DHL-Zustellung schwierig. Also besuchen wir Tina. Tina ist eine ganzkörpertätowierte Mittvierzigerin und hat einen kleinen chaotischen Laden für Rennwagenbeschriftungen in Zephyrhills. Tina sah sicherlich vor ihren vielen Drogenexzessen einmal richtig gut aus. Von ihrem Einfallsreichtum hat die ehemalige Autorennfahrerin allerdings nichts eingebüßt. Rechtzeitig hat sie alle fehlenden Beschriftungen und noch sechs T-Shirts für Doreen und mich mit eigens für uns entworfenem Logo fertiggestellt. Ihr Bruder, Quasimodo mit blondem Topfhaarschnitt, kommt sogar mit zum Flughafen und hilft uns beim Anbringen der Brandings am Trike. Wenigstens das Trike ist jetzt also abflugbereit. Doch wieder einmal stoppt mich die Bürokratie. Abid hat mich schließlich schon gefühlte hundert Mal daran erinnert, sagt er, wobei sich die Anzahl ganz klar auf sein Gefühl bezieht. Nach meinem war es höchstens einmal. Gut, vielleicht fünfmal. Aber jetzt komme ich nicht mehr daran vorbei, sonst kann ich heute nicht abfliegen. Bisher ist das Trike bei Abids Firma angemeldet, aber der will – verständlicherweise – das nun noch geändert haben. Nur leider kann ich als ausländischer Privatmensch nicht Eigentümer eines in den USA zugelassenen Flugzeuges sein. Also muss ich mal eben schnell eine Firma gründen. Dies kann man in den USA online machen. Doch, wer schon einmal eine Firma gegründet hat, weiß, dass die juristischen und formalen Begriffe selbst in der Muttersprache äußerst unverständlich sind. Meine Muttersprache ist deutsch, nicht englisch. Sean, ein anderer Trikepilot und Jurist, hilft mir und es dauert trotzdem über zwei Stunden.

Zehn Minuten später kommt Abid und klärt mich auf, dass wir gerade die falsche Firma gegründet haben.

„Du brauchst eine Limited Company."

Na super. Wir haben gerade eine Einzelfirma auf meinen Namen gegründet. Nun hilft mir Abid dabei und nach nur einer Stunde online-Formulare ausfüllen und weiteren 150 Dollar Gebühren ist Doreen stolze Besitzerin einer Limited-Firma und diese Firma Besitzerin des Trikes.

Alles klar, denke ich und verlasse das Büro, um Doreen beim Packen zu helfen. Wer ist auf die bescheuerte Idee gekommen, den Abflug auf meinen Geburtstag zu legen? Eine Hälfte in mir will hier nur noch weg. Losfliegen. Endlich diese nicht enden wollende Vorbereitungszeit abschließen. Die andere Hälfte in mir stellt sich gerade vor, wie mein runder Geburtstag wohl in Deutschland aussehen würde. Nachmittags am Wohnzimmertisch meiner Eltern mit duftendem Kaffee, selbstgebackenem Kuchen meiner Mutter. Abends ein bis zwei, drei, vier, fünf… lockere Bierchen am Tresen irgendeiner netten Kneipe in der Berliner Innenstadt. Neben mir Doreen, meine Tochter und meine Freunde, die mir buntverpackte Geschenke bringen.

Larry reißt mich aus meinen rührseligen Gedanken. „Hast du heute schon nach dem Wetter gesehen?" Blöde Frage. Natürlich habe ich und zwar das letzte Mal vor zwei Stunden.

„Guck lieber noch mal. Ich glaube, euren Abflug könnt ihr verschieben."

Verschieben ist für mich inzwischen zum Unwort des Jahres geworden. Aber tatsächlich: Zwei große Regenfronten bewegen sich von links und rechts auf Zephyrhills zu, mit einer Geschwindigkeit, als hätten sie nach jahrelanger Abstinenz ein vielversprechendes Date vor sich. Nein, nicht schon wieder. Ich will weg! Nur weg.

In wenigen Minuten ist alles am Trike verstaut. Ein letztes Umarmen aller Freunde, die zum Abschied gekommen sind, auch der bekannte „Trick-Trike-Pilot" Buddy Babcock. Er und seine Frau haben sich die letzte Nacht um die Ohren geschlagen und sind 400 Kilometer mit dem Auto gefahren, nur, um bei unserem Abflug dabei zu sein. Winken. Ein letzter Blick auf alle, „Yeah. Our adventure starts!" rufen und dann ziehe ich das Trike wie eine Rakete hoch. Erst regnet die linke Wolke, dann die rechte. Aber wir sind mitten dazwischen und im Trockenen. Die Wirbel der durch den Regen verdrängten Luft schütteln uns durch, aber dann ist vor uns Sonne und wir in Sicherheit. Zephyrhills und aller Stress liegt endlich hinter – besser gesagt unter – uns und beide weinen wir vor Erleichterung und Glück. Selbst, wenn ich das Trike schon nach zehn Minuten auf dem nächsten kleinen Flughafen wieder runterbringen müsste, wäre ich trotzdem losgeflogen und das erste Mal seit Wochen fühle ich mich frei. Frei wie ein Vogel.

Kapitel 6
Gastfreundschaft, karierte Hemden und Cowboyhüte

Wir fliegen dann doch noch zweieinhalb Stunden. Nicht nur der Stress, auch die Unstimmigkeiten zwischen Doreen und mir sind wie weggeweht vom Flugwind. Doreen ist wieder ganz bei sich, ich nicht. Ich bin hundemüde und kann meine Augen kaum noch offen halten. Aber wir sind unterwegs und ich will ankommen. Irgendwo, und zwar erst, wenn es dunkel wird. Die Augen werden schwerer und ich kann sie beim besten Willen nicht mehr offen halten. Ich schließe sie. Ein, zwei, drei und wieder auf. Offenlassen! Wenigstens auch drei Sekunden – ich schaffe eine. Wieder eins, zwei, drei – offen, ein, zwei, drei… So geht das bis zur Landung weiter.

Ein orangeroter Ball strahlt durch die klare, wolkenlose Luft. Zum Postkartenmotiv fehlen nur noch die kleinen Schäfchenwolken. Ein würdiger Moment, um den ersten Landeanflug unserer Weltreise vorzunehmen: der Flughafen von Suwanee. 260 Kilometer von Zephyrhills entfernt. Ein kleines Gebäude, ein paar Hangar und keine Menschenseele. Kein ungewöhnlicher Anblick für einen kleinen Flughafen in den USA und ausgestattet mit Zelt, Isomatten, Schlafsäcken und einem Kocher, bereitet uns das auch keine Probleme. Normalerweise nicht. Heute allerdings schon, denn wegen unseres übereilten Aufbruchs haben wir weder Essen noch Wasser dabei. Und wenn ich vieles kann, eines sicher nicht: Schlafen, wenn ich hungrig bin. Und ich habe eigentlich immer Hunger. Das Essen hat für mich den gleichen Stellenwert wie das Auftanken unseres Trikes. Ohne geht gar nichts.

„Dahinten steht ein schwarzer Pickup. Lass uns gucken, ob noch jemand da ist", schlägt Doreen vor.

Wir laufen los und der Gedanke an ein mögliches Essen bringt meine Lebensgeister zurück. In dem Moment kommt ein Mann aus dem Hangar, steigt in den Pickup und fährt los. Leider nicht in unsere Richtung. Ich lege einen Spurt hin, der mir beim Sportabzeichen bestimmt Gold eingebracht hätte. Endlich sieht mich der Fahrer im Rückspiegel, stoppt und kehrt zu uns um.

„Hi, ich bin Richard. Und ihr?", sagt der ungefähr sechzigjährige, sympathische Mann, der aus dem Auto steigt.

Weil ich noch am Pusten bin, antwortet Doreen, erzählt ein bisschen von uns und fragt, ob es hier in der Nähe irgendetwas zu Essen gäbe. Er lacht. „Wenn ihr zwanzig Kilometer laufen wollt. Aber ich mache gerade Feierabend und will auch etwas essen. Habt ihr nicht Lust mitzukommen?"

Und ob ich Lust habe. Richard hilft uns sogar, das Trike zu sichern, was bedeutet, die Tragflächen am Boden zu befestigen, damit der Wind sie nicht hochheben kann, die Bremsen festzustellen und das Gepäck gegen Regen zu sichern.

Völlig happy schlagen wir uns den Bauch in einem besseren Fastfood-Restaurant voll. Ich hatte beinahe vergessen, dass heute mein Geburtstag ist. Nur deshalb gibt es zum Abschluss ausnahmsweise einen leckeren Cocktail. Nun haben wir noch weniger Lust, zwanzig Kilometer zurückzulaufen oder zu trampen und fragen Richard, ob wir den Pickup und seine Freundlichkeit noch einmal strapazieren könnten.
„Klar, ich schlafe ja selbst dort. Wieso wollt ihr eigentlich im Zelt schlafen? Kommt doch auch in mein Büro. Ich habe zwar keine Couch, aber auf dem Fußboden ist Platz genug."
Richard ist einer der Mechaniker des Flughafens. Wir schieben Ersatzteile und Werkzeuge auf dem Boden so weit zur Seite, bis die Schlafsäcke Platz haben und kriechen hinein. Ich bin heute fünfzig Jahre alt geworden. Ein Alter, das für mich früher jenseits von Gut und Böse lag. Und jetzt? Ich starte gerade in das größte Abenteuer und fühle mich so jung und lebendig wie kaum jemals zuvor. Ich könnte schnurren, so zufrieden und satt bin ich. Arm in Arm schlafen Doreen und ich ein.

Um vier Uhr weckt uns Richard mit einem starken Kaffee. Er weiß, dass man als Triker gut beraten ist, nur kurz vor Sonnenaufgang oder am späten Nachmittag bis zum Sonnenuntergang zu fliegen. Doch Doreen und ich sind nach der langen und nervigen Vorbereitungszeit so heiß auf das Fliegen, dass wir uns für heute über 700 Kilometer vorgenommen haben. Wir starten, als die Sonne sich gerade erst über den Horizont quält. Es dauert nur Minuten bis nach dem ersten schemenhaften Morgengrau die Farben am Boden immer mehr zunehmen und der Himmel nahezu weiß ist. Das Weiß wird strahlender, leuchtender, je höher der Sonnenball aufsteigt und schließlich ist der Himmel blau. Dieser Anblick besänftigt sogar meinen inzwischen wieder leeren Magen. In spätestens zwei Stunden werden wir landen und uns ein köstliches Frühstück genehmigen. Ich steige auf über 2.000 Meter hoch und es wird sehr kalt. Wir sprechen wenig. Jeder von uns genießt diesen ruhigen Flug und im Gegensatz zu gestern, habe ich keine Probleme, die Augen offen zu halten.

Als es nach einiger Zeit doch etwas unruhiger zugeht, haben wir unser erstes Ziel schon fast erreicht: Crisp. Ich freue mich aufs Frühstück. Durst habe ich auch. Aber wie schon gestern sieht der Flughafen, den ich ansteuere, von oben merkwürdig leer aus. Kein Wunder. Es ist Sonntag. Nach der Landung tanken wir unseren Kleinen erst einmal auf. Dann sehen wir uns ratlos um. Wenn das mit dem Essen mal auch so einfach wäre. So langsam ist mir vor Hunger beinahe schwindlig und das kleine Flughafengebäude ist zu. Wie gesagt: Sonntag. Und Hobby-Sonntags-Flieger haben keinen Kohldampf. Sie fliegen in einem Umkreis ihres Heimatortes vielleicht 20 bis maximal 50 Kilometer, wie ein Oldtimerliebhaber mit seinem Schatz an einem sonnigen Feiertag eine Ausfahrt übers Land macht. Bestimmt 95% aller privater Piloten machen es diesen Oldtimerfahrern nach. Nur eben in der Luft. Wir dagegen wollen von A nach B und fliegen jeden Tag zwei bis drei uns völlig unbekannte Flughäfen an, die wir oft von oben erst einmal suchen und über die wir uns vorher in der Dokumentation Infos über die Nummern der Rollfelder besorgen müssen. Und wo sind die Taxiways, die Start- und Landebahnen mit Stellplätzen und Hangar verbinden? Es könnte ja sein, dass jemand direkt hinter uns landet. Und es könnte gut sein, dass dieser Jemand schneller unterwegs ist als wir. Diese und andere Fragen müssen sich die einheimischen Triker nicht stellen. Sie wissen, wann gewöhnlich woher der Wind hier kommt und natürlich wissen sie auch, dass sonntags das Flughafengebäude von Crisp geschlossen ist. Durch eines der Fenster sehen wir im Inneren des Gebäudes mehrere Automaten stehen, gefüllt mit süßen Köstlichkeiten und Getränken. Mein Magen rebelliert bei diesem Anblick nun vollständig.

Zu meinem Überleben trägt der landende Hubschrauber eines Rettungsdienstes bei. Er hat hier seine Basis. Und die Piloten verraten uns den Code für die Türöffnung zum Gebäude, der leichtsinnigerweise identisch ist mit der Funkfrequenz dieses Flughafens. Wie einfallsreich, aber gut zu wissen. Könnte ja sein, dass andere Flughafenmanager genauso schlau sind.

Wir kramen in allen unseren Taschen nach ausreichend Kleingeld für die Automaten. Ein paar Snickers und mein Magen füllt sich wenigstens etwas. Wir ziehen gleich mehrere Wasserflaschen als Vorrat und noch einige Schokoriegel und kehren zurück zum Trike.

Der nächste Stopp liegt ungefähr 260 Kilometer entfernt, ein Flughafen namens Paulding, den uns Wes wärmstens empfohlen hat: „Ganz toll. Neues Gebäude, super Service. Du, die haben da eine Lounge mit Ledersitzen groß wie ein Bett. Selbst mit Courtesy Car.“

Ich freue mich schon darauf, denn Courtesy Car bedeutet, dass wir als Piloten kostenlos einen Wagen gestellt bekommen, um zum Beispiel in die Stadt zum Essen zu fahren. Am heutigen Tag ein extrem wichtiger Punkt.

Habe ich schon gesagt, dass man als Triker gut daran tut, nur ganz früh morgens oder am späten Nachmittag zu fliegen? Jetzt ist es bereits vormittags. Ich starte und unser nur 490 Kilogramm leichtes Moskito hebt in die Lüfte ab – und wird kräftig durchgeschüttelt. Die Thermik, des Trikers schlimmster Feind. Mit den ersten Strahlen, die am Morgen auf die jeweilige Oberfläche unseres Planeten treffen, beginnt die Sonne ihre unaufhaltsame Arbeit: sie erwärmt die Erde. Nur leider nicht alle Teile gleichmäßig schnell. Beim schwarzen Untergrund einer Asphaltstraße geht das wesentlich schneller als zum Beispiel bei hellen Flächen, wie Feldern oder Seen. Und leider behält die Erde die ihr zugedachte Wärme auch nicht vollständig bei sich. Ein großer Teil steigt hoch in die Luft, die damit ebenfalls unterschiedlich stark erwärmt wird. Es entstehen Luftschichten, die sich verschieden schnell bewegen und dabei ein leichtes Trike hin und her werfen, als spielten sie Fangball mit ihm. Und genau das passiert jetzt. Ich fliehe vor den Turbulenzen, indem ich höher steige. 1.000 Meter, 1.200, 1.500. Es reicht nicht. Erst bei fast drei Kilometern wird es ruhig. Hinter mir atmet Doreen tief durch. Kann ich gut verstehen. Jetzt ist es zwar saukalt, aber dafür schwebt unser Moskito förmlich und die Welt da unten gleicht einer Modelleisenbahnlandschaft der Spur Z.

Das GPS zeigt, dass der laut Wes sagenhafte Flughafen, nicht mehr weit entfernt ist. Ich muss also langsam wieder heruntergehen. Der Weg hinab ist die erste große Herausforderung unserer gerade erst begonnenen Weltreise. Mir ist klar, dass da bestimmt noch viele kommen werden. Aber jetzt ist jetzt und ich muss da durch. Wenn nun auch noch der Wind ungünstig sein sollte, kann das gefährlich werden. Zu allem Pech liegt der Flugplatz Paulding auch noch mitten in einem riesigen Wald! Die Thermik schubst uns, wie es ihr beliebt. Nach links, nach rechts, nach oben und unten. Mit Schrecken sehe ich die vielen Baumkronen und habe Angst, dass wir im nächsten Moment von unsichtbarer, aber harter Hand von oben dort hineingedrückt werden. Die pure Angst kommt in mir hoch. „So ein Scheiß, bei solch einem Wetter zu fliegen! Das mache ich nie wieder." Mit meinen gerade einmal 250 Flugstunden auf eine solche Weltreise zu gehen, erscheint mir auf einmal extrem leichtsinnig. Andere, sehr erfahrene Piloten stört diese Thermik sicher nicht, dieses hin und her geschmissen werden. Aber ich fluche aus allen Rohren.

Doreen ist mucksmäuschenstill. Endlich sehe ich die Landebahn vor uns. Mit sehr hoher Geschwindigkeit fliege ich ein, fliege nur Zentimeter über der Landebahn, setze dann erst ganz langsam auf. Gut gemacht und jetzt weiß ich: Ich kann wieder bei solchen Bedingungen fliegen – no problem!

Wir biegen in den Taxiway ein und fahren in Richtung des einzigen Gebäudes. Ich finde es merkwürdig, dass die üblichen Nebengebäude und vor allen Dingen die Hangar fehlen, gerade weil Paulding nicht einmal klein ist. Das passt alles nicht zu Wes' Erzählungen. Als wir das Trike sichern, kommt der Flughafenmanager zu uns, begrüßt uns und führt uns in die Pilotenlounge.

„Kann ich etwas für euch tun?"

Ja klar kann er das. Hat er meinen Magen gehört? Da fragt Doreen bereits: „Wir dachten, hier sei der Service so super, dass wir sogar ein Auto zur Verfügung hätten, um uns etwas zum Essen zu holen. Aber irgendwie ist hier nicht so…"

„Nicht so viel übrig geblieben", beendet der Manager den Satz. „Nein, vor ein paar Wochen hat ein Tornado alle Hangar und Flugzeuge zerstört. Und das Auto."

Wir schweigen betreten.

„Ach was, ich rufe jetzt meine Frau an. Die kann uns in ihrer Mittagspause etwas zu Essen rausbringen."

Es ist mir peinlich und normalerweise würde ich ihm das jetzt ausreden, denn die Stadt, die ich schon von oben als Kleinstadt erkannt habe, liegt rund 20 Kilometer entfernt. Wie gesagt, normalerweise. Aber ich habe Hunger und das bedeutet, meine Gedanken haben Ausnahmezustand. Ich brauche einfach dieses Essen und der Manager scheint das auch ganz normal zu finden. Männer verstehen sich in gewissen Dingen einfach länderübergreifend. Jedenfalls kommt nach einer halben Stunde seine Frau mit einer Riesenpizza. Zwar muss ich nun meinen Schwur brechen, drei Jahre keine Pizza anzurühren, aber schließlich ist es ja eine amerikanische und keine italienische.

Ich denke an Deutschland und kann mir nicht vorstellen, dass dort jemand in ähnlicher Situation so selbstverständlich seine Mittagspause opfert und 40 Kilometer weit fährt, um zwei Verrückte zu füttern, die er noch niemals gesehen hat. Nun, diese Frau tut es und wir schlafen anschließend wie die Kleinkinder in den super bequemen Ledersesseln, das einzige, das wir hier so vorgefunden haben, wie Wes es uns geschildert hat.

Um sechzehn Uhr weckt uns der Manager. „Ich mache jetzt Feierabend. Aber ich lasse den gesamten Flughafen offen. Bevor ihr losfliegt, müsst ihr nur am

Tor diesen Code eingeben." Er hält uns einen Zettel hin. „Dann schließt sich der gesamte Flughafen automatisch. Viel Glück auf eurer Reise." Wieder fallen mir deutsche Verhältnisse ein und wir bedanken uns herzlich bei Richard.

Um 17:30 Uhr geht es weiter. Das Wetter ist jetzt toll. Unser nächstes Ziel ist – so Wes – wieder ein super Flughafen, wo viele Triker sich tummeln: Murfreesboro. Nach drei Stunden haben wir die heutigen 726 Kilometer Flugstrecke geschafft und ich bin mächtig stolz. Es ist bereits dunkel und so schalte ich mit dem Funkgerät die Landebahnbeleuchtung an.

Leider sind die vielen Triker, von denen Wes erzählt hat, nicht zu sehen. Die Pizza ist längst verdaut und eigentlich hatten Doreen und ich vor, hier einen Stellplatz im Hangar zu ergattern, um heute Abend noch in die Stadt zu fahren. Murfreesboro liegt nämlich ganz in der Nähe von Nashville/Tennessee und diese Stadt wollen wir unbedingt kennenlernen.

„Doch noch ein Trike", ruft Doreen erfreut und zeigt auf den Himmel. Zwanzig Meter über unseren Köpfen schießt ein rotes Trike hinweg. Der Pilot zieht es noch einmal hoch, wendet, landet und rast auf dem Taxiway so schnell auf uns zu, als wolle er gleich noch einmal abheben, bremst kurz vor uns, schaltet den Motor aus, springt heraus, rennt auf uns zu und umarmt uns.

Doreen und ich sehen uns fassungslos an. Wir kennen den Mann nicht.

„No kidding!" Ein Spruch, den er mindestens dreimal pro Minute wiederholt. „Das darf ja nicht wahr sein, dass ihr hier seid. Was für eine Ehre, dass ich euch hier treffen darf."

Der Mann kann sich gar nicht beruhigen, während ich in meinem Gedächtnis krame. Es passiert mir leider oft, dass ich jemanden vergesse, den ich vielleicht vor Jahren schon einmal getroffen habe. Der Typ sieht sympathisch aus. Ungefähr so groß wie Doreen, schlank, Stoppelhaare und offenbar eine Frohnatur. Ich müsste mich doch erinnern. „Woher kennst du uns denn?", frage ich, peinlich berührt.

Unser enthusiastischer Freund stellt sich als David Schulz vor, Amerikaner mit deutschen Wurzeln, genannt Dave und als Triker in den gesamten USA bekannt. Larry hatte ohne unser Wissen sein Handyvideo unserer Abreise allen Trikern im Land geschickt.

Dave bietet uns sofort seinen Hangar zum Unterstellen und Übernachten an und ignoriert unsere vorsichtige Aussage, dass wir dieses Mal in einem Hotel und nicht neben dem Trike schlafen möchten, weil uns das Nachtleben von Nashville, Countrymusik, Rock and Roll und ein gutes Bier doch zu sehr locken.

„Ihr könnt bei mir schlafen. Überhaupt gar kein Problem", versichert er, fährt uns aber doch netterweise an einigen Hotels vorbei.

Unser durchschnittliches Tagesbudget liegt bei 100 Dollar. An diesem Tag haben wir bereits 90 Dollar für Benzin ausgegeben und noch keinen Bissen Abendbrot im Magen. Nach der dritten Preisauskunft von fast hundert Dollar Übernachtungskosten, nehmen wir Daves Angebot an und verschieben unseren Musikabend auf den nächsten Tag.

Dave hat ein großes Haus, normalerweise mit Frau und mehreren Kindern gefüllt. Er sei aber zurzeit allein und wir könnten eines der Kinderzimmer haben. Er entschuldigt sich sogleich, dass die Betten so klein sind. In den USA sind Betten wie Cocktails und Essen: riesengroß. Wenn er wüsste, um wie viel kleiner unser Bett in Berlin war. Er könnte es nicht verstehen.

Wir hören an diesem Abend viele Triker-Geschichten, bekommen ein reichliches Abendessen und am nächsten Tag ein Frühstück vom Allerfeinsten. Danach sagt Dave mit der Begründung, er habe ganz berühmte Piloten zu Gast, kurzerhand seine Arbeit ab. Sein Arbeitgeber zeigt natürlich sofort Verständnis für die wichtige Ausnahmesituation, worauf Dave eine Riesenparty mit all seinen Freunden organisiert und ein Barbecue, das locker für ein gefülltes Olympiastadion gereicht hätte. Der Geruch von Holzkohle und Knoblauch steigert meinen Hunger ins Unerträgliche. Vorsorglich esse ich mir einen kleinen Vorrat an. Auch Doreen langt kräftig zu. Danach schieben wir unsere Bäuche vor uns her, unfähig, uns mehr als notwendig zu bewegen. Dabei wollen wir doch unbedingt noch nach Nashville hereinfahren. Dank David wissen das auch alle Gäste und so schnell sie gekommen sind, so zügig verabschieden sie sich wieder. Nicht ohne uns zu umarmen, als würden wir uns mindestens seit achtzig Jahren kennen. Dann geht es gemeinsam mit Dave los in Richtung Nashville. Auf dem Weg hat mein Magen Gelegenheit in Ruhe zu arbeiten und als wir in der Stadt ankommen, bin ich wieder fit.

Ich wusste, warum ich eigentlich gestern Abend schon hätte hier sein wollen. Das Flair dieser Stadt, die auch Music City genannt wird, zieht uns sofort in ihren Bann. Der Cumberland-River beherrscht das Erscheinungsbild der modernen, großen Stadt. Doch das, was Nashville ausmacht, findet man rund um den Broadway mit seinen niedrigen Ziegelblockhäusern. Hier fahren inmitten der Autos halboffene Pferdekutschen die Touristen spazieren und Countrymusik und Rock and Roll klingt aus den vielen Kneipen. Obwohl es mitten in der Woche ist, platzt das Lokal, in das Dave uns führt, aus allen Nähten. Wir erkämpfen uns einen Platz am Tresen, der die gesamte Tiefe des

Raumes einnimmt. In einer Ecke gequetscht: das kleine Podest der Livemusiker, natürlich in karierten Hemden und mit Cowboyhut und einem heißen Mädel. Sie trägt einen Minirock, unter dem beinahe der Schlüpfer zu sehen ist und ein rotkariertes Hemd. Ich glaube, das gleiche Modell wie Doreens damals in Peru. Den starrenden Augen nach zu schließen, findet Dave dieses Outfit wohl ganz nett, ich auch. Als ich Doreens prüfende Blicke spüre, wende ich mich ab und mustere das Lokal. Die Wände brauchen in den nächsten Jahrzehnten keine neue Tapete, denn jeder Zentimeter ist mit Bildern und Fotos bedeckt, die die großen und kleinen Stars unter den Musikern und den Besuchern verewigen - die natürlich alle ein Glas Bier in den Händen halten. Ich dagegen darf mir nur ein einziges Light-Bier gönnen . Denn morgen früh um vier Uhr heißt es aufstehen und weiterfliegen. Aber ich genieße auch so diese tolle Atmosphäre und vor allem die Musik.

Die Wärme der unwahrscheinlichen Gastfreundschaft durch Dave wirkt noch in uns nach, als wir pünktlich um fünf Uhr von Murfreesboro aus starten. Es scheint ein richtig heißer Tag zu werden, denn die Thermik schießt förmlich nach oben und lässt unseren Flug entsprechend holprig verlaufen. Wieder muss ich auf über 2.000 Meter hoch. Weil nun auch noch Wind dazu kommt, lande ich nach nur zwei Stunden auf dem Flughafen Ohio County, der wieder mitten im Wald liegt. Wir sehen wenige kleine Dörfer in der Umgebung, dafür umso mehr Wild, das munter Start- und Landebahn als Spazierwege nutzt.

Ich bin kein ängstlicher Mensch, aber nachdem die Baumwipfel bei einigen Hüpfern so nah kommen, dass ich denke, ich kann sie schon anfassen, bin ich wirklich froh, dass ich unser Trike bei starker Thermik und viel Seitenwind heil herunterbringe. Kaum sind wir gelandet, öffnet sich das Tor eines Hangars und ein Mann winkt uns kräftig zu, wir sollen mit dem laufenden Trike einfahren. Recht hat er, denn inzwischen weht ein Wind vom Feinsten.

„Na ihr seid ja mutig", begrüßt uns der Mann, der sich als Mechaniker des Flughafens vorstellt. „Um diese Tageszeit landet hier kein einziger Pilot Und von denen, die die hier üblichen Windverhältnisse am Vormittag ignoriert haben, sind einige schon tödlich verunglückt. Also, wenn du hier landen kannst, kannst du auf jedem Flughafen der Welt landen."

Ich schlucke, aber freue mich natürlich auch über sein Lob. Der Wind ist inzwischen ein Sturm und durchkreuzt unsere Pläne weiterzufliegen. Eine füllige Sekretärin zeigt uns einen kleinen Raum, ausgestattet mit zwei Sofas,

Zwischenlandung in Murfreesboro!

falls wir ein Nickerchen machen möchten. Gern würde ich das annehmen, aber mein Magen benötigt dringend eine Auffüllung. Zum Glück überlässt uns der Mechaniker sein eigenes Auto, um ins Dorf zu fahren, wo es eigentlich nichts zu sehen gibt. Aber immerhin finden wir ein Restaurant und damit erfüllt der Ort schon einmal das oberste Gebot meines Körpers. Und wir finden auch das einzige kulturelle Highlight in der gesamten Umgebung: das liebevoll restaurierte Haus des legendären Blue Gras Musikers Bill Monroe, ebenfalls mitten im Wald und von seiner uralten, runzligen Nichte verwaltet.

Gegen Abend legt sich zwar der Sturm, aber nun bewegt sich eine Gewitterfront auf den Ort zu.

„Egal, lass uns das Zelt aufbauen. Fliegen wir eben morgen weiter", sagt Doreen.

„Kommt gar nicht in Frage, ihr könnt in dem kleinen Zimmer im Verwaltungsgebäude schlafen", widerspricht zum Glück sofort der Mechaniker.

„Das ist viel zu unbequem. Ihr kommt mit zu mir und meinem Mann", sagt die Sekretärin.

Nun mischt sich Ron ein. Ron ist der Flughafenmanager, der im Laufe des Nachmittags eingetroffen ist. „Das ist Unsinn. Du wohnst viel zu weit weg. Ich dagegen nur zehn Kilometer. Ihr kommt mit zu mir. Basta."

„Ihr seid alle unheimlich lieb. Aber wir müssen morgen so früh wie möglich wieder los. Wir schlafen hier im Hangar. Das ist wirklich kein Problem", widerspricht Doreen, was ich nun gar nicht verstehe. Wenn die sich darum reißen, uns zu beherbergen, ist zu viel Bescheidenheit völlig fehl am Platz, finde ich.

„Ist doch klar, dass ich euch morgen früh wieder herbringe", sagt Ron ungerührt und damit ist die Diskussion für ihn beendet. Schelmisch grinse ich Doreen an.

Ron und seine Frau haben ein riesiges Haus. Allein die Garage… Erst auf den zweiten Blick sehe ich, was das Monstrum ist, das darin steht: eine sechs Meter lange Webmaschine. Rons Frau webt hier Fahnen und Flaggen von Baseballclubs in den gesamten USA. Nachdem wir diese ungewöhnliche Fähigkeit ausreichend gewürdigt haben, geleitet sie uns in ein Gästezimmer, das anderenorts eher das Wohnzimmer wäre, und das auch ebenso großzügig eingerichtet ist. Doreen und ich sollen uns doch ruhig noch etwas frisch machen, was wahrscheinlich bedeuten soll, wir riechen nicht mehr ganz so appetitlich. Wir gehen duschen und ziehen andere Klamotten an. Denn Ron und seine Frau führen uns zum Mexikaner aus, samt Mechaniker und Sekretärin. Und natürlich lassen sie es sich nicht nehmen, auch für alle zu zahlen. Doreen und ich staunen nur und unsere Reisekasse bedankt sich artig.

Wieder zuhause angelangt, sehen wir in seiner gemütlichen Wohnzimmerhalle auf einem Bildschirm mit den Ausmaßen einer Kinoleinwand gemeinsam American Idol, was dem deutschen DSDS entspricht. Ron berichtet uns dabei, wie das so läuft mit den Flughäfen in den USA. Der Staat baut sie und man kann sich bei ihm als Manager bewerben. Geld erhält man dafür nicht, muss also selbst für Einnahmequellen sorgen. Zum Beispiel durch die Vermietung der Hangar, Vermittlung von Mechanikern, Flugschulen und ähnliches. Und dafür kann man auch einen weiteren Ausbau des Flughafens beantragen. Was der Staat in der Regel dann auch tut. Gegen ein Prozent der Investitionskosten, die der Manager aus eigener Tasche zahlen muss. Ron erzählt uns, dass die Erweiterungsbauten seines Flughafens rund zwei Millionen Dollar gekostet haben. Jetzt wird mir klar, warum die USA ein Traumland für Piloten ist und warum am Arsch der Welt und mitten im Wald die schicksten Flughäfen liegen.

Kapitel 7
Maisfelder – das Aus für unseren Weltreise-Traum?

Schweren Herzens verabschieden wir uns von der luxuriösen Unterkunft und ihren so herzlichen Besitzern und machen uns wieder auf den Weg. Seit unserem Reisebeginn in Zephyrhills fliegen wir in Richtung Norden, und wieder einmal unter einem gewissen Zeitdruck, zumal die nächsten Ziele der Weltreise eigentlich in Richtung Südwesten liegen. Grand Canyon, Las Vegas, San Francisco, Mexiko… ich komme ins Schwärmen. Aber erst einmal steht Oshkosh in Wisconsin an. Ein kleines Städtchen, in dem einmal im Jahr die Einwohnerzahl von rund 70.000 um das Zehnfache anwächst. Denn dann findet dort die größte Flugschau privater Piloten weltweit statt, die EAA Air-Venture. Klar, dass wir dort ebenfalls hin müssen. An die 500.000 Besucher, 800 Aussteller, zwischen 10.000 und 15.000 Flugzeuge, deren Piloten die sie-bentägige Veranstaltungszeit in einer Zeltstadt mit über 50.000 Zelten und Wohnmobilen verbringen.

Dort in Oshkosh warten nicht nur andere Triker auf uns, wir wollen dort auch noch wichtige Ausrüstungsteile für unsere lange Expedition kaufen. Und die EAA beginnt heute am 25. Juli und spätestens in drei Tagen, am kommen-den Wochenende, wollen Doreen und ich uns ebenfalls dort tummeln. Kein Problem, denn wir sind nur noch rund 400 Kilometer entfernt. Heute fliegen wir bis Kankakee, Illinois, kurz vor Chicago, wo ich – ein tolles Highlight, auf das ich mich so lange schon freue – den Chicago River entlang quasi durch die Hochhäusern der Stadt fliegen will. Und übermorgen wollen wir dann so dicht wie möglich an Oshkosh heran, wo wir nur am frühen Morgen oder am späten Nachmittag einfliegen dürfen. Eine verständliche Beschränkung, denn der Tower des Flughafens hat während dieser sieben Tage eines der höchsten Arbeitsaufkommen weltweit.

Voller Tatendrang bereiten wir den heutigen Flug vor und wieder einmal ver-läuft der Start und danach der Flug bilderbuchmäßig, bis – die Sonne aufgeht. Aber das kennen wir ja bereits und ich steige weiter hoch, um dem Geschau-kel zu entgehen. Nach hundertfünfzig Kilometern machen wir den geplanten Zwischenstopp in Davies und starten nach einer Pause erneut. Nach zwei Flugstunden – Kankakee ist nicht mehr weit entfernt – sehe ich weit vor mir Nebel. Gleichzeitig herrscht auf tausend Metern Flughöhe, wo wir gerade fliegen, starker Wind. Eine Kombination, die es so eigentlich nicht gibt, denn selbst für einen Fluglaien ist gut vorstellbar, dass starker Wind Nebel vertreibt. Eigentlich. Der Wind wird sogar immer stärker und der Nebel in Richtung Kankakee bleibt unberührt stehen. Hier müssen ganz offensichtlich zwei völlig unterschiedliche Wetterlagen aufeinandertreffen. Ich denke an die letzten schwierigen Landungen und egal, was da vor mir liegt, wenn ich weiterfliege: Es verheißt für uns und unseren Moskito mit Sicherheit nichts Gutes. Ich studiere meine Karte und finde einen kleinen Flughafen namens Kentland und gehe sofort in den Sinkflug.

Es dauert nicht lange und ich sehe den Flughafen. Neben der Landebahn große Maisfelder. Und erschrocken stelle ich fest: Ein stark böiger Wind kommt von der Seite, auf der die Maisfelder liegen.

Start- und Landebahnen werden immer nach dem Wind gebaut, je nachdem aus welchen Richtungen er im Jahresdurchschnitt an dem jeweiligen Flughafen am meisten weht. Nun, heute ist wohl ein Ausnahmetag oder die Planer haben gepennt. Die Nase eines Fliegers, egal ob groß oder klein, richtet sich immer gegen den Wind. So jetzt auch mein Trike. Ich bereite mich darauf vor, kurz vor dem Aufsetzen auf der Landebahn meinen Flieger wieder gerade zu rücken. Leider habe ich die Rechnung ohne dieses verdammte Maisfeld gemacht. Ungefähr fünf Meter neben der Landebahn und an die zwei Meter hoch, ist es für den Wind ein wunderbarer Spielplatz. Er streicht über die Halme wie über eine Rutschbahn und am Ende des Feldes schlägt er vor Freude Purzelbäume in Form von Luftwirbeln.

Wie soll ich das Ding unter diesen Bedingungen herunter bringen?

„Kameras weg und festhalten. Zack-zack", schreie ich

„Hab ich schon. Aber wo bitte soll ich mich hier festhalten?"

„Mach's einfach!"

Die ersten Wirbel erfassen unser Trike. Ich bin nur wenige Zentimeter über dem Boden und gebe wieder Vollgas und ziehe das Trike hoch.

„Scheiße, Warum tue ich mir das nur an?" Es ist die pure Angst, die mich schreien lässt. Doreen hat es wohl die Sprache verschlagen, was mir in diesem Moment auch lieber ist. Wieder so weit oben, dass ich mich einigermaßen in Sicherheit fühle, überlege ich. So kann ich nicht landen, denn wenn ich das Trike nicht völlig gerade aufsetzen kann, dann war es das. Jede Schräglage kann dazu führen, dass wir die gleichen Purzelbäume wie der Wind schlagen. Was in dem Fall vom Trike und von uns übrigbleibt, kann man dann in die Mülltonne kehren. Aber, es hilft nichts, ich muss da runter. Denn der Wind wird auch hier oben immer stärker und aus Richtung Kankakee, unserem eigentlichen Ziel, ziehen jetzt sogar Wolken auf.

Nach einer weiteren Runde - wieder kippt uns der böige Wind dreimal so zur Seite, dass wir kurz davor sind, wie ein Stein zu Boden zu fallen - wage ich einen zweiten Landeversuch. Ich habe total die Hosen voll. Doreen erträgt still mein Fluchen. Ich erhöhe die Geschwindigkeit, um den Wirbeln etwas entgegenzusetzen, doch dieses Mal packen sie uns zu stark. Als ob jemand mit einer Eisenplatte von oben nachhilft, werden wir in Richtung Boden gedrückt. Ich spüre eine wahnsinnige Angst, dass es gleich tierisch weh tun wird. Dann schießt mir der Gedanke durch den Kopf, meine beiden Kinder und meine Eltern nicht wiederzusehen und wie traurig sie sein werden. Mein Herz rast. Bloß nicht in Panik verfallen, ermahne ich mich selbst. Doch dabei sehe ich im Geiste den Benzintank unter Doreens Sitz. Ich darf nicht zu hart aufkommen. Bloß nicht den Tank aufschlagen. Selbst ein herausgerissener Tankdeckel würde ausreichen, um durch den heißen Motor eine Stichflamme zu entzünden. Doreen hätte keine Chance, sich abzugurten oder gar auszusteigen, so schnell würde sie in den Flammen qualvoll verbrennen. Ich danach auch. Aber das wäre mir egal. Mit dem Gedanken an Doreen gelingt es mir tatsächlich, das Trike einigermaßen gerade zu halten. Trotzdem werden wir gnadenlos aus einer Höhe von mindestens zwei Meter auf die Landebahn gedrückt. Das Vorderrad kommt zuerst auf dem Boden auf. Mit aller Kraft bekomme ich das Trike wieder gerade, und nun setzen auch die Hinterräder auf. Es tut einen Schlag, den ich von den Fußsohlen bis in die Haarspitzen fühle. So hart haben wir noch niemals aufgesetzt.

In dem Moment, in dem man erkennt, dass das Leben einen doch noch fest in den Händen hält, weiß man, dass die Angst noch nicht weg ist. Nur verdrängt. Und nun überfällt sie mich wie ein Raubtier und lässt Beine und Arme zittern, obwohl ich noch fest angeschnallt in meinem Flugzeug sitze.

Ein Mechaniker winkt uns in einen Hangar. Ich brauche einen Moment, bis ich in der Lage bin auszusteigen. Doch dabei spüre ich sofort, dass etwas anders ist. Besonders Doreen muss sich richtig aus ihrem Sitz quälen. Ich umarme sie stumm und glaube, sie weiß gar nicht, wie gefährlich das gerade gewesen ist. Ohne dass ich es will, muss ich an die bisher einzige Situation in meinem Fliegerleben denken, in der ich wie eben dachte, sterben zu müssen. Es war in Australien. Während meiner Ausbildung flog ich mit dem Fluglehrer in einem Gyrocopter. Noch sehr ungeübt, machte ich prompt einen Fehler, den der Fluglehrer leider nicht sofort korrigierte. Und so stürzten wir aus einer Höhe von ungefähr 500 Metern fast senkrecht Richtung Boden. Ein Gyrocopter kann nur fliegen, wenn die Luft, der Fahrtwind sozusagen, gegen den Rotor strömt, der dadurch angetrieben wird. Mir war sofort bewusst, dass wir einen Aufprall aus dieser Höhe nicht überleben konnten. Doch ganz kurz vor dem vermeintlichen Aufprall spürte ich so etwas wie Spannung. Was passiert denn jetzt? Was sind das für Dinge, die ich noch nicht kenne? Und was kommt nach ihnen? Natürlich weiß ich, dass es das Adrenalin ist, das in einem solchen Moment extrem stark ausgeschüttet wird. Du stehst im Regen und plötzlich fällt Wasser aus einem 100 Liter Kübel auf dich herab. Und das erzeugt im Körper eine Art Euphorie. Gut gemacht, lieber Gott oder wer immer sich das hat einfallen lassen. Immer etwas Neues. Immer weiter. Sonst wird es langweilig. Auf jeden Fall brachte diese Euphorie meine Angst fast gegen Null. Nun war der Fluglehrer doch noch in der Lage, im letzten, aber wirklich allerletzten Moment, den Gyrocopter wieder in die Waagerechte zu bringen und wir schossen mit bestimmt 150 Stundenkilometern über eine Wiese, die zum Glück lang genug war, dort dann auch zu landen. Die Räder und Radkästen waren übersät mit Gras. Es konnten nur Zentimeter gewesen sein, die wir über die Wiese hinweg gerast waren.

Doreen reißt mich aus der Erinnerung: „Sieh mal. Die Vorderachse ist verbogen."
„Habt ihr eine Reserve?", fragte der Mechaniker und bietet auf mein Nicken auch gleich an, sie einzubauen. Doch auch nach dem Austausch bleibt mein Gefühl, dass hier etwas gewaltig nicht stimmt.
„Frag doch mal Wes", schlägt Doreen vor.
Ich rufe ihn an. „Wir finden nichts. Hast du eine Idee?"
„Was ist mit dem Rahmen? Irgendwo Risse zu sehen?"
„Nein."
„Warte, ich komme vorbei. Bin in zwanzig Minuten da", sagt Wes und legt auf.
Doreen lacht. „Scherzkeks. Wir sind über 1.500 Kilometer von Zephyrhills entfernt."
Ich rufe ihn noch einmal an. „Mir ist gerade nicht zum Spaßen", sage ich.
„Ich meinte es ja auch ernst. Ich bin auf dem Weg nach Oshkosh und bin ganz in der Nähe von euch. Bei meinem Freund Curth. Also bis gleich."
Nachdem nun auch Wes und sein Kumpel Curth unser Trike genauestens inspiziert haben, und wie der Mechaniker meinen, es sei alles vollkommen in Ordnung, schiebe ich mein mulmiges Gefühl beiseite und genieße die Einladung Curths, ebenfalls bei ihm zu übernachten.

Curth hat ein großes Anwesen und sogar einen Wald. Denn Curth jagt gerne. Deshalb gibt es auch Wild zum Abendessen und nach diesem leckeren Braten ist das ungute Gefühl wegen unseres Trikes restlos weg.

Nach einem riesigen Frühstück am nächsten Morgen, bei dessen Anblick mein Magen einen Freudensprung macht, bietet uns Curth an, mit in den Wald zu kommen. Er habe gestern auch alles schön gemäht. Wald? Mähen? Egal, ein schöner Spaziergang ist genau, was wir jetzt brauchen. Begeistert sagen wir zu. Aber nein, in Amerika läuft man nicht durch Wald, man fährt mit einem Jeep durch den Wald und deshalb muss vorher alles gemäht werden.

Auch das Jagen läuft hier anders, als anderorts in der Welt. Das erzählt uns Curth während der Fahrt und Wes haut ihm freundschaftlich in die Seite. „Nicht schon wieder diese alte Kamelle."

„Doch! Schon wieder", lacht Curth und erzählt, was bei Wes' letztem Besuch bei ihm passiert ist. „Ich habe einen kleinen Hund. Er jagt die Hasen so geschickt, dass Wes und ich nur am Rande der Wiese stehen und warten müssen, bis der vom Hund gejagte Hase ungefähr fünf Meter von unseren Füßen entfernt vorbeihoppelt. Ich gebe Wes die Flinte, damit er auch mal darf. Wir hören den Hund schon bellen und richtig, der Hase rennt kurz vor uns vorbei. Wes legt an. Peng. Nicht getroffen. Hase und Hund rennen weiter. Es dauert nicht lange, bis Hase und Hund die Wiese umrundet haben. Wes legt erneut an und wieder nur wenige Meter von uns entfernt rennen Hase und Hund vorbei. Peng. Die zweite Kugel. Wieder verfehlt. Der Hase rennt weiter. Der Hund bleibt stehen, dreht sich um, geht zu Wes, hebt das Bein und pinkelt ihn an."

Ich wische mir die Tränen aus den Augen. Auch Doreen kann sich kaum halten vor lachen. Wes nimmt es gelassen.

Am nächsten Morgen – noch einmal haben uns alle versichert, das Trike sei in Ordnung - starten wir von Kentland in Richtung Kankakee, doch wir kommen kaum hoch. Die Startbahn von Kentland ist circa einen Kilometer lang. Wir brauchen fast 800 Meter. Sonst gehen wir nach spätestens 100 Metern wie eine Rakete hoch. Ich will gerade den Start abbrechen, da heben wir endlich ab. Schwerfällig wie eine bleierne Ente. Aber immerhin.

Der Flug nach Kankakee ist eigentlich viel zu kurz und trotzdem lande ich dort. Ich will einfach sicher gehen, dass unser langsamer Start nichts zu bedeuten hat.

Vermessen des Rahmens nach der Bruchlandung in Kentland, Indianapolis

Wir tanken auf und starten erneut.

„Ich kann kaum atmen, so eng ist das hier", kommt es gequält von Doreen hinter mir. Das Trike verhält sich anders als sonst. Nicht einmal zehn Minuten später drehe ich um. Ich verzichte sogar auf das Einreihen in die Flughafenrunde, gebe per Funk nur kurz durch, dass ich jetzt sofort wieder landen muss.

Telefonisch beratschlagen wir uns mit Abid.

„Ich würde an deiner Stelle keinen Zentimeter mehr abheben. Wenn Doreen sagt, dass die Sitze enger geworden sind, muss sich der Rahmen verzogen haben."

„Aber hätten das die Mechaniker beim Austausch der Vorderachse nicht sehen müssen? Und Wes und Curth haben das Trike auch noch geprüft."

„Wenn da was verbogen ist, können das so feine Risse sein, die ihr gar nicht seht. Aber das Material ist geschwächt und bei der nächsten Landung kann der ganze Rahmen brechen. Ihr solltet das gesamte Trike genau ausmessen."

Kankakee ist ein relativ großer Flughafen mit über 30 Hangars. Ich frage mich durch nach einem Spezialisten für Trikes und finde Jim. Jim, genannt der Ultralightman. In seine Obhut geben wir unser Trike, denn Doreen und ich müssen weiter nach Oshkosh. Was hätte ich drum gegeben, dort einfliegen zu können. Nun muss es ein Mietwagen tun. Denn das weltweit größte Flug-Event zu versäumen, geht gar nicht. Ganz abgesehen davon, dass wir dort auch erwartet werden.

Für Chicago, das auf dem Weg liegt, und auf dessen Wolkenkratzer ich mich schon so gefreut hatte, bleibt uns nur eine Übernachtung. Nach Wochen in den ländlichen Gegenden, mit kleinen Flughäfen mitten im Wald, fühlen wir uns in dieser Großstadt fast schon verloren. Noch vor kurzem haben uns wildfremde Menschen die Schlüssel für ihr Auto oder ihr Haus anvertraut. Hier rät uns die Rezeptionistin der billigen und schmutzigen Absteige, die wir auf die Schnelle bezogen haben, dringend dazu, unseren Mietwagen ausschließlich auf bewachten Parkplätzen abzustellen. Nach fünfzehn Dollar für drei Stunden Parkplatzgebühren leisten wir uns jeder gerade noch ein Bier und haben von Chicago erst einmal die Schnauze voll. Aber vielleicht steht unser Besuch hier auch nur unter einem schlechten Stern und Chicago ist in Wirklichkeit eine ganz tolle Stadt. Denn während wir hungrig einen Riesen-Burger verdrücken, treffen wir auch hier nette Leute.

Dreieinhalb Stunden Autofahrt brauchen wir am nächsten Morgen, bis wir in Oshkosh vom Organisationskomitee begrüßt und eingewiesen werden. Der Campingplatz ist kein Platz, sondern eine Stadt mit eigener Buslinie, Restaurants und Supermärkten. Nach dem Aufbau unseres Zeltes essen wir noch eine Kleinigkeit und machen uns dann in dem riesigen Gelände auf die Suche nach den anderen Trikern. Nach Wes, Marcha, Larry und nach Phil und Amy, die mit ihrer Firma auf dem Gelände ihre REVO-Trikes ausstellen. Wir finden alle, bis auf Larry. Erschüttert müssen wir von den anderen Trikern erfahren, dass Larry überstürzt aufgebrochen ist. Linda, seine Frau, die wir auch gut kennen, liegt im Sterben. Sie ist erst so alt wie ich und nach zehn Jahren hat sie den Kampf gegen den Krebs verloren.

So tief betroffen und schockiert wir auch sind, wir kommen nicht weiter dazu, unseren traurigen Gedanken nachzuhängen. Zu viel Gewusel ist um uns herum. Leute sprechen uns an, wollen alles über die Weltreise wissen. Und wir lernen über Wes einen weiteren Triker aus Cushing Field kennen: Mike. Cushing Field ist ganz in der Nähe von Chicago und dort leben an die vierzig Triker und es gibt allein drei Trike-Mechaniker. In unserer Situation also ein Paradies. Die Freunde aus Zephyrhills hatten uns längst angeboten, unser beschädigtes Trike dorthin zurück transportieren zu lassen. Doch die

EAA AirVenture in Oshkosh – Die größte Flugshow der Welt!

Vorstellung, wieder dort anzufangen und die vergangenen tausendfünfhundert Kilometer aus unserer Weltumrundung einfach zu streichen, geht weder in meinen noch in Doreens Kopf. Deshalb sagen wir mit Freude zu, als Mike uns anbietet, für eine Reparatur unseres Trikes in Cushing Field zu sorgen.

„Macht euch ruhig schon mal auf den Weg", sagt er und drückt uns den Schlüssel für sein Haus in die Hand. „Falls ihr vor mir da sein, könnt ihr es euch schon im Keller gemütlich machen."

Wir denken an einen ausgebauten, aber vollgestellten Hobbyraum im Keller eines kleinen Hauses und Doreen erwidert höflich, dass wir auch keine Probleme hätten, das Zelt im Garten aufzuschlagen. Mike sieht uns verwundert an und schüttelt den Kopf. „Ich habe genug Platz. Außerdem ist meine Familie im Moment verreist. Gleich morgen machen wir uns an die Reparatur eures Trikes."

Wir fahren mit unserem kleinen Mietwagen los. „Da müssen wir runter." Doreen zeigt auf das Schild mit der Ankündigung der nächsten Autobahnausfahrt. Ich reduziere die Geschwindigkeit und folge der langgezogenen Kurve. „Das ist nicht normal, wie der fährt. Wir haben einen Platten", vermute ich, denn der Wagen legt sich leicht schief und es rumpelt immer stärker, je langsamer wir werden. Wenigstens ist er auf der Autobahn nicht richtig geplatzt, ist mein erster Gedanken, als ich mit Warnblinkanlage auf die enge Standspur fahre. Die verdient nicht wirklich den Namen Standspur und so quetsche ich den Toyota Corolla so gut es geht an den Rand. Weiterfahren kann ich definitiv nicht, denn das Rad steht bereits mehr oder weniger auf der Felge. Vorsichtig steige ich aus und suche im Kofferraum nach einem Ersatzreifen. Fehlanzeige. Ich lege mich fast unter das Auto – manche Modelle haben ja so ein angeschweißtes Teil für das Reserverad. Auch nichts. Wunderbar. Ich liebe verantwortungsbewusste Autovermietungen. Doreen kramt derweil die Papiere aus dem Handschuhfach und sucht nach der Telefonnummer. Die Vermietungsfirma verspricht, einen Techniker mit Ersatzreifen zu schicken – in zwei Stunden.

„Lass uns die Zeit nutzen, um zu schlafen. Ich bin hundemüde", meint Doreen und stellt ihre Rücklehne so weit nach hinten, wie es in dieser Klapperkiste möglich ist. Ich mache es ihr nach und binnen weniger Minuten döse ich weg.

Es klopft an die Scheibe. Ich bin mir ganz sicher, nicht wirklich geschlafen zu haben, aber ich muss mich täuschen, denn ich träume. Irgendeine Szene aus einem Hollywood-Streifen. Denn auf der anderen Seite der Autotür steht ein Sheriff wie aus dem Bilderbuch: An die zwei Meter groß, breite Schultern, schwarze Uniform mit blinkenden Knöpfen, Waffe am Gürtel, Pfefferspray, Gummiknüppel, Handschellen. Alles da. Leider träume ich nicht, sondern parke auf einer Autobahnabfahrt und dieser Sheriff ist das Sinnbild meiner Vorstellung vom amerikanischen Rechtssystem: Gefängnisstrafe für den Hersteller eines Mikrowellengerätes, auf dem kein Warnhinweis steht, dass man darin keine Katzen trocknen darf. Verurteilung zu Millionen Dollar Schmerzensgeld, wenn der Kaffee so heiß ist, dass der Gast sich die Lippen verbrüht. Die Vorstellung, wie Doreen und ich in einem Gefängnis sitzen, zusätzlich eine hohe Geldstrafe zahlen müssen, unsere Expedition zu Ende ist, und wir im sterilen Flur eines der Berliner Jobcenter sitzen, ergreift von mir Besitz. Und das alles nur, weil wir einen Platten haben.

Ich glaube, ich bin noch niemals so schnell in die Senkrechte gekommen wie in diesem Moment, nicht einmal damals, als der Ehemann plötzlich am Bett… Keine Zeit, das jetzt zu erzählen. Ich muss mich beeilen, dem Sheriff das mit dem Platten zu erklären, den er bisher ja nicht sehen konnte – er ist auf der Beifahrerseite - und lege dabei alle Freundlichkeit in meine Worte, die ich trotz meines Schreckens aufbringen kann. Und dann bin ich so platt wie der Reifen. Denn der Ernst im Gesicht des Sheriffs weicht einem breiten Grinsen. Er krempelt seine Ärmel hoch. „Na, dann werd ich mal die Ausfahrt sperren. Bin gleich zurück."

Was wird das denn? Ich weiß nicht, ob ich lachen oder mir Sorgen machen soll. Er kommt wieder.

„Und wo ist er?"

„Wer?", frage ich und gucke wahrscheinlich gerade ziemlich blöd.

„Na, der Ersatzreifen. Zu zweit schaffen wir das doch locker."

Das gibt es ja nicht. Er will uns wirklich helfen, den Reifen zu wechseln. Erst, als ich ihm versichere, dass der Pannendienst der Autovermietung jede Minuten eintreffen wird, rollt er sich die Ärmel wieder herunter, sammelt das Sperrschild ein und wünscht uns eine gute Weiterfahrt. Lächelnd. Und Doreen und ich staunen nur.

Wenig später staunen wir noch einmal, als wir nämlich bei Mikes Haus ankommen. Eine Riesenvilla, drei Autos in der Garage, und der Keller entpuppt sich als komplette Einliegerwohnung. Doreen und ich sind in Hochstimmung. Besonders ich. Denn Doreen könnte jahrelang campen. Aber ich sehne mich meist nach drei Tagen schon nach einem richtigen Bett mit guter Matratze. Mike, der die Strecke geflogen ist, kommt auch gerade an und organisiert gleich einen Hangar und den Transport unseres Trikes nach Cushing Field.

Als Mike mit dem LKW vorfährt, sehen wir eine Bekannte wieder. Stumm sitzt sie auf dem Beifahrersitz und ihre Haltung wirkt etwas unbeholfen. Der Ausschnitt ihres geblümten Sommerkleides ist auf der einen Seite etwas heruntergerutscht und gibt ihre Schulter frei. Doreen sieht mich irritiert an, während ich mich zusammennehmen muss, um nicht laut los zu lachen. Wir haben die Dame in Oshkosh kennengelernt, besser gesagt Doreen hat sie dort entdeckt, kurz nachdem wir Mike kennengelernt haben und er uns überraschend gleich zu sich eingeladen hat. Doreen zog mich am Arm etwas zur Seite. „Du, ich hab ein komisches Gefühl mit dem Mike. Wieso lädt der uns gleich in sein Haus ein? Wer weiß, wie einsam das dort ist."

So ängstlich und misstrauisch kannte ich Doreen bisher nicht. „Uns haben doch schon so viele spontan zu sich eingeladen. Was hast du jetzt gegen Mike?", antwortete ich lachend. Wieder zog sie mich mit sich, bis wir vor Mikes Zelt standen. Er war gerade zu seinem Trike gegangen, um die bereits gepackte Tasche zu verstauen. „Guck mal in das Zelt", forderte mich Doreen auf.

„Ich mach doch jetzt nicht Mikes Zelt auf", protestierte ich. Frauen! Doch Doreen hatte längst die Plane etwas beiseite gezogen und da sah ich sie liegen: eine menschengroße aufblasbare Gummipuppe, bekleidet mit eben dem Kleid, das sie auch jetzt trägt. Ich musste einfach nur lachen. „Jedem Tierchen sein Pläsierchen, mein Schatz." Mehr fiel mir dazu auch nicht ein, aber Doreen blickte noch immer äußerst skeptisch drein. „Er wird dich schon nicht mit einer Gummipuppe verwechseln. Außerdem bin ich ja auch noch da", versuchte ich sie zu beruhigen. Nun, diese Gummidame scheint Mike offenbar überall hin zu begleiten, auch hier in die Fahrerkabine. Mike kommt zu uns, folgt unseren Blicken und grinst über das ganze Gesicht: „Darf ich vorstellen. Das ist Trixi. Sie ist unser Maskottchen. Wir nehmen sie überall mit hin, wo wir als Piloten auftreten. Ist doch mal ein ganz anderer Talisman, oder?" So gesehen hat er natürlich recht. Auch ich muss jetzt grinsen. Doreens Lachen bleibt allerdings verhalten.

Doch auch mir vergeht der Spaß dann schnell. Denn das Ergebnis der eingehenden Untersuchung unseres Trikes ist niederschmetternd. Der Rahmen ist völlig verdreht und verzogen. Ein neuer Rahmen kostet vermutlich zwischen zehn- und fünfzehntausend Dollar. Das ist das Aus unserer Weltreise und das nach nur einer Woche Flugzeit. Mein Kopf droht zu zerplatzen und binnen Sekunden ziehen die vielen Vorbereitungen in Berlin, die Strapazen in Zephyrhills, die bisher erfolgreichen Flugabenteuer an mir vorbei. Das soll es bereits gewesen sein? Alles für die Katz? Denn diesen Betrag kann ich finanziell nicht stemmen. Schon gar nicht gleich im ersten Jahr nach den hohen Vorlaufkosten. Und was machen wir nun? Doreen hat ihren Job aufgegeben, ich kann eine Familie nur schwer allein ernähren, wir haben weder Haushalt noch ein Zuhause, geschweige denn ein Land, wo wir einfach mal so einen Neustart machen könnten. Vielleicht sollten wir zurück in unseren südamerikanischen Dschungel?

Ich bin froh, dass Doreen nicht in Hörweite ist und renne wie ein Raubtier vor dem Hangar hin und her. Meine Gedanken bemühen sich verzweifelt um ein wenig mehr Struktur.

Endlich erreichen wir telefonisch den Hersteller DTA in Frankreich und nach qualvoller Wartezeit von mehreren Tagen erhalte ich das Ergebnis. Der neue Rahmen inklusive Transport und Zoll soll alles in allem 6.000 Dollar kosten. Doreen wird bleich. „Sechstausend Dollar? Wie sollen wir das denn schaffen? Es ist so schon alles sehr knapp." Sie versteht nicht, warum ich erleichtert aufatme, weil der Preis doch deutlich unter meinen Vermutungen liegt.

„Wir werden alle unsere Leute und Freunde mobilisieren. Und ich werde mit Josefina sprechen. Wir finden eine Möglichkeit, versprochen." Ich nehme sie tröstend in den Arm, dabei mache ich mir selbst gerade die größten Sorgen.

Wie durch ein Wunder kriegen wir das Geld wirklich zusammen, da eine Zahlung eintrifft, mit der wir gar nicht mehr gerechnet haben. Und weil es so viele Piloten auf der bisherigen Reise gab wie jetzt Mike, der uns verbietet, einzukaufen, der partout keine Miete und kein Benzingeld von uns annimmt. Es ist unglaublich und in diesem Moment hoffe ich aus tiefstem Herzen, dass es eine Gelegenheit in meinem Leben geben wird, wo ich all das zurückgeben kann.

Die Freude, finanziell noch einmal mit zwei blauen Augen davongekommen zu sein, wird von DTA gleich wieder getrübt. Der einzige Mann, der den neuen Rahmen zusammenschweißen kann, geht in Urlaub und vor Ablauf von zwei Monaten ist mit der Lieferung des neuen Rahmens auf keinen Fall zu rechnen. Ich brülle in die Leitung. Aber es nützt mir überhaupt nichts. Selbst Doreen ist den Tränen nahe. Ich brauche selbst Trost und so nehme ich sie fest in meine Arme.

Inzwischen kenne ich meine Pappenheimer in Frankreich und fordere DTA auf, mir die Rechnung sofort zu stellen, damit ich sie rechtzeitig anweisen kann und ja keine weitere Zeit verloren geht. Doch die nun vor uns liegende lange Pause ist nicht das einzige Problem in dem Sack von schwarzem zähflüssigem Pech, der sich gerade über unseren Köpfen ergießt. Unser US-Visum wird ablaufen, bevor der neue Rahmen aus Frankreich hier sein wird. Ganz abgesehen davon, dass eine Unterbrechung von zwei Monaten kaum aufholbar scheint. Wir haben die gesamte Reiseroute sehr detailliert ausgearbeitet und darin die jeweilige Wetterlage und die zu erwartenden Temperaturen berücksichtigt. Schließlich fliegen wir offen. Unser einziger Schutz sind Hosen und Jacken aus wasser- und winddichtem Material, jeweils nur vierhundert Gramm schwer. Wenn wir den amerikanischen Kontinent in Kanada in Richtung Grönland verlassen werden, können wir das ausschließlich im Juni oder Juli eines Jahres tun, in fünf Etappen von je sechshundert bis achthundert Kilometer über das Meer.

Doreen und ich trösten uns gegenseitig, beratschlagen und entscheiden dann, wie es weiter gehen soll. Um ein neues Visum für die USA zu erhalten, müssen wir in ein drittes Land ausreisen, denn ein Aufenthalt in den direkten Nachbarstaaten wie Kanada oder Mexiko reicht nicht aus. Um unsere Reisekasse zu schonen, werden wir den billigsten Flug aus den USA heraus nehmen. Der geht nach Cancún in Mexiko. Anschließend werden wir mit dem Bus zu meinem Freund Peter nach Belize weiterfahren. Er ist stolzer Besitzer einer Würstchenbude. Wenn er mich hören könnte, würde er mich für diese Aussage bestimmt umbringen. Oder er wird aus Versehen vergessen, seinen Hund Max einzusperren und der hat mich buchstäblich zum Fressen gern. Peter ist nämlich ein… Ja, was denn eigentlich? Ein Multitalent und ihn zu beschreiben, muss ich später einmal versuchen. Jedenfalls könnten wir ihm bei der Arbeit helfen und dafür kostenlos wohnen.

Im Internet finden wir für unseren Zwischenstopp in Mexiko eine kleine Pension in Playa del Carmen, rund 50 Kilometer südlich von Cancún. Doch als wir endlich Peter erreichen, sagt er uns ab. Er sei gerade in Guatemala. Unser Plan B muss in Kraft treten: Wir brauchen ein Land, in dem wir so günstig wie möglich die Wartezeit überbrücken können. Und wir finden dieses Land. Auf nach Kuba!

Kapitel 8
Neubeginn – Nur der Wind ist noch der alte

Wir verlassen nach abenteuerlichen Wochen das Land von Fidel und Che und beziehen wieder die kleine Pension in Playa del Carmen, in der auch eine Sprachschule geführt wird. Ein deutschsprachiges Buch über Fidel Castro aus der überraschend umfangreichen Bibliothek will mich zwingen, unsere eigentlich doch so positiven Eindrücke der vierwöchigen Zwangspause auf Kuba zu relativieren. Ich will das nicht, jedenfalls noch nicht, denn ich brauche positive Emotionen, während ich sehnsüchtig auf den Anruf von DTA aus Frankreich oder von Mike in Cushing Field warte, dass die Teile für unser Trike endlich geliefert werden. Wieder einmal telefoniere ich mit DTA in Montélimar. Es gebe da noch ein Problem – die Bezahlung. Ohne, dass das Geld in Frankreich auf der Bank von DTA sei, würden sie nichts versenden. Kein Problem, denke ich und zücke meine Kreditkarte, um die Daten durchzugeben. Aber nein, DTA nehme nur Zahlung per Banküberweisung an. Das darf doch wohl nicht wahr sein! Haben die denn eine totale Macke? Mir platzt der Deckel. Bei dem ganzen bisherigen Ärger - der Kaufpreis für das Trike war ja ebenfalls kein Pappenstiel - da kommen die mir jetzt bürokratisch? Wir haben kein Bankkonto mehr, von dem ich aus eine Blitzüberweisung veranlassen könnte. Abid bietet sich an, dass wir per Kreditkarte an ihn zahlen und er das Geld nach Frankreich per Banküberweisung schickt. So machen wir es und Abid bestätigt Minuten später DTA, dass die Überweisung auf dem Weg sei. Ich glaube, ich habe noch gar nicht erwähnt, dass Abid einer der offiziellen Vertreter DTAs in den USA ist. Doch seine französischen Kollegen sind der Ansicht, man wolle doch besser auf den Eingang des Geldes auf dem französischen Konto warten. Da platzt mir endgültig der Kragen und ich teile Abid am Telefon mit einem Puls von mindestens 220 Schlägen pro Minute mit, dass ich nun selbst mit der nächstmöglichen Maschine nach Frankreich fliegen werde und lege auf. Ich reagiere nicht auf Doreens vorsichtige Einwände, das doch lieber nicht zu tun, sondern gehe online, um den Flug zu buchen. Da klingelt es erneut. Abid teilt mit, dass DTA alles heute noch als Fracht aufgibt. Zum wiederholten Male danke ich meinem Freund Abid, der offenbar seinen vollen Einfluss in Richtung Frankreich geschickt hat. Und danken sollten seine Kollegen in Montélimar ihm auch. Ich wäre wirklich geflogen.

Wieder heißt es warten. Doreen ermahnt mich, meine Ungeduld durch das Abarbeiten der liegengebliebenen Büroarbeit zu erdrücken. Auf Kuba mussten wir erschreckende zehn Dollar für eine Stunde Internetgebrauch zahlen und nun kann ich die unbeantworteten Emails nicht mehr zählen.

Sie hat wie immer Recht und mit einem guten Gefühl, bürotechnisch wieder alles im Griff zu haben, steigen wir heute, am 14. September, endlich in das Flugzeug, das uns nach Chicago bringt. Just zur gleichen Zeit, als auch die Trike-Teile dorthin unterwegs sind. Wir dürfen wieder die großzügige Einliegerwohnung bei Mike beziehen, dessen Familie inzwischen aus dem Urlaub zurückgekehrt ist. Spätestens jetzt ist Doreen völlig von Mikes Harmlosigkeit überzeugt, da Trixi auch vor Mikes Ehefrau nicht versteckt wird. Sie heißt Alex und ist Belgierin und steht ihm in Herzlichkeit und Gastfreundschaft in nichts nach, im Gegensatz zu ihren Kindern. Doch in dem Alter – die Tochter ist 15, der Sohn 18 Jahre alt – waren für mich Freunde meiner Eltern auch in etwa so interessant wie ein C64 anstelle einer Xbox-Konsole. Nur in einem sind sich Mike und seine Frau nicht einig: in der Politik. Wie für die meisten Piloten, die wir bisher getroffen haben, ist auch für Mike Obama mit seinen kommunistischen Ideen untragbar und natürlich allein verantwortlich für die Wirtschaftskrise. Bei Alex setzen sich dann doch wohl die europäischen Wurzeln durch, denn sie ist Obama wohlgesonnen. Doreen und ich halten uns hübsch raus. Denn egal, wer der nächste Präsident der Vereinigten Staaten werden wird, wir werden weiterfliegen.

Diesbezüglich wird meine Geduld allerdings auf eine harte Probe gestellt. Zwar haben wir die Kiste mit den Teilen vom Flughafen in Chicago bereits nach Cushing Field transportiert, aber Richard, der zertifizierter Mechaniker ist, und Rod und Jeff, die beiden Mechaniker, die ihm helfen, haben einen normalen Job und wohnen zwei bis zweieinhalb Stunden von Cushing Field entfernt. Nur am Wochenende können sie sich um mein Baby kümmern, das komplett auseinandergenommen und mit dem neuen Rahmen wieder zusammengebaut werden muss.

Zusammen und wieder auseinander, damit ist auch Doreen beschäftigt.

„Ich muss mich nicht dauernd von dir anmachen lassen", schreit sie.

„Ich habe doch nur gesagt, dass du das Packen vielleicht noch effizienter machen könntest."

„Ach ja? Meinst Du."

„Ja, meine ich."

„Wieso kümmerst du dich nicht um deinen Kram? Es liefe mit meinem Packen wie am Schnürchen, wenn du nicht ständig neue Sachen kaufen würdest. Es läuft überhaupt alles wie am Schnürchen. Die Teile sind da. Richard, Jeff und Rod opfern ihre ganze Freizeit, um das Trike wieder zusammenzubauen. Alle sind völlig relaxt. Nur du schnauzt hier rum."

„Ich kaufe keine unnötigen Sachen."

„Kannst du mir sagen, wo ich das neue Stativ hinpacken soll? Wir haben gerade erst zwanzig Kilo zurückgelassen, weil wir zu schwer waren. Die dürftest du jetzt locker wieder aufgeholt haben."

„Das ist doch völliger Quatsch."

„Na klar. Jeder erzählt Quatsch. Nur du nicht. Niemals. Nicht doch der Kapitän, der große Perfektionist Andreas."

„Entschuldigt. Ich will nicht stören", tönt es kleinlaut hinter mir.

„Komm rein. Du störst nie", sage ich zu Alex, die im Türrahmen steht.

„Habt ihr Lust, morgen in unser Wochenendhäuschen mitzukommen?"

Ich suche fieberhaft nach einer Entschuldigung, warum ich hier bleiben muss und sehe Doreen beschwörend an. Sie merkt es auch und antwortet: „Eine tolle Idee. Super gerne kommen wir mit."

Ich koche innerlich.

Mit neuem Rahmen auf dem Cushing Field Airport, Illinois

Mikes Wochenendhaus liegt ungefähr zwei Autostunden entfernt. Mitten im Grünen. Und Häuschen ist – warum überrascht mich das bei Mike jetzt nicht – untertrieben. Wenn wir nicht so viele wären, könnten wir auch dorthin fliegen, denn es gibt eine holprige Wiese, die als Start- bzw. Landebahn dient, aber so kurz ist, dass es schon gehöriges fliegerisches Können erfordert, dort zu landen und vor allen Dingen auch wieder zu starten. Ich bin mir nicht sicher, ob ich das hinbekommen würde. Shit, schon wieder sind meine Gedanken beim Fliegen. Aber wir haben jetzt seit der Bruchlandung zehn Wochen gewartet. Das reicht. Man geht doch auch nicht mit einem kleinen Jungen an die Eisbude, kauft eine Kugel seiner Lieblingssorte und jedes Mal, wenn die kleine Schnute in Reichweite der Köstlichkeit kommt, zieht man sie ihm wieder weg. So etwas macht man einfach nicht. Ich habe das Empfinden, unser Abenteuer hat überhaupt noch nicht richtig angefangen. Gerade einmal eine Woche sind wir vor unserer Zwangspause geflogen. Und nichts gegen die bisherigen Orte. Und auf gar keinen Fall etwas gegen die Leute hier. Die sind irre. Einfach nur wahnsinnig nett, hilfsbereit, gastfreundlich. Unglaublich liebenswert. Aber von kleinen Flughäfen mitten im Wald und dem Überfliegen von Feldern habe ich langsam genug. Ich kann es kaum abwarten, die Rocky Mountains zu erreichen. Über und durch die Canyons zu fliegen. Mexiko, die Baja California, die Azteken- und Mayaruinen, der Kupfercanyon. Landschaften, die man auf dem Boden einfach nicht erfassen kann und die ich von oben sehen möchte. In ihrer ganzen Weite und Schönheit.

„Willst du auch eine Gewürzgurke?" Mit dieser Frage reißt mich Doreen aus meiner gedanklichen Schwärmerei. Wir stehen in einem Delikatessenladen in dem hübschen Städtchen Galmar und sie hält ein Glas in der Hand. Kümmelbrot, Käse und Schokoladentrüffel liegen schon im Einkaufswagen und eine super leckere Landjägerwurst. Ich nicke und mir läuft das Wasser im Mund zusammen. Das darf doch wohl nicht wahr sein. Eine Gewürzgurke habe ich seit unserer Abreise aus Berlin nicht mehr gesehen. Ich nehme mir gleich zwei.

Es ist doch ein ganz schöner Ausflug und wir genießen das Picknick am Fluss, der sich durch die Stadt schlängelt. Wir quatschen mit Mike und Alex über Gott und die Welt. Dabei scheint für die beiden jemand, der Gewürzgurken liebt, gleich hinter einem Alien zu kommen.

Wieder bei Mike zuhause angelangt, erwarten mich gute Neuigkeiten. Am kommenden Wochenende wird mein Trike auf jeden Fall abflugbereit sein.

Ich könnte Richard knutschen und Rod und Jeff gleich dazu. Sie haben zwei Tage und Nächte durchgearbeitet und heute am Samstag, dem 22. September darf ich den ersten Testflug machen. Wir fahren nach Cushing Field und ich fühle mich, als dürfte ich alle 24 Türchen eines Adventskalenders auf einmal aufmachen. Doch bevor ich die Schokolade herausklauben kann, schlägt der Wind wieder alle Türchen zu. Ich muss warten. Ich hasse dieses Wort. Am Abend lässt endlich der Wind nach und ich kann in die Luft gehen. Doreen meint, das hätte ich sprichwörtlich schon die ganzen Tage getan, aber das ist natürlich Unsinn.

Mein Baby fliegt, als wenn nie etwas gewesen wäre. Ich könnte schreien vor Glück und tue das dann auch. Schreie mir allen Frust aus dem Hals, bis ich heiser am Boden wieder ankomme. Ein bisschen hat es noch nach rechts gezogen. Aber das ist schnell an den Tragflächen nachjustiert. Richard trägt die Arbeiten in meinem Logbuch ein. Stempel dazu und unser Trike ist quasi wie neu.

„Doreen. Du kannst packen. Morgen früh fliegen wir wieder los."

„Packen? Oh je, das muss ich aber erst noch ganz oft üben", gibt sie ironisch zurück. Aber ich sehe ihr an, dass sie genauso happy ist wie ich.

Es wird dann doch nicht morgen früh, weil der Wind wieder einmal zu stark ist. Aber durch ein riesiges Barbecue am Mittag zieht sich die Zeit dieses Mal nicht so kaugummimäßig in die Länge. Rod schenkt uns spezielle Handschuhe. Sie werden direkt am Bügel fixiert und haben auf einer Seite eine Plastikhülle für die Karten eingearbeitet, so dass wir das Kniebord, das uns bisher dafür diente und das wesentlich schwerer ist, zurücklassen können.

Es ist auch am Abend noch ziemlich starker Wind, aber ich wage den kurzen Flug, den wir heute bewältigen wollen, trotzdem. Um 17:20 Uhr heben wir endlich ab. In nur anderthalb Stunden werden wir in Kankakee sein. Dort, wo wir unterbrechen mussten, wollen wir auch wieder an unsere Weltreise-Route anknüpfen.

Es wird schon langsam dunkel, als wir landen. Der Flughafen ist bereits geschlossen und Jim, in dessen Hangar wir uns damals unterstellen durften, ist längst schon weg. Doreen baut das Zelt und unser Nachtlager auf, ich kümmere mich ums Benzin und die Sicherung des Trikes. Nach dem tollen Barbecue von heute Mittag kann ich sogar auf etwas zu Essen verzichten und wir rollen uns beide in die Schlafsäcke ein.

Aus dem Schlafen wird allerdings nicht viel. Es ist saukalt. Mitten in der Nacht ziehe ich mir meine gesamte Funktionskleidung an und rücke so dicht wie möglich an Doreen heran. Trotzdem kann ich mich kaum bewegen, so durchgefroren bin ich, als um dreiviertel fünf der Wecker klingelt. Doreen geht es nicht anders. „Das kommt mir vor, wie damals in Kanada." Kanada war vor meiner Zeit und so muss ich nachfragen. „Meine erste Nacht im Zelt in den Rocky Mountains. Abends haben wir wegen der Grizzlys die Vorräte und alles, was die Bären anlocken könnte, in dem Bus verstaut, aber die Tassen und das Geschirr auf dem Tisch stehen lassen. Als wir am nächsten Morgen aufwachten, bin ich barfuß raus aus dem Zelt – und stand im fünf Zentimeter hohen Schnee. Die Gläser und Tassen hatten richtige Schneehäufchen und es war einfach nur arschkalt. Außerdem war ich stinksauer auf die Beratung im Outdoorshop in Chemnitz. Die hatten mir einen völlig falschen Schlafsack empfohlen. Ich hab mich fast totgefroren."

Ich habe das Empfinden, dass wir genau das gerade hier auch tun und schweigend verrichtet jeder von uns seine Aufgaben, um so schnell wie möglich abflugbereit zu sein. Nur leider ist das unser Trike nicht. Ich kann es kaum glauben, aber die gesamten Tragflächen sind mit einer fünf Millimeter dicken Eisschicht überzogen. Damit kann man definitiv nicht fliegen. Die Reaktion der Segel wäre eine ganz andere. Ich versuche das Eis abzukratzen, aber es sitzt zu fest am Segelstoff. Meine Hände sinken halb erfroren und erfolglos herunter, mein Kopf ist leer, mein Magen auch. Eine ganz schlechte Kombination.

Es ist noch immer dunkel und Doreen und ich fahren mit dem Courtesy Car, einer alte Kiste, einige Runden, damit uns warm wird. Ebenfalls vergeblich, denn die Heizung geht nicht. Mein Magen macht mich darauf aufmerksam, dass es ganz in der Nähe ein McDonalds gibt. Bei einem labbrigen Frühstück und einem viel zu schwachen Kaffee erwacht mein Körper langsam aus der Kältestarre, und als wir zurück zum Flughafen kommen, geht die Sonne auf. Wir drehen das Trike, so dass die vereisten Segel von der Sonne erwärmt werden, aber das dauert. Um kurz nach zehn Uhr wage ich eine kurze Testrunde, aber das Wetter ist zu schlecht und die Thermik zu stark. Wenigstens ist Jim inzwischen eingetroffen und wir können das Trike in den Hangar schieben. Danach lädt uns Jim in sein Büro ein, wo auch ein Kühlschrank steht. Als er ihn öffnet, ist mir Jim gleich noch sympathischer als vorher schon, denn sein Kühlschrank ist nicht etwa gefüllt mit Wasser, das ich eh nie trinke.

Warum sollte man etwas trinken, das keinen Geschmack hat? Nein, Jims ist gefüllt mit Dingen, die Männer brauchen, Dinge mit Geschmack halt. Und mit der einen oder anderen Umdrehung. Jim startet mit mir auch gleich eine kleine Verkostung, was Doreen nicht lustig findet. Sie wird sogar stocksauer, denn sie sieht das mit dem Wasser anders als ich. Ich schlafe trotzdem gut.

Am nächsten Morgen starten wir in Richtung Logan, dann wollen wir weiter nach Jacksonville, Hensley, El Dorado, Bartlesville, der berühmten Route 66 folgen. Aber es geht nur sehr mühsam voran. „Good Morning, good Morning" ertönt unsere Weckmelodie zwischen vier und fünf Uhr morgens und, sobald ich die Augen aufmache, singe ich gleich mit, woraufhin Doreen sich sofort noch einmal umdreht. Als sie schließlich auch aus den Federn krabbelt, checke ich schon das Flugwetter. Doreen packt alles zusammen. Ich beobachte sie aus den Augenwinkeln, halte aber meine Klappe. Schließlich will ich meine Ruhe. Aber inzwischen sehe selbst ich ein, dass sie schneller und besser packt, als irgendjemand anderes auf der Welt.

Wenn das Wetter einen Flug zulässt, werden wir für das nervige Herumsitzen in irgendwelchen kleinen billigen Hotels oder auf den dreckigen Böden in den Terminals der Flughäfen entschädigt. Denn die Welt unter uns zeigt sich gerade in aller Farbenpracht, die der Himmel über uns wiederspiegelt. Es ist Herbst und die Bäume sind bunt. Die meisten Felder sind abgeerntet und zeigen wunderschöne Muster, als wäre Gott ein Japaner und hätte seinen Zengarten geharkt.

Und was uns ebenfalls immer wieder für das Warten entschädigt, sind die Menschen, die wir kennenlernen. Das einzig Gute an unserer ständigen Standby-Haltung ist, dass wir Zeit haben, uns mit ihnen zu unterhalten. Mit Flughafenmanagern, Mechanikern, Piloten. So lernen wir am Logan County Airport von Lincoln in Illinois zum Beispiel Ricky kennen. Ganze ein Meter fünfundfünfzig groß. Ein Meter breit. Halbglatze, ungepflegter Stoppelbart, ausgelatschte Schuhe, ölverschmierte Hosen. Pilot und Mechaniker. Diesbezüglich ein genialer Typ, denn seine Auftraggeber geben ihm Schrottflugzeuge aus dem ersten oder zweiten Weltkrieg, die in irgendwelchen Scheunen versteckt zig Jahrzehnte auf ihre Wiederentdeckung gewartet haben. Ricky baut sie wieder auf und stellt sie in einem kleinen Museum aus. Ersatzteile gibt es natürlich nicht mehr. Ricky baut diese selbst und manchmal bringt er die alten Vögel auch wieder zum Fliegen – illegal und ohne jegliche Geneh-

Plattfuß auf dem Logan Airport

migung natürlich. Und wie mit vielen anderen kommen wir auch mit ihm ins Gespräch über die bevorstehende Präsidentschaftswahl. Seit dem 21. Juli sind Doreen und ich nun in den USA und wir haben außer der Belgierin Alex bisher keinen einzigen Menschen getroffen, der auch nur annähernd in Erwägung zieht, für Obama zu stimmen. Langsam fragen wir uns, mit welchen Stimmen er überhaupt Präsident werden konnte. Nun erklärt uns Ricky, er habe immer die Demokraten gewählt. Wir horchen auf.

„Ah, und da wählst du dann bestimmt auch Obama und nicht Romney, oder?", frage ich.

Ricky sieht mich zweifelnd an und legt dann los. „Nein, Obama ist unwählbar. Man weiß ja auch nicht, ob Obama überhaupt Amerikaner ist. Der Vater kommt aus Kenia. Und die Mutter? Das ist auch überhaupt nicht bewiesen." Nun steigert sich Ricky zur Höchstform seiner politischen Analyse. „Obamas Großvater hat im Unabhängigkeitskrieg in Kenia gegen die Kolonialmacht Großbritannien gekämpft. Und Großbritannien, das sind ja unsere Verbündeten. Also so gesehen, war Obamas Großvater eigentlich so etwas wie ein Terrorist. Ein Terrorist, der gegen einen der Verbündeten gekämpft hat. Und damit ist Obama nun wirklich nicht der richtige Mann, um selbst gegen Terroristen zu kämpfen. Im Übrigen ist er auch kein Demokrat, sondern der größte Sozialist, den die USA jemals gehabt hat."

Ich grübele, was genau an Obama sozialistisch sein soll, aber wahrscheinlich reicht dafür schon die Absicht aus, ein neues Gesundheitssystem aufzubauen. Wenn der Staat viel regelt, ist das eben Sozialismus.

„Der Staat ist dafür da, um Straßen zu bauen und den Sheriff zu bezahlen. Oder, was meint ihr?" Ricky lässt uns symbolische zwei Sekunden Zeit zum Nachdenken. „Für den Rest soll mal schön jeder selbst sorgen", schließt er sein Plädoyer gegen den Sozialismus.

Als ich Rickie zu erklären versuche, dass in Deutschland jeder dem Staat um die 30 bis 40 Prozent des Einkommens in Form von Steuern und Sozialversicherungsbeiträgen abgibt, fällt er beinahe um, hat aber die passende Antwort sofort parat: „Da siehst du, wie der Sozialismus euch schon ruiniert hat."

Doreen hat sich inzwischen weggedreht und ich sehe das leichte Zucken ihrer Schultern, weil sie sich kaum mehr beherrschen kann.

Solche Begegnungen heitern unsere Stimmung auf, die immer mieser wird. Denn wieder sitzen wir wegen des Wetters fest.

„So habe ich mir das nicht vorgestellt", sage ich zu Doreen.

„Was hast du nun schon wieder zu nörgeln?"

„Nein, nicht du. Die Tour."

„Das lange Warten?"

„Wir sind jetzt seit dem 25. September wieder unterwegs. Und haben in zwölf Tagen ganze neuneinhalb Flugstunden gehabt. Den Rest verbringen wir in oder vor Flughafengebäuden. Allein bei dem Gedanken an das Zelt fange ich schon an zu frieren."

„Ich finde aber, es ist richtig, kein Risiko einzugehen", erwidert Doreen und schlingt ihre Arme liebevoll von hinten um mich. Ich sitze an einem kleinen Tisch und erstelle Flugpläne.

„Ja klar. Aber warum haben wir denn ständig schlechtes Flugwetter? Über acht Wochen im Plan zurück ist einfach zu viel. Inzwischen ist es hier Herbst. Und in dem sind Stürme und Regenfronten normal. Ohne die Zwangspause wären wir jetzt schon in Belize oder Honduras. Da hätten wir diese Probleme überhaupt nicht."

„Und wenn wir einzelne Punkte in der Tour weglassen, um schneller in wärmere Gefilde zu kommen?"

„Dummerweise kommen jetzt aber endlich die wirklich interessanten Dinge. Die Rocky Mountains, der Grand Canyon. Und willst du auf San Francisco und Los Angeles verzichten?"

„Eigentlich auf nichts von alledem."

Fast zwei Wochen haben wir für 987 Kilometer gebraucht, eine Strecke, die wir bei gutem Flugwetter in zwei, höchstens drei Tagen schaffen. Von Kankakee in Illinois sind wir bis jetzt nach Oklahoma geflogen. Wieder starre ich auf die Karte vor mir. „Wir müssen einfach jeden Tag etwas länger fliegen."

Wenigstens heute Morgen gelingt uns ein dreistündiger Flug nach El Dorado, das allerdings nichts von dem Zauber bereithält, den der Name vermuten lässt. Ein kleiner Flughafen im Nirgendwo von Missouri, wo es angeblich das billigste Benzin des Landes geben soll. Eine kleine Landebahn, einige uralte Hangars und ein kleines Haus erwarten uns. Aber wir wollen ja nur auftanken, etwas essen und am Nachmittag gleich noch zwei bis drei Stunden weiterfliegen. Das Wetter ist nämlich endlich einmal perfekt. Eine leichte Bewölkung lässt die Sonne nicht durch und somit gibt es auch keine lästige Thermik. Und dann kein Wind. Was wollen wir mehr?

Eine ältere Dame namens Gina Shield stellt sich als Eigentümerin des Flughafens vor und während wir ihr unser Abenteuer erklären müssen, kutschiert sie uns in ihrem uralten Cadillac in einer Geschwindigkeit von gefühlten sechs Stundenkilometern in die Stadt. Sie empfiehlt uns ein kleines asiatisches Restaurant und zur verabredeten Zeit – angesichts ihres rasenden Tempos habe ich ihr eine halbe Stunde früher als nötig genannt - holt sie uns dort auch wieder ab.

„Schnuddelbacke, wir müssen los. Zack-zack einpacken, anziehen."

„Bin längst fertig."

Warum grinst mich Doreen so an? In diesem Moment merke ich es und könnte mir vor Wut in den Hintern beißen: Ich habe meinen Pullover im Restaurant liegen lassen, wohlgemerkt meinen einzigen Pullover. Wir können nicht losfliegen.

„Du bist für die Ausrüstung zuständig", unternehme ich einen schwachen Versuch, meine Schuld auf Doreens Schultern zu katapultieren. Aber sie zeigt mir lachend einen Vogel. „Tja, ich bin fertig. Der einzige, der nicht abflugbereit ist, ist der liebe Herr Kapitän."

Noch einmal nehme ich im Cadillac Platz und meine Laune wird nicht besser, als Gina mir erzählt, dass das Restaurant nur mittags geöffnet ist. Wir erreichen das Lokal und ich könnte die Restaurantbesitzerin knutschen, denn ihr ist der Pullover aufgefallen und sie ist extra für mich dort geblieben. Trotzdem ist es nun zu spät, um noch einmal loszufliegen. Da können wir nun endlich fliegen und ich Dämelsack versaue es. An Doreens Stelle wäre ich stinksauer auf mich. Aber sie nimmt es gelassen und Gina lädt uns sogar ein, in ihrem Gästezimmer zu übernachten.

Bei einem Glas Wein telefoniert sie mit ihrem Mann, einem ehemaligen Piloten einer B52, einem schweren Langstreckenbomber der US-amerikanischen Luftwaffe. Er bedauere, uns nicht kennengelernt zu haben, denn er fände unser Unternehmen extrem mutig. Ich bekomme ein bisschen Gänsehaut. Wer ist hier mutig? Ein Trikepilot, der sich seinen Traum erfüllt und um die Welt fliegt oder ein Kampfpilot im Krieg, der jederzeit abgeschossen werden kann?

Am nächsten Morgen – halt einen Tag später als geplant, was Doreen sich nicht verkneifen kann, noch einmal lächelnd zu betonen - geht es über Bartlesville weiter in Richtung Ponca City. Das liegt nur wenige Kilometer von Oklahoma City entfernt. Es wäre ein Leichtes, von hier aus einen direkten Weg in Richtung Süden nach Mexiko auszuarbeiten. Aber es widerstrebt mir, die geplanten Ziele einfach so wegzulassen.

„Wenigstens Monument Valley", bittet Doreen. Ich weiß, dass sie schon seit Tagen von nichts anderem mehr spricht, wenn sie sich selbst aufmuntern will.

„Lassen wir die Großstädte weg. Wir bräuchten für San Francisco und für Los Angeles mindestens jeweils drei Tage. Sonst macht das gar keinen Sinn. Siehst du. Das meinte ich damit, dass ich mir unsere Reise ganz anders vorgestellt habe. Wir wollten Land und Leute kennenlernen. Und nicht auf den Terminkalender gucken müssen wie früher. Wozu machen wir das denn?"

„Um zu fliegen. Denkt doch mal an die traumhaften Sonnenaufgänge und die Bilder, die wir von oben gesehen haben."

„Klar. Aber genau die unterschiedlichen Bilder der Welt will ich. Nur einfach fliegen kann ich an einem x-beliebigen Ort."

„Und Las Vegas lassen wir auch weg?" Ich höre die Enttäuschung in ihrer Stimme.

Ich stehe auf und hebe sie hoch. Als ich mich mit ihr drehe, stößt sie mit den Füßen meinen Stuhl um. „Meinst du, das lasse ich mir entgehen? Das liegt ja quasi auf dem Weg", lache ich. „Und jetzt auf zum Oktoberfest. Ich habe einen Riesenhunger auf Bratwurst."

Viele Bräuche schwappen von den USA zu uns nach Deutschland. Halloween zum Beispiel habe ich als Kind nicht gekannt, schon gar nicht gefeiert. Feiere ich immer noch nicht, da ich es für traditionslosen, amerikanischen Blödsinn halte. Verkleiden finde ich eh dämlich. Beim Oktoberfest ist es umgekehrt. Fast überall in den USA wird dieses deutsche Fest gefeiert und das in Ponca City taugt allemal zur Ablenkung von unserer Warterei am Flughafen. Während des Laufens greift Doreen meine Hand und lässt sie nicht mehr los. „Ich will nicht, dass du mir verloren gehst", sagt sie als Begründung.

„Niemals", verspreche ich.

„Ich hab' schon mal meine komplette Begleitung beim Oktoberfest verloren. Einige meiner Kollegen und ich wurden von einem Geschäftspartner nach München eingeladen. Zuerst habe ich meinen damaligen Chef verloren. Er ist Brillenträger, stieg neben mir in die Achterbahn und packte seine Brille in die Hemdtasche, damit sie beim Looping nicht herunterfiel. Als alle in dem Wagen saßen, ging automatisch der Haltebügel zu und ich hörte nur noch ein Knacken und einen Aufschrei meines Chefs. Das war es dann mit der Brille. Wie einen blinden Maulwurf mussten wir ihn aus der Achterbahn führen und in ein Taxi setzen. Dadurch haben wir schon mal den Anschluss an die restliche Truppe verloren."

„Wer ist wir?"

„Zwei Kollegen und ich. Und der eine war richtig nett. Mit dem habe ich mich dann heimlich von dem anderen abgesetzt."

„Wie gemein."

„Wir sind dann in eines der Bierzelte und die Herren der Schöpfung vergessen immer, dass ich schon auf vielen Baustellen war. Jedenfalls fühlte ich mich nach zweieinhalb Maß Bier noch einigermaßen fit, der Kollege zunächst einmal auch. Bis wir irgend so ein super modernes Hochgeschwindigkeitskarussell ausprobiert haben. Danach ist er kreidebleich ausgestiegen und hat es gerade noch so an eine Ecke geschafft, bevor das halbe Hähnchen wieder rauskam."

„Lecker."

Doreen lacht. „Ja, damit war der zweite Kollege ausgeknockt. Kurz darauf traf ich einen dritten Kollegen, der mir anbot, mich auf seinem Moped zum Hotel zurückzubringen. Das Problem war nur: Er wusste wegen der vielen Maß Bier nicht mehr, wo er das Moped abgestellt hatte. Also bin ich mit der Straßenbahn in der mir völlig fremden Stadt losgefahren, obwohl ich mir den Weg gar nicht gemerkt hatte. Prompt bin ich dann zu früh ausgestiegen und durfte mitten in der Nacht eine Stunde lang durch München laufen. Damit war mein Bedarf an Oktoberfest nun endgültig gedeckt."

Inzwischen sind wir auf dem Festplatz angekommen.

„Schnuddelbacke, das kann dir hier nicht passieren", lache ich, als ich sehe, wie überschaubar das ganze Spektakel vor uns ist. Es wirkt in etwa so echt, als würden alteingesessene Nordfriesen auf dem Deich den Kölner Karnevalszug aufmarschieren lassen. Trotzdem folgen wir dem Geruch der Bratwurst, die mit Sauerkraut gereicht wird, und teilen uns einen Liter Bier. Bei der Musik in den Bierzelten versuche ich, wenigstens einige Akkorde einer Schunkelmelodie herauszuhören. Vergeblich. Die Musik gleicht eher Rammstein in einer Technoversion.

Endlich! Der Wetterbericht sagt für morgen gutes Flugwetter voraus. Leider fahren die Taxis, wie ich an der Rezeption erfahre, erst ab acht Uhr morgens. Viel zu spät für uns. Geht nicht, gibt's nicht. Ich werde mir auf gar keinen Fall den Abflug versauen lassen und laufe durch die Straßen, um irgendeinen Taxifahrer persönlich anzusprechen. Erfolglos. Denn um 21 Uhr ist hier niemand mehr auf der Straße, wozu sollte also ein Taxi fahren? Nur ein kleines verrostetes Fahrzeug eines Pizzalieferservices tuckert an mir vorbei. Spontan winke ich und der Fahrer hält an. Ich biete ihm fünfzehn Dollar, wenn er uns morgen früh um fünf Uhr am Hotel abholt und zum Flughafen bringt. Pedro, wie der Pizzafahrer erwartungsgemäß heißt, verspricht pünktlich zu sein. Er sei Italiener. Für mich steht das im Widerspruch zu Pünktlichkeit und im Geiste rechne ich mit einer Verspätung unseres Fluges von mindestens einer Stunde.

Doch Pedro ist tatsächlich pünktlich, bringt uns zum Flughafen, sagt uns bye bye und knattert mit seinem Gefährt wieder los.

„Gibst du mir bitte meine weiße Tasche", ruft mir Doreen zu, als ich gerade alle Taschen an unserem Moskito festziehe.

„Die hast du doch."

„Du hast doch alles ins Pizzaauto geladen und hoffentlich auch wieder ausgeladen."

Ich könnte im Boden versinken. Ausgerechnet diese Tasche, in der alle unsere Papiere, die Kameras, alle Kreditkarten, sind. Das kann doch nicht wahr sein! Und ich kann noch nicht einmal Doreen die Schuld geben – nur mir. Schon das zweite Mal in kurzer Zeit. Dieses Mal lächelt Doreen nicht. Sie ist zutiefst erschrocken. Ich könnte kotzen. Vor Wut über diese Katastrophe, über mich,

Kornkreise in den USA

darüber, dass wir nicht abfliegen können. Wie soll ich jetzt ohne Auto diesen Pizzalieferanten verfolgen? Ich stehe da und starre in Richtung Flugfeld, unfähig, einen Plan zu machen. Mit einem Mal tippt mir jemand von hinten auf die Schulter und das unrasierte Gesicht Pedros lacht mich an, als ich mich umdrehe. In der Hand hält er unsere weiße Tasche. Halleluja!

Kapitel 9
Lost in the Canyons

Als wir endlich losfliegen, zeigt das Thermometer minus drei Grad. Ich steige auf vierhundertfünfzig Meter und es sind gefühlte minus dreißig Grad. Trotzdem freuen wir uns, denn langsam wandelt sich das Bild unter uns. Wir kommen nach Texas. Baumwollfelder lösen die Wälder ab, Brachland die Felder und zwischendrin ragen die ersten Öltürme wie eiserne Gerippe aus dem Boden. Sind Letztere der Grund dafür, dass uns hier einige reichere Leute begegnen? Jedenfalls begrüßt uns auf dem Flughafen Perryton bei unserer ersten Landung im Staat Texas ein kleiner Hund. Sein Herrchen, der gerade mit einem großen Privatjet gelandet ist, folgt ihm. Und es ist gut, dass er dies langsam tut. Denn Doreen und ich haben den kältesten Flug unserer bisherigen Reise hinter uns. Doreens Lippen sind nur blaue Striche, ihr Gesicht käsig. Meine Beine brauchen an die drei Minuten, bis sie dem Befehl gehorchen können, aus dem Trike auszusteigen. Vorsichtig bewege ich den Rest meines Körpers hinterher, sicher, dass sonst etwas abbrechen könnte.

Nachdem unsere Lippen aufgetaut sind, wird es ein richtig nettes Gespräch mit dem Hundeherrchen, der alles über unsere geplante Weltumrundung wissen will. Als wir seine Fragen beantwortet haben, zieht er vierhundert Dollar aus der Tasche. „Für eure Reisekasse. Es tut mir so leid, dass ich nicht mehr Bargeld bei mir habe. Aber vielleicht kann ich euch mit dem wenigen auch schon etwas helfen." Wir sind platt. Eine unfassbare Großzügigkeit, die uns auch in den nächsten Stunden darüber hinwegtröstet, dass wir wieder einmal festhängen, weil sich das Wetter verschlechtert hat.

Ich bin kurz davor, Wind Wind sein zu lassen und trotzdem zu starten, aber da erreicht uns kurz hintereinander die Nachricht über den Tod zweier Triker. Ein Freund Daves, unserem großzügigen Gastgeber und Helfer in Nashville, war mit einem anderen Triker in den Bergen Illinois unterwegs. Der überlebende Triker flog nur hundert Meter höher, als Daves Freund von einem Abwind des Berges erwischt wurde und trotz Vollgas nicht mehr ausreichend steigen konnte. Er flog direkt in die Bergwand, wo das Trike explodierte und ihn in Fetzen riss. Die zweite Horrornachricht erreicht uns, als wir mit Wes in Zephyrhills telefonieren. Eine junge Trikerin, die auch bei unserem Abflug dabei gewesen ist, wurde von einer Windbö erfasst. Die Frau, eine sehr zierliche Person und mit erst zwanzig Solo-Flugstunden noch Anfängerin, hatte nicht die Kraft, entsprechend gegenzusteuern und stürzte ab. Ich erinnere

mich, wie sie kurz vor unserem Abflug in Zephyrhills unbedingt noch ein
Foto machen wollte, engumschlungen mit mir. Bei dem Bild meine ich, noch
immer ihre Wärme neben mir zu spüren. Und nun ist sie tot. Weg. Aus.
Vorbei.

Es ist einer dieser Momente, in denen ich die Gefahr, in die wir uns mit jedem
Flug begeben, körperlich spüren kann. Deshalb warten wir auf geeignetes
Flugwetter. In einem miefigen billigen Hotel in einem Ort im Nowhere, wo
wir uns jeden Abend erst einmal die Zeit damit vertreiben, Dutzende ekel-
hafte Fliegen zu erschlagen. Doreen ist völlig bedient und ich bekomme die
Schuld dafür, weil ich bei der Kälte nicht in unserem insektensicheren Zelt
schlafen wollte. Sie verweigert mir sogar das obligatorische Schmusen. Doch
in der Wärme des Zimmers schlafe ich trotz des verletzten männlichen Egos
schnell ein.

Der örtliche Radiosender hat ein Erbarmen mit unserer erzwungenen Untä-
tigkeit und lädt uns zu einem Interview ein. Ich plappere, was das Zeug hält.
Ich weiß auch nicht, welches Pferd mich gerade reitet, aber ich nehme mir
vor, den Reporter so voll zu labern, dass er seine Sendezeit überzieht. Ich
erzähle einfach immer weiter, wenn der Reporter sich verabschieden möchte.
Erst nach vierzig Minuten schaltet er kurzerhand Musik ein und mich ab. Ich
hatte einen Heidenspaß und Doreen will eine Aufzeichnung haben. Aber der
Reporter ist angepisst und komplimentiert uns schnell hinaus.

Anschließend gibt es ein Fotoshooting an einer Ölpumpe. Auch, wenn es in
den 80igern in erster Linie Frauen waren, die jeden Dienstag um 21:45 Uhr
die Serie Dallas gesehen haben, Kult war die Sendung über die Ewings auf
Southfork auf alle Fälle. Auch ich mochte den Fiesling J.R., Pam und Sue Ellen
sahen super aus, aber ansonsten waren mir die Stories zu vorhersehbar. Auf
jeden Fall aber hat die Daily Soap das Bild geprägt, das sich die Deutschen von
Texas, seiner Bevölkerung und den Öl-Förderanlagen machten. Und was soll
ich sagen? Das Bild stimmt. Die Bohrtürme haben trotz modernerer Technik
nichts von ihrem kraftvollen Erscheinungsbild eingebüßt. Majestätisch erheben sie sich über die öde Landschaft, in der schon ein mittelgroßer Busch das
Auge für einen Moment festhält. Um die Bohrtürme herum laufen Menschen
mit Sicherheitshelmen, verlassen sie aber das Bohrgelände, werden die Kopf-
bedeckungen gegen Cowboyhüte getauscht und einige könnten eine würdige
Vertretung für die Ewings spielen. Und ganz sicher stimmt das auch mit dem
Reichtum. Denn am Morgen, als wir weiterfliegen wollen, finden wir einen
Umschlag mit zweihundertfünfzig Dollar vom Flughafenmanager, in dessen

Büro wir auch übernachten durften. Sechshundertfünfzig Dollar mehr in unserer Reisekasse und ich fühle mich gerade selbst wie ein Ölbaron.

Am nächsten Tag erreichen wir Las Vegas, das Original Las Vegas, wie die Leute hier den kleinen Ort in New Mexico stolz nennen, denn er ist älter als sein großer Namensvetter in Nevada.

Wir fliegen über Felder mit skurrilen Kornkreisen und riesige Rinderzucht-anstalten. Hunderttausende von Rindern. Und die grasen nicht etwa als weitläufige Gruppen in beschaulicher Graslandschaft. Nein, sie stehen ein-gepfercht und so dichtgedrängt wie Hühner in einer Legebatterie. Und die ehemals sicher grüne Wiese unter ihren Hufen ist in kurzer Zeit nichts weiter als Ödland. Die armen Viecher. Ich bin mir sicher, an diesem Abend kein Steak zu essen und bin froh, dass wir uns langsam den Rocky Mountains nähern. Als die ersten Canyons auftauchen, knipst Doreen hinter mir, bis ihr die Finger schmerzen und haut mir mit der Kamera immer wieder auf meinen Helm, was tierisch nervt. Aber auch ich vergesse trotz drei Kilome-tern Flughöhe und einer Geschwindigkeit von fünfundneunzig Stundenkilo-metern, dass ich friere.

Leider vergisst im Gegensatz zu mir unser ständiger, unsichtbarer Begleiter, gar nichts. Die Landung in Las Vegas war schon ziemlich windig. Aber heute haben wir so viel Gegenwind, dass sich der Benzinverbrauch beängstigend erhöht. Ich entscheide, nach nur gut hundertzwanzig Kilometern in Santa Fe zu landen.

Santa Fes Flughafen ist ein Internationaler. Viele Maschinen von American Eagle, SkyWest Airlines, Great Lakes Airlines und United Express landen hier und mir bleibt vor Schreck beinahe das Herz stehen, nicht vor Ehrfurcht, nein. Aber, als ich dem Tower meine bevorstehende Landung ordnungsge-mäß ankündige und meine Position durchgebe, erhalte ich keine Antwort. Ich versuche es immer und immer wieder. Habe ich schon einmal beschrie-ben, wie klein unser Trike ist? Wie langsam wir im Gegensatz zu den großen Passagierflugzeugen fliegen? Und wie tief wir bereits fliegen, bevor wir über-haupt in den richtigen Sinkflug gehen? Mein Herz pumpt so schnell das Blut durch den Körper, dass mir urplötzlich nun wirklich nicht mehr kalt ist. Alle paar Minuten gebe ich Nachricht an den Tower über meine Position, in der Hoffnung, die können mich doch noch irgendwie hören.

Ich erkenne, dass mehrere große Passagiermaschinen auf dem Taxiway warten und auch in der Luft ist keiner der großen Vögel zu sehen. Fast im Sturzflug lande ich so schnell ich kann und stelle mir im Geist die Gesichter der Piloten in den Cockpits vor, die ganz offensichtlich darauf warten müssen, dass unser Moskito endlich am Boden ist. Ich habe kaum aufgesetzt, kommt schon ein Auto mit der Aufschrift „Follow Me" angerast. Das Auto ist größer als unser Trike. Ich bereite mich auf einen gewaltigen Ärger mit dem Towerpersonal vor. Dabei haben wir ein Flugfunkgerät aus Deutschland. Wäre es ein französisches gewesen, ich hätte mich nach den Erfahrungen mit DTA nicht mehr gewundert. Der Fahrer des Follow-Me-Autos lotst mich zwischen den riesigen Jets hindurch auf eine Parkposition, springt heraus und fordert mich auf, mich unverzüglich ins Gebäude zu begeben und mit dem Tower Telefonkontakt aufzunehmen. Im Geiste sehe ich mich bereits die Pilotenlizenz abgeben und eine hohe Geldstrafe zahlen. Ich bin einen Meter zwanzig groß, als ich den Hörer am Ohr habe.

„Wisst ihr eigentlich, dass ihr gerade den gesamten Flugverkehr lahmgelegt habt mit eurem Mini… was ist das eigentlich? Ein fliegendes Motorrad?"

Ich will bestätigen, besinne mich dann eines Besseren und antworte brav: „Ich werde sofort unser Flugfunkgerät überprüfen lassen. Aber ich habe euch leider nicht hören können und bin dann nach besten Wissen und Gewissen nach Sicht gelandet."

„Wir konnten dich hören."

„Ich aber euch nicht." Ich mache mir vor Angst fast in die Hose, dass der Typ nun den Vorfall hochspielt.

Aber er lacht nur. „Das haben wir gemerkt und deine Kollegen durften mit ihren großen Maschinen mehrere Extrarunden drehen. Als wir wussten, dass ihr uns nicht hört, haben wir nämlich den Luftraum für alle Starts und Landungen gesperrt, bis ihr unten wart. Und das hat ja gedauert. Es war super, dass du regelmäßig deine Position durchgegeben hast. Wir konnten euch Tiefflieger nämlich nicht auf dem Radar sehen."

Ich muss nun auch lachen und wachse dabei auf gefühlte zwei Meter zwanzig. Unser kleiner Moskito hält die Passagiermaschinen eines internationalen Flughafens in Schach und der Tower lobt mich auch noch dafür.

„Na, vielleicht waren sie ja doch auf dem Radar drauf. Aber ich hatte gerade keine Lupe bei mir", sagt ein weiterer Fluglotse und will sich ausschütten vor Lachen. Wenn der wüsste, dass ich vergessen habe, den Transponder einzuschalten, der das Signal sendet. Sie hätten mir eine dicke Strafe aufgebrummt…

Deutsche Arbeit ist eben doch nicht immer deutsche Wertarbeit und so muss unser Funkgerät ausgetauscht werden. Die drei Tage Pause macht uns Santa Fe dieses Mal recht angenehm. Die Stadt, die bereits im 12. Jahrhundert aus einer Indianersiedlung hervorgegangen ist, zeigt sich in braunen und rötlichen Erdfarben der für sie typischen Lehmziegelhäuser. Zwar haben die Häuser alle rechteckige Formen, sind stark verschachtelt, wie man sie auch von den weißen Dörfern in Südspanien kennt, teilweise mit Türmchen, Spitzen und Rundbögen verziert, aber trotzdem wirkt das gesamte Straßenbild weich und rund. Wir fühlen uns, als seien wir bereits in Mexiko oder Peru. Überall kleine Läden, Theater, Kneipen und wir essen die beste Pizza der Welt und fahren mit dem öffentlichen Bus für nur einen Dollar durch die Stadt. Nein, ich habe meinen Schwur nicht vergessen, aber es ist ja fast schon eine mexikanische Pizza.

Am nächsten Tag schlägt Doreen vor: „Wollen wir nicht einen Mietwagen nehmen? In Albuquerque ist gerade das größte Ballonfestival der Welt." Sicher ist es ein fantastischer Anblick, wenn Hunderte von bunten Ballons aufsteigen, aber ich habe weder Nerven dafür, noch möchte ich weitere Kosten produzieren, solange ich nicht weiß, was mit dem Flugfunkgerät ist. Außerdem glaube ich nicht, dass die Ballons abheben können. Sie sind dem starken Wind ja noch mehr ausgesetzt als wir. Selbst Felix Baumgartner, der mit seinem Projekt Red Bull Stratos hier ganz in der Nähe zu seinem Sprung aus dem Weltall starten will, muss dieses Abenteuer wegen der starken Winde verschieben. Ich sehe Doreen an, wie enttäuscht sie ist. Nach der vielen Warterei sehnt sie sich natürlich nach Abwechslung und das verstehe ich nur zu gut. Aber letztlich zeigt sie - wie immer - Verständnis. Gerade für das Finanzielle, der Bereich unserer Reise, den sie fester im Griff hält als ich. Viel fester!

Vier Tage später stehen wir in der Warteschlage zur Startbahn. Unser Trike hat ein neues Flugfunkgerät, dessen Anschaffung unserer gebeutelten Reisekasse richtig weh getan hat. Um die Garantie in Anspruch zu nehmen, hätten wir das Teil zu DTA nach Frankreich schicken müssen und frühestens in sieben Wochen repariert zurückerhalten. Wir werden den Gürtel noch enger schnallen müssen, aber wir starten voller Vorfreude auf das Monument Valley. Vor uns steht ein Jumbo, hinter uns ein Jumbo. Ich fühle mich ziemlich verloren und halte gebührenden Abstand zu dem Flieger vor uns, denn ich bin mir sicher, dass wir sonst mindestens drei Saltos rückwärts schlagen, wenn der die Turbinen hochlaufen lässt. Dabei würde ich jetzt gerne einen Salto vor Aufregung schlagen, denn ich weiß: Jetzt erst wird die Fliegerei so richtig aufregend. Das Bisherige war nichts dagegen.

Dieses Gefühl trügt nicht. Ganz im Gegenteil. Ich bin in Florida geflogen, in Belize, in der Karibik, in Ecuador, in Südafrika, in Australien, aber immer in flachen Gebieten. Nun werde ich dauerhaft bis zu dreieinhalb Kilometer hoch steigen müssen, und das erste Mal während eines Fluges testen wir auch unsere Sauerstoffausrüstung. Doreen kämpft mit den ungewohnten Schläuchen um uns herum und konzentriert sich auf die Anzeige. Ständig muss je nach aktueller Flughöhe nachnivelliert werden, um das richtige Maß an Sauerstoffzufuhr zu erhalten. Und ich erlebe, was ich theoretisch längst weiß: Das gesamte Flugverhalten des Trikes ändert sich. In großen Höhen benötigt es viel mehr Benzin, fliegt insgesamt langsamer. Die Segeleinstellungen wirken sich anders aus, das Steig- und Sinkverhalten ändert sich. Haben bisher 100 Meter für einen Start und 80 Meter für eine Landung ausgereicht, brauchen wir jetzt fast 500 Meter.

Nicht nur das veränderte Flugverhalten unseres Trikes muss ich beachten, auch die Auf- und Abwinde, die in einer Berglandschaft eine große und für unseren kleinen Moskito besonders gefährliche Rolle spielen können. Physik war in der Schule nicht gerade mein Lieblingsfach, wie eigentlich keines außer Mathe, Geschichte, Erdkunde und Sport. Wenn Wind wenigstens so eine nette gelbe, rote oder blaue Farbe der Substanzen hätte, mit denen wir im Unterricht die obligatorischen Versuche machen durften. Dann könnte man nämlich genau beobachten, wie sich die Luft verhält. Allerdings würden Doreen und ich dann von der gigantischen Landschaft unter uns nichts mehr erkennen. Aber so eine klitzekleine Einfärbung? Zartrosa oder blassgelb? Lieber Gott, das wäre machbar gewesen, oder? Einer meiner Fluglehrer war Kettenraucher und hat zu gern seiner Rauchleidenschaft zwischen den Pausen gefrönt, in dem er uns mittels des Rauches das Verhalten der Winde an einem Widerstand demonstrierte. Die Luftverwirbelungen hinter einem großen Plateau. Die Auf- und Abwinde bei spitzen Gipfeln und die Trichterwirkung in einem Tal, wo die Fließgeschwindigkeit der Luft wie beim Wasser zunimmt, je enger der Trichter wird.

Von hinten kommen unverständliche Worte.

„Was hast du gesagt? Du musst lauter sprechen", antworte ich.

„Ich... laut... Mikrof... müssen."

Ich bin sauer auf Doreen. Seit ein paar Tagen geht das schon so. Sie nuschelt irgendetwas ins Mikrofon, das sie offenbar nicht richtig angeschlossen hat oder zu weit weg vom Mund oder was weiß ich. Nie hört sie auf meine Anordnungen als Pilot.

„Mach doch mal... immer... gleich."

„Was soll ich machen? Ich habe hier genug zu tun, um mich auf den Flug zu konzentrieren. Sprich lauter oder halt die Klappe."

Es rauscht als Antwort.

„Mach lieber mal Fotos von den Canyons da vorne", fordere ich sie auf und drehe mich kurz um. Meine Halswirbel knacken bei dem Versuch, ihren Gesichtsausdruck zu erhaschen. Aber ich bekomme gerade noch so mit, dass sie die Kamera gar nicht in der Hand hält. Stattdessen sortiert sie mit der einen Hand etwas an den Sauerstoffschläuchen, mit der anderen zeigt sie mit geschlossener Faust und immer wiederkehrenden Tippbewegungen auf ihre Fliegerbrille. Ihre Augen blitzen mich an. Ein Gewitterblitz ist gar nichts dagegen. Zeigt sie mir jetzt einen Vogel? Ich gehe abrupt vom Gas. „Ich lande jetzt da unten in der Wüste und du kannst da bleiben, okay? Ich wollte den Flug genießen und mich nicht mit einem Scheiß befassen, für den du verantwortlich bist. Mach jetzt die Kamera an."

Wieder Gewitterblitze aus ihren Augen und Rauschen über die Funkverbindungen unserer Helme. Es ist mir egal. Schon gestern Abend und heute Morgen haben wir uns in den Haaren gehabt und ich will mich verdammt noch mal jetzt auf das da unten konzentrieren. Wir sind im Landeanflug auf den Monument Valley Airstrip. Eine kleine Landepiste inmitten der gewaltigen Sandsteinformationen des Indianerreservates, die in vielen verschiedenen Rot- und Gelbtönen leuchten. Wir landen dort, wo kleine Maschinen Touristen in das Monument Valley ausspucken. Andere Piloten – auch Triker – kommen zu uns und wollen uns fotografieren. Doreen und ich grinsen in die Kameras und erzählen zum gefühlten hundertsten Mal von unserer Abenteuerweltreise. Doch gegenseitig schweigen wir uns an. Ich kann ihn förmlich riechen, den Schwelbrand unter Doreens freundlicher Oberfläche. Wie soll ich das bis Sydney mit ihr aushalten? Wie danach?

Gott sei Dank müssen wir uns über das Nachtquartier nicht absprechen, denn das einzige Hotel, das es für die Piloten, die hier landen dürfen, gibt,

Landeanflug im Indianerreservat der Navajos im Monument Valley

kostet unverschämte vierhundert bis sechshundert Dollar die Nacht. Für unser eingeschränktes Budget eine astronomische Höhe. Wir wählen also den Campingplatz für gerade noch erschwingliche fünfundzwanzig Dollar die Nacht und versuchen, auf felsigem Fußboden unser Zelt zu befestigen. Es ist erstaunlich kalt hier im Valley. Fast ebenso eisig, wie die Stimmung zwischen uns.

Mich nervt, dass der Campingplatz so weit entfernt vom Flughafen liegt, wo unser Trike steht und, dass mir eine in jeder Hinsicht kalte Nacht im Zelt bevorsteht, statt einem bequemen Hotelzimmer mit heißer Dusche. Kurz nach uns treffen die beiden Triker ein, die wir schon in Santa Fe kennengelernt haben. Es ist fünfzehn Uhr und die beiden sind öfter hier, kennen also die Gegend und machen den Vorschlag, am späten Nachmittag noch zwei Stunden gemeinsam zu fliegen. Wohl oder übel muss ich nun mit Doreen reden, denn diese einmalige Chance, andere Triker in der Luft zu filmen und das in dieser gigantischen Landschaft, will ich mir nicht entgehen lassen.

Kaum sind wir allein, platzt es aus Doreen heraus: „Spinnst du eigentlich, so mit mir umzugehen? Ich sage dir bereits seit drei Tagen, dass mein Mikro kaputt ist und du dich bitte darum kümmern sollst. Das ist deine Aufgabe. Und nun habe ich heute auch noch beim Schließen meines Visiers den Plastikknopf in der Hand. Ich hatte alle Konzentration nötig, um ihn festzuhalten, damit er sich nicht selbständig macht. Die Helme sind übrigens ebenfalls dein Part. Deshalb konnte ich keine Kamera rausholen, du Schlaumeier. Das wollte ich dir die ganze Zeit sagen. Aber das Micro war ja kaputt."

Während sie schimpft, wird mir ganz heiß vor Schreck. Das wäre allerdings katastrophal gewesen. Ein Knopf oder irgendein anderes Teil löst sich und fliegt in den Propeller hinter uns. Wohl eines der schlimmsten Dinge, die beim Flug passieren könnten. Ich hätte sofort den Motor ausmachen müssen, um Schaden von ihm abzuwenden. Und außerdem meldet sich aus der hintersten Ecke meiner Erinnerung das kleine Engelchen und flüstert, dass Doreen mich wirklich schon tagelang aufgefordert hatte, mir das Mikro genauer anzusehen, weil es immer wieder einmal ausfällt. Das kleine Teufelchen direkt hinter meiner Stirn antwortet ihr: „Dann hättest du heute Morgen darauf bestehen müssen, dass wir vorher nicht losfliegen. Das wäre ein verantwortungsvolles Verhalten gewesen, anstatt mich jetzt anzuschreien."

„Wie bitte? Wer schreit denn hier ständig wen an? Wer benutzt mich denn als Fußabtreter für seine schlechte Laune, wenn wir nicht abfliegen können? Wer erzählt denn andauernd was von genau festgelegter Aufgabenteilung? Darf ich dich daran erinnern, in wessen Aufgabenbereich die technische Überprüfung unserer Trikeausrüstung gehört?"

„Ich hatte genug zu tun mit der komplizierten Flugplanung heute", grummle ich vor mich hin.

„Und ich mische mich im Gegensatz zu dir nicht ständig in deinen Aufgabenbereich."

„Sie hat Recht. Sie hat Recht", feixt das Engelchen.

„Schnauze", will ich am liebsten rufen, besinne mich aber noch rechtzeitig. Wir schweigen uns qualvolle Minuten an. Dann schlage ich vor: „Lass uns zum Trike gehen. Ich sehe mir das Mikro und das Visier jetzt gleich an. In einer Stunde sind wir mit den beiden Typen aus Santa Fe verabredet. Und wir wollen uns doch nicht das versauen, worauf du dich schon die ganzen Tage gefreut hast, oder?" Ich prüfe in ihren Gesichtszügen, ob mein Einlenkversuch zu fruchten scheint. Doch sie sieht mich böse an, mit dieser Miene, die das Blut des Gegenübers erstarren lässt. Ein Gesichtsausdruck, der jeden in die Flucht schlägt – auch mich. Aber ich warte. Schließlich entspannen sich die Muskeln um ihren Mund und an ihrer Stirn. Ich weiß, jetzt dauert es nicht mehr lange. Ich gehe ein paar Schritte auf sie zu.

„Deshalb machen wir das ja alles hier", sagt sie schließlich und gleichzeitig gehen wir die letzten Schritte aufeinander zu. „Na, da hast du dich jetzt aber toll behauptet", flüstert Teufelchen hämisch. Doreen und ich küssen uns und endlich ist auch Teufelchen still.

„Heute ist der erste Tag vom Rest unseres Lebens. Wir sollten zusammen-halten", sagt Doreen und ich staune wieder einmal, welch kluge Frau ich an meiner Seite habe.

So müsste jeder Flug sein. Es ist absolut windstill. Ein Gefühl der unendli-chen Freiheit über den kantigen Bergformationen, den sogenannten Mesas oder Tafelbergen. Wir gleiten im Tiefflug zwischen ihnen hindurch, dicht über sie hinüber. Ziehen das Trike an ihren Hängen hoch und lassen uns wieder tiefer sinken in eines der vielen rotsandigen Täler. Ich vergesse sogar das monotone Geräusch unseres Motors, das ich sonst gerne höre. Denn es vermittelt: Alles funktioniert. Wir haben eine zuverlässige Kraft, die uns oben hält und gegen die Willkür der Winde ankämpfen kann. Jetzt dagegen fliegen wir mit der Lust eines Vogels, der nur fliegt um des Fliegens Willen. Der fliegt, weil er fliegen muss und weil er es kann, der sich durch den Wind unter seinen Flügeln hochtragen lässt und erhaben über die Welt unter ihm wieder hinab gleitet. Normalerweise ist der Wind der Herrscher über uns und unser Trike. Dieses Mal wird er uns ein ergebener und williger Diener. Ja, in einer solchen Situation kann selbst ich philosophisch werden.

Es ist kurz vor Sonnenuntergang und wir genießen ein nie gesehenes Farb-spiel, das die Sonne und der Himmel an die Felswände projizieren. Das Rot des Sandsteins wird so intensiv wie der Frieden in mir. Es ist der schönste Flug, den wir bisher auf unserer Reise hatten, bis – ja, bis wir die beiden anderen Triker verlieren und wir ohne unser GPS keine Ahnung haben, wo wir uns genau befinden und wo wir gestartet sind. Wir hatten auf die Mit-nahme des GPS verzichtet. Schließlich wollten wir ja gemeinsam mit Trikern fliegen, die sich hier bestens auskennen. Nun, zu gut, würde ich sagen, denn sie fliegen wesentlich risikoreicher als wir, die das erste Mal im Monument Valley sind. Sie fliegen tiefer und in engere Schluchten hinein und mit einem Mal sind sie weg. Ich funke sie an. Keine Antwort. Ziemlich ratlos mustere ich die Umgebung. So überwältigend die Berge auch aussehen, so ähneln sie sich leider auch für jemanden, der das erste Mal über sie hinwegfliegt. Ich versuche, mich an irgendetwas zu orientieren. Ergebnislos, denn ich war hin und weg beim Fliegen und habe nicht auf den Weg geachtet. Zu allem Übel geht die Sonne in ein paar Minuten unter. Sagte ich schon, dass ich das Trike nur mit Bodensicht fliegen kann?

„Ich weiß, in welche Richtung die Sonne sich vorhin vom Zeltplatz her gesehen, bewegt hat. Wir müssen dorthin", sagt Doreen und ihr ausgestreckter Arm weist mir den Weg. „Außerdem: sieh mal, die beiden Felsformationen. Die habe ich mir gemerkt. Da müssen wir links vorbei."

Dieses Mal brauche ich kein Engelchen bei der Frage, ob sie Recht hat. „Super beobachtet. Toll!", antwortete ich dankbar und fliege in die vorgegebene Richtung. Zehn Minuten später erkenne ich die kleine Landepiste und erleichtert landen wir in der bereits einbrechenden Dämmerung. Die beiden Triker erwarten uns schon am Boden. „Wo bleibt ihr denn?" rufen sie vergnügt. Ziemlich frech von ihnen, finde ich.

Doreen und ich sichern das Trike und lächeln uns dabei an. Da macht es mir fast nichts mehr aus, dass sich die beiden Piloten in Richtung ihres luxuriösen Sechshundert-Dollar-Hotels bewegen, während wir in die eisige Kälte des Campingplatzes zurückkehren. Rechts von unserem Zelt steht ein amerikanisches Zelt mit einer Veranda, so groß wie ein Einfamilienhaus. Links ein Wohnmobil, größer als ein Einfamilienhaus. Es ist so wie mit unserem

Monument Valley, Utah – einer der schönsten Flüge bisher!

Picknick in der Wüste

Moskito auf einem großen Flughafen. Rechts ein Jumbo, links ein Jumbo und dazwischen unsere Mücke. Noch etwas haben die Nachbarn gemeinsam – sie schnarchen beide. Sehr laut und fast im Rhythmus. Ich finde es trotzdem alles andere als musikalisch. Dann sind auch noch die heißen Duschen bereits geschlossen und nur die Waschräume offen. Katzenwäsche, Zähneputzen und ab auf den harten Zeltfußboden. Aber wir haben ja uns.

Trotz des ungemütlichen Schlafplatzes wären wir gerne noch zwei Tage hier geblieben. Doch Ken wartet auf uns. Ken haben wir wie auch viele andere Piloten über das Internet kennengelernt. Irgendwann schrieb er auf unsere Facebookseite und freute sich riesig, dass die Stadt, in der er mit seiner Familie lebt, Boulder City, auf unserer Flugroute liegt. Er bestand darauf, dass wir bei ihm wohnen und er uns als erfahrener Trikepilot auch technische Hilfe zukommen lässt, wann immer wir ihn bräuchten. Jedes Mal aufs Neue sind Doreen und ich völlig geplättet über die enorme Gastfreundschaft und die Hilfsangebote, die uns inzwischen aus nahezu aller Welt erreichen. Fast immer ist die Antwort auf unsere Frage, warum Menschen wie Mike und Ken das für uns tun wollen: „Ihr lebt genau den Traum, den wir so gerne selbst leben würden, es aber nicht schaffen, vielleicht sogar niemals werden realisieren können, weil…" Familie, Beruf… es sind alle Gründe vertreten. Durch den Kontakt zu uns wollen sie wenigstens teilhaben an dem Abenteuer, um das sie uns beneiden.

Doch dieses Abenteuer hält bisher für uns in erster Linie einen enormen Zeitdruck parat. Daran will ich unbedingt etwas ändern. Der ideale Rhythmus wäre, einen oder zwei Tage zu fliegen und dann zwei bis drei Tage vor Ort sich etwas anzusehen, die Menschen kennenzulernen, die hinter den Flugplätzen leben, deren Heimat die Landschaft ist, die wir von oben so wunderbar betrachten können. So auch hier im Monument Valley. Am liebsten würden wir hier bleiben und ich tröste Doreen damit, dass wir ja auf unserer heute geplanten Tour noch weite Strecken über den Nationalpark fliegen werden.

„Ist das nicht der helle Wahnsinn?", fragt Doreen. Recht hat sie, aber ich habe große Probleme beim Fliegen zu lösen. Ich muss in den für mich immer wieder neuen Landschaften und Klimazonen die Risiken abschätzen. Ich kann mich nicht so stark wie sie auf die wahnsinnigen Felsen und Schluchten unter uns konzentrieren. Dazu kommt, dass mein Trike gerade immer langsamer wird, dabei ist die Motorleistung konstant und lässt uns normalerweise mit fünfundachtzig bis hundert Stundenkilometern vorwärts kommen. Jetzt fliege ich gerade einmal etwas über vierzig Stundenkilometer. Der Gegenwind ist dermaßen stark, dass ich mich von unserem heutigen Ziel, Perkins Field, verabschiede und entscheide, dass wir in Page zwischenlanden.

In Page starten und landen alle drei Minuten die Maschinen der Touristenagenturen, die die Leute ins Monument Valley und vor allen Dingen in den Grand Canyon fliegen, auch internationale Flugzeuge. Wieso haben die bei diesem Flugaufkommen keinen Tower?

„Zack-zack, pack die Kamera ein. Hilf mir, auf die Flugzeuge um uns herum zu achten."

„Ich habe sie längst weggepackt", antwortet Doreen. Wir sind eben wirklich schon ein gutes Flugteam geworden. Wir landen und parken irgendwo inmitten von fast hundert kleinen Flugzeugen. Die beiden Triker aus Santa Fe, mit denen wir gestern Abend geflogen sind, haben Nachrichten über uns an die Piloten gesandt, die jede Menge Zeit haben, während sie auf die Rückkehr der Touristengruppen warten. Diese Zeit nutzen sie nun, um eine regelrechte Fotosession mit uns zu veranstalten. „Wohin fliegt ihr mit diesem Ding denn?", fragen sie neugierig.

„Hunderttausend Meilen um die Welt."

„Mit dem Winzling? Habt ihr das selbst gebaut?"

„Nein, eine Firma in Frankreich."

„Und der Motor? Der war vorher in einem Rasenmäher?" Alle biegen sich förmlich vor Lachen.

„Ein Rotax. Hundert PS, vier Zylinder."

„Rotax? Den habe ich in meinem Snowmobil", antwortet einer Piloten, sichtlich begeistert, wenigstens eine Sache unseres Flugobjektes zu kennen.

„Und wie macht ihr das mit dem Transport, wenn ihr über hohes Gebirge oder übers Meer fliegen müsst?"

„Wir fliegen drüber."

„Ja klar doch. Und wahrscheinlich willst du uns jetzt auch noch erzählen, dass du damit den Atlantik überquerst."

„Ja, dazu muss ich allerdings die Frau gegen mehr Benzin austauschen."

„Ich würde es umgekehrt machen", lacht einer der Piloten.

„Ich auch, aber in diesem Fall muss sie leider einem weiteren Tank auf dem Rücksitz weichen. Dann klappt das schon über Grönland, Island und die Shetland-Inseln nach Norwegen."

Die Piloten reagieren mit einer Mischung aus anerkennenden und zweifelnden Blicken, lassen sich dann noch Autogramme von uns geben und jeder geht wieder seiner Wege. Stattdessen taucht ein Michael aus Frankfurt auf, der seit sechzehn Jahren hier in diesem Neuntausend-Seelen-Ort wohnt, nimmt sich einen Tag frei und kutschiert uns erst zu einem kleinen Hotel und danach zum lokalen Radiosender. Wir sollen in der Mittagssendung live Rede und Antwort stehen. Kurz bevor wir in das Gebäude hinein gehen, kneift mich Doreen in den Oberarm. „Diesmal bist du brav, ja?"

„Als ob es dir keinen Spaß gemacht hätte, Schnuddelbacke."

Kapitel 10
Wüstenschildkröten und Schlittschuhlaufen in Las Vegas

Wieder können wir nicht weiterfliegen und so kommen wir in den Genuss, den berühmten Antelope Canyon zu besichtigen, neben 2.000, gefühlt mindestens 100.000 anderen Menschen, die heute das Gleiche tun. Jede halbe Stunde eine Tour. Im Vier-Minuten-Takt werden die Gruppen durch den Antelope Canyon geführt, der an der engsten Stelle sechzig Zentimeter, an der breitesten zwei Meter aufweist. Unser Guide, ein ansässiger Indianer, der bei jeder Karl May Wiederverfilmung sofort eine der Hauptrollen besetzen könnte, bringt uns und vier weitere Touristen mit dem offenen Jeep im Affenzahn zum Canyon. Fiele einer der Gäste bei dem Tempo heraus, bliebe also buchstäblich auf der Strecke, würde er das bei dem Staub, den das Fahrzeug aufwirbelt, überhaupt nicht merken.

Der Anblick im Inneren des Canyons haut mich fast um. Nach oben hin gibt es unterschiedlich kleine Öffnungen und das eintretende Sonnenlicht zaubert sagenhafte Lichtspiele auf die Felswände. Sie zeigen die gleichen waagerechten Schichtstreifen wie außerhalb, nur hat das Wasser des Flusses Antelope Creek die Oberfläche glatt gewaschen. Direktes und indirektes

Antelope Canyon

Licht lässt die rötlich braunen Felsen in Tönen von gelb, orange, rot bis lila leuchten und das in allen unterschiedlichen Farbtiefen, die unser menschliches Auge überhaupt wahrnehmen kann. Wie gerne wäre ich hier ein paar Stunden mit Doreen allein, um den Anblick der spiralförmigen, manches Mal wie Korkenzieher anmutenden, Felsformationen zu genießen. Aber der Canyon gehört einer indianischen Gemeinde, die ihn als touristisches Ziel perfektioniert hat. Ich weiß auch, dass es völliger Unsinn ist, hier zu fotografieren. Um dieses unglaubliche Lichtspiel würdig einzufangen, braucht es einen Profi. Trotzdem drücken Doreen und ich so oft auf den Auslöser wie alle anderen Besucher auch. Wir wollen die Bilder für alle Zeiten festhalten. Unsere Bilder. Außerdem weiß unser Guide, wie man gute Fotos in nur zehn Minuten macht. Im Sekundentakt schreit er: „Stell dich dort hin, fotografiere dort, jetzt da hin und den Blick nach schräg links oben." Er hat nur die Rechnung ohne meine liebe Doreen gemacht. Sie sieht sich prüfend um, wählt einen geeigneten Platz, stellt das Stativ auf, befestigt die Kamera, guckt durch den Sucher, wählt die perfekte Einstellung. Dann erst wird abgedrückt, die Qualität der Aufnahme kontrolliert und notfalls das Ganze wiederholt. Mich nervt das auch immer, aber unser Guide kriegt gleich einen Herzkasper, denn wir bringen dieses ausgeklügelte Gruppensystem um bestimmt dreißig Sekunden durcheinander und ich erwarte schmunzelnd seine Reaktion. Vor uns eine zwanzigköpfige japanische Reisegruppe, die zierlichen Damen in ebenso zierlichen weißen Kommunionsschühchen. Die Gruppe muss von ihrem Guide regelrecht aus dem Canyon geschoben werden, was wertvolle Sekunden unserer zehn Minuten frisst. Jeepfahrt zurück im gleichen Tempo wie die Hinfahrt. Am Ende steht unser Guide neben dem Auto und fragt, ob wir die relaxte Tour denn genossen hätten. Dabei ist seine rechte Hand bereits etwas vorgestreckt, um keine Zeit zu verlieren, ein großzügiges Trinkgeld in Empfang zu nehmen. Ich gebe ihm eines, weil er netterweise ein Foto von uns beiden gemacht hat, Doreen sieht das und spricht den gesamten Rückweg zum Hotel kein Wort mehr mit mir.

Gut, dass sie ihr Schweigen nicht lange durchhält, denn ganze drei Tage sitzen wir in dem Ort Page fest und solche Momente sind die einzigen, in denen ich mir ein richtiges kleines Flugzeug wünsche. Die fliegen nämlich ohne Unterlass die Touristen auch diese drei Tage hin und her, während ich als Trikepilot gerade einmal Seitenwind bis ungefähr zwanzig Stundenkilometern gut meistern kann. Das scheint nicht viel. Da würde man selbst noch einen ausgiebigen Hundespaziergang genießen. Beobachtet man dabei aber die Vögel hoch am Himmel, hat man eine Ahnung, dass der Spaziergang von Hund und Herrchen weniger gemütlich ausfallen würde, hätten die beiden ein Segel über sich, dass mindestens sechs Mal breiter wäre als sie selbst. No way to fly, heißt es also wieder einmal und auf noch so eine Touristentour wie zum Antelope Canyon haben weder Doreen noch ich Lust. Also nutzen wir die Zeit, um ein paar Büroarbeiten zu erledigen und etwas auszuspannen.

Am 19. Oktober sind wir startklar - wie im Übrigen vorsorglich jeden Morgen - nur dieses Mal lässt die Wetterprognose einen Flug zu.
Es ist anstrengend. Nicht die Höhe – ab ungefähr zweieinhalb Kilometern Höhe wird es ruhig – sondern der viele Flugverkehr, der towerlos über dem Grand Canyon Nationalpark jedem internationalen Flughafen Konkurrenz macht. Die Piloten sind nur mit Funkkontakt in drei unterschiedlichen Flugzonen untereinander verbunden und ansonsten gilt: Sichtkontakt und aufpassen. Nur leider ist es so: wenn ich die im Verhältnis zu mir großen Flugzeuge schon sehe, was soll ich dann bitte noch groß aufpassen? Wusch sind sie da und wusch sind sie schon vorbei und ich beschließe zu Doreens

1001 Schatten in der Wüste Utahs

Lake Powell, Utah

Enttäuschung, nicht in den Grand Canyon einzufliegen. Jedes Jahr stoßen rund zehn Flugzeuge hier zusammen und genau darauf habe ich keinen Bock. Wir fliegen lieber über den Lake Powell, dem Stausee an der Ostseite des Grand Canyons.

Und wir bereuen diese Entscheidung nicht, denn uns bietet sich eine Wahnsinnsaussicht. Der See selbst hat nur rund dreihundert Kilometer Länge, was ja auch schon beachtlich ist, aber seine Uferlänge beträgt mehr als dreitausend Kilometer! Er ähnelt einer Krake, die ihre vielen, zum Ende hin immer dünner werdenden Arme in die zerklüftete Landschaft schiebt. Ich glaube, es hat fast zwanzig Jahre gedauert, bis Lake Powell vollgelaufen war. Außer der kleinen Stadt Page gibt es praktisch gar nichts um den See herum. Eine Sand- und Felsenwüste. Extrem steile und hohe Felswände trennen die Wasseroberfläche von den Ebenen der umliegenden Tafelberge, dünn besiedelte Indianerreservate. Man kann sich Hausboote mieten und tagelang auf dem See zubringen. Ein Autoführerschein und etwas Proviant reichen aus. Eine gute Freundin aus Berlin schwört darauf, dass dieses Erlebnis der ultimative Test für ein Paar sei. Wer die völlige Einsamkeit auf dem Hausboot gemeinsam aushält, nichts als Wasser und Felswände um einen herum, der schafft auch den weiteren Lebensweg zusammen. Ich bin mir sicher, dass es bei meinen drei bisherigen Ehefrauen, außer in der verliebten Anfangszeit vielleicht,

Hauen und Stechen gegeben hätte. Wie wäre es mit Doreen? Ich glaube, wir würden diese Probe mit links meistern, wenn man überlegt, was wir bereits jetzt in den wenigen Monaten unserer Weltreise zusammen durchgemacht haben. Und auch nach zwei Jahren ist es ein tolles Gefühl, abends mit ihr Arm in Arm einzuschlafen und morgens neben ihr aufzuwachen. Und das wohlgemerkt auch nachdem mein Blut wieder im Kopf angelangt ist. Vielleicht ist in ihren Armen ja das Zuhause, nachdem ich mich immer gesehnt habe. Wenn ich noch daran zurückdenke, wie ich früher an eine Beziehung herangegangen bin? Ich wollte eine Frau. Ich bekam eine Frau. Und solange es Spaß machte, war alles gut. Und danach war eben Schluss. So wie damals, vor rund fünfzehn Jahren. Josefina, meine spätere Chefin bei Otto's Tours und ich waren ein Paar, bis sie den Fehler machte, mich mit ihrer Sekretärin Kysha, einer 19-jährigen süßen Mischung aus Inderin und Afrikanerin, in den Dschungel zu schicken. Danach war ich halt mit Kysha zusammen und Josefina zog tränenüberströmt aus unserem Haus auf Tobago aus. In den nächsten drei Monaten machte ich achtmal mit Kysha Schluss und ging jedes Mal zu Josefina zurück, die mich mit offenen Armen empfing. Kam ich zurück zu Kysha, hatten deren offene Arme allerdings eine abnehmende Tendenz. Und so erwischte ich sie nach einem Jahr mit einem Typen. Live in unserem Bett. Wie man(n) da reagiert? Ab in die Küche und das größte Messer herausholen, zurück ins Schlafzimmer, kurz nachdenken, Wurfbewegung stoppen. Das Messer landete letztendlich in der Holztür und ich wieder in Venezuela, wo die nächste Traumfrau auf mich wartete.

Nicht, dass ich stolz darauf wäre, aber ich bin eben ein Spätzünder und brauchte einige Ehefrauen, bis ich erwachsen geworden bin. Vielleicht reizte mich auch nur, dass man früher mehr Fantasie für eine Kontaktaufnahme entwickeln musste als heute zu Zeiten von facebook, stayfriends, studiVZ und social networks, wohin man nur schaut. Doch eine Art Internet-Messenger gab es schon sehr früh: ICQ. 1996 von jungen Israelis entwickelt und bereits 1998 für eine dreistellige Millionensumme von dem US-Konzern AOL gekauft, war es der erste große und vor allen Dingen kostenlose Messenger, für den man nur einen Internetzugang brauchte. Den hatte ich in meinem kleinen Zimmer im Süden Bogotás. Sozusagen der einzige Luxus, den ich besaß, der allerdings auch für meine Arbeit überlebenswichtig war. Nun kann der Mann ja nicht nur arbeiten. Ab und zu muss da noch etwas anderes passieren. Und das tat es auch. Ich entdeckte ICQ und innerhalb weniger Tage hatte ich Kontakt zu 32 jungen Damen, die vom Alter, Aussehen und Wohnort den von mir angegebenen Wunschkriterien entsprachen, mit Foto und Anzeige, wer gerade online war. Ich legte ein Buch an, in dem ich akribisch notierte, mit welcher Frau ich über welche Themen bereits gechattet hatte, um es mir mit keiner zu verderben. Wir folgten einem ungeschriebenen Gesetz. Ein paar Tage chatten über Gott und die Welt und besonders über die eigene Person, dann eine Verabredung zum Telefongespräch. Dabei fielen dann bereits einige der 32 Damen durch die Roste. Bei dem Rest folgte nach ein bis zwei weiteren Anstandstelefonaten eine richtige Verabredung. Ein Date mit allem Drum und Dran. Trotzdem fragte ich mich manches Mal, weshalb ich in ICQ eigentlich so erfolgreich war. Keiner meiner Kumpels hatte 32 aktive Kontakte. Und ich wunderte mich anfangs auch darüber, dass diese nur Mädchen und Frauen aus gutem Haus waren. Aber das lag klar auf der Hand: Es gab erst wenige Internetcafés, also mussten sie zuhause über einen Computer verfügen und das taten zu dieser Zeit ausschließlich Mädchen aus den reichen Stadtteilen im Norden Bogotás. Und denen war schlichtweg langweilig. Ich, als Europäer, der seit Jahren in Südamerika lebte, relativ groß gewachsen bin, der sein Geld damit verdiente, durch den Dschungel zu reisen und auch sonst verrückte Sachen machte, hatte bei den behüteten Mädchen mehrere Lichtjahre Vorsprung gegenüber meinen kolumbianischen Rivalen. Vor jeder Verabredung nahm ich mein schlaues Buch und bereitete mich vor. So verging eine herrliche Zeit mit sehr viel Spaß. Bis ich auf Nummer 33 traf. Sie hieß Ingrid, wurde Ehefrau Nummer 2 und Mutter meines Sohnes Stevie.

Nach rund drei Stunden eines durch diese Erinnerungen für mich sehr kurzweiligen Fluges landen wir in Perkins Field. Am späten Nachmittag soll es nochmal eine Stunde weitergehen nach Boulder City, wo wir endlich Ken treffen und – was viel wichtiger ist – in das „richtige" Las Vegas hineinfahren werden. Wir laufen nach der Landung in Perkins Field fünf Kilometer in praller Sonne zu Fuß zum einzigen Restaurant und frühstücken. Das tun wir mit so vollem Genuss, dass wir anschließend keine Lust mehr haben, zurückzulaufen. Wie in jungen Jahren trampen wir und werden auch gleich vom Sheriff des Ortes aufgegabelt. Der Stern an seiner Brust ist riesiger als bei den Schauspielern der Westernfilme.
Wir hauen uns neben dem Trike noch eine Stunde aufs Ohr und starten dann erneut. Ich gebe Gas und spüre nach wenigen Minuten in der Luft: Hier stimmt etwas gewaltig nicht.

Schlange oder Fluss? Lake Powell, Utah

„Der Motor ist plötzlich heiß. Kameras sofort weg und auf eine Notlandung vorbereiten. Ich versuche, zurück zum Flughafen zu kommen. Aber es kann sein, dass der Motor ausgeht oder ich ihn ausschalten muss."

„Kameras sind weg", bestätigt Doreen.

Ich habe nur noch Ohren für den Motor. Wenn jetzt auch nur der geringste außergewöhnliche Ton von ihm kommt, werde ich die Kiste sofort abschalten. Ich spüre, wie mir der Schweiß den Rücken herunter läuft, gleichzeitig friere ich trotz Funktionsjacke. Aus den Augenwinkeln heraus suche ich geeignete Stellen für eine Notlandung und gleichzeitig klebt mein Blick an der Temperaturanzeige. Ist es nicht doch besser, den Motor auszuschalten? Wenn die Zylinderkopfdichtung kaputt geht, kann ich den Motor praktisch wegschmeißen. Andererseits bin ich so nah am Flughafen, der für eine Landung allemal die sicherste Lösung wäre.

Wir haben noch einmal Glück und ich musste den Schlüssel nicht umdrehen. Schweißgebadet lande ich erneut in Perkins Field.

Es gibt keinen Mechaniker, nicht einmal einen Flughafenmanager. Nur eine Art Hausmeister, der uns, ein kleines Kind an der Hand, alkoholisiert entgegenschwankt, als sei er ein verlassenes Fischerboot auf sturmgepeitschter See. Doreen und ich kontrollieren selbst alle Teile und stellen fest: Das Kühlmittel ist fast alle, obwohl der Behälter vor dem Start voll war. Keine Chance, in dieser technisch gesehen gottverlassenen Gegend ein Motorkühlwasser der für unseren Motor vorgeschriebenen Marke zu bekommen. Mir bleibt nichts weiter übrig, als Ken anzurufen und um Einlösung seiner mehrfach über Facebook versicherten Hilfsangebote zu bitten. Drei bis vier Stunden später sind er und sein Kumpel Todd da. Natürlich kann auch er das richtige Kühlmittel nicht herzaubern, aber wir recherchieren gemeinsam, dass die wenige Kühlwasserflüssigkeit, die noch im Motor war, eine Zugabe von Leitungswasser erlaubt. Allerdings nur für einen Flug bis maximal drei Stunden. Super. So machen wir es. Es sind nur zwei Flugstunden bis Boulder City. Ken und ich vereinbaren eine bestimmte Funkfrequenz und er wird mit dem Auto unten die Strecke fahren, die ich oben fliege. Das wird nicht eins zu eins funktionieren, da die Straße die Berge zum großen Teil umrunden muss, während ich sie überfliegen kann. Aber trotzdem ist es eine große Beruhigung, dass wir quasi das erste Mal eine Art Bodenunterstützung erhalten. Ken warnt mich allerdings. Er hat in Boulder City das Flugwetter gecheckt: „Du musst mindestens dreieinhalb- bis viertausend Meter hoch. Nur so wirst du über die starken Verwirbelungen in den Bergen kommen. Der Wind ist heute ziemlich stark. Ich weiß nicht, ob ich es wagen würde zu fliegen."

Der letzte Gedanke, bevor ich abhebe, ist die Frage, ob nicht eine Warnglocke in meinem Kopf angegangen ist und ich sie nur nicht hören wollte? Ein in diesem Gebiet erfahrener Pilot hat Zweifel, jetzt und hier zu fliegen? Ach was, ich will endlich nach Las Vegas und schließlich fahren Ken und sein Kumpel Todd unten mit. Was soll uns da schon passieren?

Es würde auch nichts passieren, wenn der Wind bitte nur ein Gegenwind wäre. Leider kommt er auch von der Seite, wechselt ständig seine Richtung und nimmt immer mehr zu.

„Die Straße unter uns ist nicht zu sehen, nur felsige Hügel, Berge und kleine Büsche", stellt Doreen fest und ihre Stimme klingt nicht ganz so sicher wie sonst. Sie hat die Kamera weggepackt.

„Nach Boulder City kommen wir heute nicht. Es gibt auch kein zurück. Das wäre ja noch weiter und die stürmischen Windböen bleiben ja eh. Außerdem drehen die ständig."

Diesmal fluche ich nicht, merke aber wie ich immer nervöser werde. Ich überlege und es sind unangenehme Überlegungen. Ich frage mich, wie man diese Situation am besten überleben kann. Und ich muss zugeben, dass ich – wieder einmal – den Rat des alten Mannes ignoriert habe. Die meisten Piloten sterben, weil sie unbedingt von A nach B wollen. Unser B ist Las Vegas. Und dafür nun unser Leben riskieren? Die Verantwortung für Doreen, für mich, für unser Ankommen in Sydney siegt über die Scham, heute, auch entgegen den Warnungen Kens, eine falsche Entscheidung getroffen zu haben. Es ist überhaupt eines der Dinge, die ich mir vor unserer Expedition nicht so extrem vorgestellt hatte. Natürlich wusste ich, dass die Flugplanung und Vorbereitung mindestens so viel Zeit wie der Flug selbst in Anspruch nehmen wird, aber das wirklich Anstrengende der bisherigen Reise ist, jeden Tag die Entscheidung zu treffen, ob wir fliegen oder nicht. Und in diese Entscheidung fließen so ungeheuer viele Aspekte, die es zu bedenken gibt. Etwas, was Doreen mir nicht abnehmen kann, so sehr wir in den Vorbereitungen inzwischen auch Hand in Hand arbeiten.

Ken meldet sich über das Funkgerät. Er ist hörbar nervös und schreit schon fast und das, was er mir eröffnet, lässt mein Herz noch tiefer in die Hose rutschen. Er habe mit dem örtlichen Fluglehrer in Boulder City telefoniert. Die

Flugsicherung hat die dringende Empfehlung durchgegeben, dass alle kleineren Maschinen am Boden bleiben sollten. Im Umkreis von achtzig Kilometern um Boulder City sind plötzlich stürmische Windböen aufgezogen. „Get down! Get down! Whereever!", schreit Ken ins Funkgerät, aber meine Entscheidung steht eh schon. Ich muss hier irgendwo herunter, obwohl Boulder City quasi hinter der nächsten Bergkette liegt. Unter uns sehe ich zwar Wiesen. Die aber sind hügelig. Ansonsten ist der Boden felsig und uneben. Vor uns die Berge, die immer näher kommen.

„Wo sollen wir hier denn landen?", fragt Doreen, die ebenfalls nach allen Seiten Ausschau hält.

„Ich brauche jetzt Ruhe – halte dich gut fest. Denke daran, was wir für eine Notlandung abgesprochen haben. Deine Füße hoch an meine Controlbar, falls wir uns überschlagen. Aber erst, wenn ich es dir sage – nicht einen Moment vorher!", antworte ich und hoffe auf das Wunder, in Kürze auch wirklich eine Landemöglichkeit zu entdecken. Das mit der Controlbar, also dem Bügel, mit dem ich lenke, ist für mich das größte Risiko im Falle eines Überschlages. Er würde sich in meinen Körper quetschen und je nach Kraft, die beim Überschlag darauf wirkt, könnte er mir sogar den Oberkörper abtrennen. Doreens Füße könnten zwar nicht alles abhalten, aber vielleicht doch das Schlimmste. Wir sind noch rund 800 Meter hoch und ich kann kaum noch das Trike flugfähig oben halten. Besser gesagt, es sind wahrscheinlich 800 Meter, denn ich habe nicht mehr die Zeit, um genau auf die Instrumente zu sehen. „Nase runter ziehen und Geschwindigkeit bekommen, mehr, mehr! Scheiße, das reicht nicht", schreie ich mich selbst an. Die Controlbar wird mir fast aus der Hand gerissen. Ich sehe keinen Landeplatz. Meine Gedanken sind bei dem Tank, der diesmal bis oben hin voll ist. Nicht auszudenken, wenn ein Funke schlagen würde... Ich muss das Ding einfach sauber runter bringen. Noch 700 Meter Höhe und die Berge kommen näher. Viel zu schnell. Ken schreit durch sein Funkgerät „Wir sehen dich. Du darfst dich nicht überschlagen in der Luft. Halte das Trike waagerecht und bring die Nase runter. Das sieht nicht gut aus, gar nicht gut." Was denkt der eigentlich, was ich hier versuche? „Direkt am Berg ist eine kleine Landepiste der Nationalparkverwaltung", ruft Ken. „Nur eine sehr schmale und kurze Piste. Beide Seiten große Felsen. Andreas, die musst du finden und ganz genau landen. Du schaffst das!"

Ich sehe keine Piste. Scheiße, wo ist die nur? Nur noch maximal 400 Meter Höhe und der Berg kommt immer näher. Meine Kräfte schwinden immer mehr. Der Wind wird das Trike jeden Moment umkippen. Ich schwitze. Panik will sich in meinem Kopf breit machen. Nein. Nur nicht verkrampfen. Alles hat ein Ende. Auch dieser Flug. Aber ich kann nicht mehr logisch denken. Alles Handeln ist nur noch automatisch. Wieder sehe ich Doreen vor mir, wie sie in den Flammen schreit und in Sekunden verkohlt. Sie schreit so laut, dass ich mir am liebsten die Ohren zuhalten möchte. Aber ich muss den Bügel halten. Nur noch 300 Meter. Hey du da oben, wer du auch immer bist, bitte, ich flehe dich an, zeige mir, wie wir hier lebend runter kommen. Ist das die Piste? Sieht so aus. Ja, das ist die Piste. Ich bin nur viel zu dicht dran. Ich rase auf den Berg zu. Die Wirbel drohen uns nun auf den Boden zu drücken. Ich versuche eine S-Kurve zu fliegen, denn damit verliere ich am meisten Höhe. Wes hat das mit mir in Florida trainiert. Funktioniert. Wir haben an Höhe verloren, nicht viel, aber etwas. Doch das Trike kippt zur Seite. Bestimmt 90 Grad. Mein Trike hält nur 60 Grad aus, sonst bricht das Segel. Lange halten meine Kräfte nicht mehr. Ich habe nur diesen einen Versuch. Der Berg ist zu dicht und der Wind wird uns gegen die Wand schlagen. Noch hundert Meter Höhe. Wenn uns jetzt eine Windböe herunter drückt, dann war es das. Aus hundert Metern – bumm! Stichflamme und weg. Ich komme im Sturz-flug runter, mit einer Geschwindigkeit von über hundert Stundenkilometern, die ein Landen eigentlich nur möglich macht, wenn ich hundertprozentig gerade auf der Piste aufsetze. Zehn Zentimeter zu schief und wir kippen um. Ich schreie wie ein Soldat, der sich schutzlos auf zwanzig bewaffnete Gegner stürzt. Mein Feind ist die Piste. Viel zu eng, viel zu kurz bis zur Felswand. Mit Vollgas rase ich auf den Felsen zu, der vor der Piste liegt. ich reiße den Bügel an meine Brust und wir schießen förmlich mit dem Vorderrad auf die Landezone zu, die Felsen nur wenige Meter hinter uns.

Dann sind wir unten. Ich setze so sanft mit den Hinterrädern auf, dass ich es kaum spüre. Jetzt rasen wir auf die Felsen am Ende der Landebahn zu „Brem-sen", schreit Doreen „Brems doch endlich!" Ich drücke das Pedal herunter so fest ich kann. Drei Meter vor der Steinwand bleiben wir endlich stehen. Wie in Trance halte ich weiter den Bügel fest. Dann stelle ich den Motor aus. Wir bleiben beide sitzen und sprechen kein Wort. Erst nach einer Weile löse ich den Sicherheitsgurt, klettere aus dem Trike und sehe Doreen an. Sie sieht apathisch nach vorne.

„Schatz, raus, zack-zack, ich muss das Segel schnell runter holen und am Boden fest machen."

„Wir leben noch." Sie zittert beim Aussteigen. „Ja, Schatz. Alles gut und nun bleiben wir erst einmal einige Tage unten. Bitte komme da schnell raus."

„Das war das erste Mal in meinem Leben, dass ich gebetet habe", gibt Doreen leise zu. „Das war auch gut so." Ich weiß nicht, ob sie dort oben gehört hat, dass ich auch gebetet habe.

Der Wind pfeift uns um die Ohren und in der Ferne sehe ich ein Auto heranrasen. Ken und Todd springen heraus. „Ey Mann, ich hatte schon das Funkgerät in der Hand, um die Rettung zu alarmieren. Ich dachte, das kann man nicht hinkriegen, hier sicher zu landen."

Der Stolz über diese Anerkennung lässt eine angenehme Wärme durch meinen Körper fließen und langsam löst sich der Schock in mir „Danke, du da oben", flüstere ich.

Wir haben unsere liebe Not, mit vereinten Kräften das Segel herunter zu holen. Mit allen Seilen, die wir dabei haben, befestigen wir es am Boden, laden unser Gepäck in Kens Auto und fahren den Rest der Strecke auf vier Rädern. In der Einsamkeit des Nationalparks dürfte unser Trike hier hoffentlich sicher übernachten. Was soll's? Wir sind eben auf einer „Außenpiste" des Flughafens Boulder City gelandet. Jedenfalls haben wir unser Ziel erreicht. Heute Abend werden wir in Las Vegas sein.

Boulder City liegt nur dreißig Kilometer von Las Vegas entfernt, einer der wenigen Orte, an dem weder Doreen noch ich jemals gewesen sind. Ken und seine Frau haben uns eingeladen, ihre Gäste zu sein, solange wir nur möchten. Doch enttäuscht müssen wir feststellen, dass die beiden keineswegs heute noch nach Las Vegas wollen. Er sei heute genug gefahren, meint Ken grinsend. Und Doreen und ich sind ihm so dankbar für seine Hilfe, dass wir selbstverständlich nicken. Statt Las Vegas gibt es also ein super leckeres Abendessen, eine sehr gemütliche Unterkunft und die abenteuerlichen Erzählungen Kens über seinen Beruf. Er ist Wissenschaftler. Und sein derzeitiges Betätigungsfeld sind Wüstenschildkröten. Sie sind vom Aussterben bedroht und gehören deshalb zu den geschützten Tierarten. Tellergroß und grau leben sie in der umliegenden Wüste. Die ist ebenfalls grau. Kens Aufgabe ist es, sie zu finden. Tellergroße graue Schildkröten im grauen Wüstensand. Doreen und ich sehen uns ungläubig an und am liebsten hätte ich laut losgelacht. Aber ich frage erst einmal nach dem Sinn und Ken erzählt, dass in der Wüste von Nevada quadratkilometergroße Felder mit Sonnenkollektoren gebaut wurden, die die Wanderwege der Wüstenschildkröten und damit deren Paarung unterbrochen haben. Seine Aufgabe ist es nun zu beobachten, ob und wie die Schildkröten dieses Problem lösen. Die gefundenen Exemplare werden mit einem Minisender versehen und so kann Ken ihre Wanderung verfolgen.

„Das klingt ja sehr spannend", stellt Doreen fest. Ihre kleinen Augen und das unterdrückte Gähnen entschuldigt sie mit dem wundervollen und reichlichen Essen. Ken ist Hobbykoch und ein sehr guter dazu. Deshalb hat er Unmengen gekocht und wir haben Unmengen gegessen. Übernachten dürfen wir in Kens chaotischem Arbeitszimmer, das er extra für uns so ausgeräumt hat, dass ein schmales Gästebett aufgestellt werden kann, zu erreichen über einen maximal zwanzig Zentimeter breiten Durchgang, was mit vollem Magen eine echte Herausforderung darstellt.

Ken und Leo, der Fluglehrer aller Trikepiloten hier, fahren am nächsten Morgen mit einem großen Abschleppwagen vor und wir holen gemeinsam unser Baby aus der Wüste. Wäre ich eine Mutter, die gerade entbunden hat, würde mir bei seinem Anblick bestimmt die Milch einschießen. Wie ein geduldiges Schaf steht es da und hat die Nacht unversehrt überstanden.
Die LKW-Ladefläche ist so lang, dass sogar das Segel vollständig draufpasst. Eine riesige Erleichterung, denn das Segel zusammenzulegen ist tricky und anstrengend. Während der Fahrt hole ich mir eine Verrenkung der Halswirbelsäule, so oft drehe ich mich um, ob das Trike noch fest auf dem Hänger steht. Als es schließlich sicher in Kens Hangar am Flughafen untergebracht ist, fällt mir ein Stein vom Herzen. Voller Vorfreude machen wir uns auf den Weg in das berühmte Las Vegas.
Wir sind gierig, die Stadt kennenzulernen und möchten am liebsten zu Fuß den gesamten Strip und die Fremont Street ablaufen. Aber noch ist Ken bei uns. Und Ken ist ein Ami. Ein Ami läuft nicht, er fährt mit dem Auto. Erst später wird er nach Boulder City zurückfahren und uns in dieser Unwirklichkeit zurücklassen.
Wie wohl die meisten, hatten auch Doreen und ich aus vielen alten Filmen die Vorstellung, Las Vegas liege in einer öden staubigen Sandwüste. Aber die Stadt ist zwischen hohen, kargen Bergen in einem Tal eingebettet, in dem man nicht nur mit Elektrizität um sich schmeißt, sondern auch mit Wasser. Es gibt viele künstliche Seen, unzählige Brunnen und Wasserspiele und eigentlich wirkt alles wie eine Parallelwelt. Wir kommen aus Nationalparks, kleinen verträumten Flughäfen mitten im Wald, Städtchen mit Sandpisten als Flughäfen und jetzt bewegen wir uns inmitten dieser verrückten Millionenstadt. Im Foyer begegnen uns dutzende Brautleute in voller Montur und

Typen in kurzer, karierter Hose, ein Hawaiihemd über der Wampe, an der Hand junge Frauen, die ohne Probleme erfolgreich das Casting zu Germanys Next Topmodel bestehen würden. Elvis kann man an jeder Ecke treffen und natürlich Fotos mit ihm machen. Auch wir schießen eines, aber eigentlich habe ich schon den Kanal voll. Die riesigen Hotelanlagen verfügen über eine eigene Shopping-Mall, die mit jedem Einkaufszentrum einer mittelgroßen Stadt mithalten kann. Extrem hohe Decken, zartblau mit weißen Wölkchen bemalt, gaukeln vor, auf der Straße zu flanieren. Welcher Kasinobesitzer möchte nicht, dass seine Gäste Zeit und Raum vergessen? Deshalb bleibt die Beleuchtung in allen Räumen und Säalen vierundzwanzig Stunden lang konstant. Auch wir gehen ins Kasino und bleiben staunend an den Roulette-tischen stehen. Ein Mann mittleren Alters, dessen Intelligenzquotienten ich in etwa bei Willi, dem Freund der Biene Maya, ansiedeln würde, beherrscht einen dieser Tische. Ich überschlage, was er in einer einzigen Runde insge-samt setzt, mit mindestens 50.000 Dollar. Und er gewinnt. Die Jetons vor ihm türmen sich. Als wir eine Stunde später wieder an diesem Tisch vor-beikommen, sind die Türme vor ihm weg. Ein paar restliche Jetons klim-pern in seiner Hand. Mir und auch sich selbst hat meine Finanzverwalterin Doreen nicht mehr als je einen Dollar zugestanden. Und nachdem wir nun eine Stunde lang nur zugeschaut haben, wollen wir damit ebenfalls unser Glück versuchen. Die einarmigen Banditen gibt es nicht mehr. Längst hat die Computertechnik Einzug in die Kasinos gehalten. Perfekte Grafiken täu-schen die Walzen von früher vor und für die Ewiggestrigen gibt es wirklich noch ein paar Automaten, an denen ein verschnörkelter seitlicher Hebel das hochkomplexe Innenleben des Automaten in Gang setzt. Doreen und mir geht es am Automaten unserer Wahl wie mit den großen Flugzeugen, die uns in der Luft begegnen. Wusch und schon ist er weg, der eine Dollar. Doch nun können wir mit Recht behaupten, in Las Vegas gespielt zu haben.

Irgendwann wird mir immer schwindliger, ja richtig schlecht, vom Treiben in diesen Kasinos, Leuten, die permanent um mich herum kreisen, Leucht-reklame und Automaten in einer Fülle wie die Sandkörner in der Wüste, aus der wir gerade kommen. Wir gehen wieder auf die Straße zurück.

„Schatz, da ist ein offener Bus, der Rundfahrten durch Las Vegas macht."

Ich kann aber nicht mehr. Wirklich nicht. Ich will nur weg. Weg von all den Menschen, dem grellen Licht und Lärm. Es ist gerade erst 23 Uhr, aber alles um mich herum ist betrunken, grölt und lacht – und ich könnte heulen und will ins Bett. Also ab in die Falle. „Wo ist denn das blöde Hotel?" Doreen ist stinksauer. Bis ihr Blick auf ein großes Werbeplakat fällt und sie lachen muss. „Das ist ja fast schon pervers. Guck mal, die machen Reklame fürs Skifahren."

„Las Vegas Ski and Snowboard Resort", steht dort auf dem Schild. 50 Kilometer von Las Vegas entfernt und 2.855 Meter hoch. „Wir könnten immerhin allen erzählen, wir seien in Las Vegas skigefahren. Das glaubt uns kein Mensch." Skifahren in Las Vegas, das hat schon was, trotzdem dränge ich Doreen erneut: „Lass uns ins Hotel gehen." Aber sie hat keinen Blick für mich. Schon wieder fesselt sie offenbar eines der Reklameplakate, die die Stadt überziehen, wie Unkraut einen englischen Rasen, der vor zehn Jahren seinen Gärtner verloren hat. Ich folge ihrem Blick.

„Oh nein!", rufe ich.

„Oh doch", ruft Doreen. „Komm, lass uns das machen. Unbedingt. Jetzt gleich. Nur für eine halbe Stunde."

Ich habe nicht die geringste Lust, mich vor Doreen zu blamieren. Ausgerechnet die Möglichkeit, Schlittschuh zu laufen, hat sie entdeckt. Eine Eishalle, ein Magnet für Doreen. Denn im Alter von nur neun Jahren hat sie ihre Leidenschaft für den Eisschnelllauf entdeckt und mindestens drei Mal in der Woche trainiert. Mit dreizehn Jahren hat sie dann die Aufnahmeprüfung der Kinder- und Jugendsportschule bestanden und ist in das Ostberliner Internat gezogen. Fortan bestimmte die Eishalle noch mehr ihr Leben. Vormittags Schule, nachmittags Training, während sich ihre Eltern die Augen aus dem Kopf weinten, denn von Halle bis Berlin konnten sie schlecht jeden Tag ihr Töchterchen besuchen.

„Ich hab mich immer gewundert, warum die anderen, die sich beworben hatten, längst die Zusage für den Umzug hatten, während bei mir, die als Beste abgeschnitten hatte, angeblich noch Unterlagen fehlten. Erst als ich schon weit in den Zwanziger war, haben mir meine Eltern gebeichtet, dass sie total dagegen waren und sehr lange mit ihrer Zustimmung gezögert hatten. Gott sei Dank haben sie sich eines Besseren besonnen. Ich hätte das meinen Eltern nie verziehen, wenn sie mir diese Erfahrungen in Berlin verweigert hätten." So hatte Doreen mir erzählt.

„Ich kann nicht Schlittschuh laufen", versuche ich, davonzukommen.

„Quatsch. Ich weiß, dass du es kannst."

„Es ist kein Quatsch."

„Tu mir den Gefallen. Alle bisherigen Stationen unserer Reise waren mit dir und deinem Leben verbunden. Es sind deine Freunde, deine Erinnerungen, die Länder, in denen du gelebt hast. Und ich lerne das wirklich alles sehr gerne kennen. Aber hier kann ich dir endlich mal ein winziges Stück meiner Welt zeigen."

Doreens Wangen leuchten geradezu. Ich kann es ihr nicht abschlagen. Denn sie hat ja Recht. Es gab auch ein Leben vor mir, so oft ich das auch am liebsten verdrängen würde, weil ich mir gar nicht mehr vorstellen kann, ohne sie zu sein. Also leihen wir uns in Las Vegas Schlittschuhe aus. Die Leute werden uns für verrückt erklären.

Ich schlage mich mehr schlecht als recht und falle wenigstens nur ein einziges Mal hin. Bei Doreen dagegen scheinen die Schlittschuhe mit ihren Füßen zusammenzuwachsen. Sie läuft nicht über das Eis, sie schwebt.

„Ich lach' dich doch nicht aus, Schatzi."

„Was denn dann?"

„Ich lache dich an."

Ja, das tut sie und ich drohe gleich, schon wieder zu fallen, weil ich zu lange in ihr Gesicht gesehen habe. Gerade noch so halte ich mich und stelle mir dabei im Geist das junge Mädchen Doreen vor, das mit anderen in der Eishalle in Ostberlin um die Wette läuft. Auch in der Hoffnung – das hat sie mir einmal gestanden – dass sich mit den sportlichen Erfolgen für sie auch die Mauer öffnen würde und sie endlich alle Länder sehen dürfte, von denen sie schon lange geträumt hatte. Als Doreen siebzehn Jahre alt war, öffnete sich die Mauer dann tatsächlich, aber gleichzeitig war damit ihre sportliche Karriere beendet. Dafür stand ihrer Reise- und Abenteuerlust nun nichts mehr im Wege, was ihr viel wichtiger war, als sich in dem Wirrwarr der Sporthilfe eines gerade vereinigten Deutschlands weiter im Eisschnelllauf zu versuchen.

Jedenfalls schleiche ich jetzt langsam an der Bande entlang, die mir doch einigermaßen Sicherheit verspricht. Suchend sehe ich mich nach Doreen um, die gerade noch an mir vorbeigelaufen ist, und finde sie nicht. Eine Sekunde später rauscht sie wieder an mir vorbei, stellt ihre Kufen quer und mit einem eleganten Hüftschwung steht sie direkt vor mir und strahlt mich an.

Trotz dieses Highlights – also für Doreen, keinesfalls für mich - beschließen wir am nächsten Morgen in harmonischer Eintracht, dass die eine Übernachtung in Las Vegas reicht. Lächelnd zeigt Doreen auf einen der Nachbartische. Ein Pärchen, ganz sicher kurz vor oder kurz nach ihrer Hochzeit, stecken über den gedeckten und mit roten Rosenblättern geschmückten Tisch ihre Köpfe zusammen und turteln so heftig, dass man neidisch werden könnte.

„Ach, schau mal: Rote Rosen, wie an meinem Geburtstag", sagt Doreen und kann ihren verträumtem Blick kaum von dem jungen Paar wenden. Das ist auch gut so, denn ich glaube, ich werde gerade rot. Am 31. August hatte Doreen ihren Vierzigsten, den wir im Rahmen unseres Zwangsurlaubs auf Kuba verlebten. Wegen des besonderen Tages hatte ich mich ausnahmsweise bei der Hotelwahl einmal gegen Doreens ständigen Sparkurs durchgesetzt: Schöner Garten, großes Zimmer und ein Strand in der Nähe, für den der Begriff Strand erfunden worden ist: Weißer Sand. Warmes Wasser, Cocktailbar unter Palmen.

Doreen schlief noch, als ich mich zur Rezeption herunter schlich. „Wo kann ich denn hier eine Torte kaufen?"

„Torte? Hmm…"

„Na, wenn jemand Geburtstag hat. Eine Geburtstagstorte eben."

„Ach, hätten Sie gestern etwas gesagt. Ich hätte einen Kuchen gebacken."

„Echt? Ach, könnten Sie nicht heute…"

„Nein, leider habe ich heute gar keine Zeit, einkaufen zu gehen."

„Aber einen Kuchen backen in der Hotelküche?"

„Wie denn? Ohne Zutaten. Ich brauche mindestens einen Tag, um die irgendwoher zu besorgen."

„Gibt es denn wenigstens irgendwo einen Bäckerladen?"

„Ja, es gibt eine Backstube im Dorf." Sie beschrieb mir den Weg und ich knatterte mit dem kleinen Mofa, das wir für die letzten Tage gemietet hatten, um damit quer durchs Land der Revolutionäre zu düsen, zur besagten Backstube und erstand ein großes süßes Brötchen, das einzige aus dem bescheidenen Sortiment, das annähernd an den Begriff Kuchen herankam.

„Tut mir leid. Aber wir lassen uns etwas einfallen", tröstete mich die Rezeptionistin. Das ist prima, dachte ich mir, wollte aber doch schon sicher stellen, dass Doreen auch ihren Geburtstagskuchen bekommt. Es konnte ja nicht sein, dass erst das Politbüro eine Jahresplanung erstellen musste, um mir eine Torte zu organisieren.

„Können Sie mir nicht einen Taxifahrer besorgen, der mir einen Kuchen kaufen kann?"

„Ein Taxi ist heute nicht zu bekommen. Das müssten Sie vorbestellen. Aber mein Onkel hat ein Auto"

„Okay – dann mal her mit dem Onkel." Der stand dann auch fünf Minuten später vor der Rezeption.

„Ja, ich kann nach Bayamo fahren und dort versuchen, eine Torte zu organisieren. Nur habe ich fast kein Benzin mehr."

Das wird ja eine teure Torte. Aber geht nicht, gibt's nicht, denke ich mir.

„Muy bien – hier sind zwanzig US Dollar. Wann sind Sie wieder hier?"

„Bestimmt noch vor dem Abendessen."

Ich fiel fast um, aber besser am Abend eine Torte als gar keine.

Zurück im Zimmer, weckte ich Doreen besonders liebevoll. Das und das Frühstück - der Tisch war wunderschön mit Rosen geschmückt – trösteten sie über die fehlende Geburtstagstorte hinweg. Ich dachte, das versprochene „wir lassen uns etwas einfallen" war die Tischdeko. Aber nein. Als wir wieder das Zimmer betraten, strahlten uns hunderte Herzen aus roten Rosenblättern vom Fußboden und dem frisch gemachten Bett, von Kommode und Nachttisch, sogar vom Klodeckel entgegen. Doreen war überwältigt. Ich auch. Aber weit mehr als mit der Bewältigung der Überwältigung hatte ich damit zu tun, mir meine Überraschung nicht anmerken zu lassen. Ich glaube, Doreen denkt bis heute, dass das alles mein Werk war.

Die Torte am Abend kam dann leider nicht mehr. Aber der liebe Onkel gab mir zehn Dollar wieder und eine Tankquittung, die ich zwar nicht brauchte, aber seine Ehrlichkeit beeindruckte mich wirklich.

Kapitel 11
Halloween und Zwischenlandung in Al-Caponien

Ken gabelt uns wieder auf und wir freuen uns über unsere Rückkehr nach Boulder City, in diese so junge, gemütliche Stadt mit ihren rund fünfzehntausend Einwohnern, die alle genauso freundlich erscheinen wie Ken und seine Familie. Boulder City verdankt seine Existenz dem Hoover-Staudamm, denn hier wohnten Ende der 50iger des letzten Jahrhunderts die Bauarbeiter des riesigen Staudammprojekts. Natürlich wollen wir uns das aus der Luft ansehen. Die Reparatur wegen des Verlustes unseres Kühlmittels und die Bestellung der neuen Flüssigkeit in der für den Motor vorgeschriebenen Marke sind zwar inzwischen erledigt, aber der Wetterbericht lässt an einen Flug nicht einmal denken. Ken und Karen müssen zum Arbeiten aus dem Haus und so haben wir es für uns allein. Für uns und den Familienschäferhund Gryffin. Man merkt ihn erst, wenn er unmittelbar hinter einem steht, denn er trägt Babysocken. Karen sagt, damit er mit seinen Krallen das Parkett nicht zerkratzt und Ken fügt hinzu, die Socken hätten ja Antirutsch-Noppen an der Sohle. Insofern eine ganz pfiffige Lösung. Nur klappt das nicht richtig mit den Antirutsch-Noppen. Denn, klingelt es an der Tür, will Gryffin natürlich losspurten. Das beginnt mit einem hektischen Losrutschen auf der Stelle und endet nicht selten mangels ausreichenden Bremsweges an einer Wand. Aus diesem Grunde sollte man den Hund auch nicht erschrecken, so wie es uns an unserem ersten Morgen allein im Haus ergeht. Wir werden von merkwürdigen Geräuschen geweckt und ich schleiche mich in die Küche, um mir wieder einmal das größte Messer zu greifen, das den Einbrecher abschrecken könnte. Mit dem Messer in der erhobenen Hand schleiche ich zurück in Richtung Küchentür, denn der Einbrecher scheint aus dem Flur direkt in meine Richtung zu kommen. Mit einem gekonnten Sprung stehe ich im Türrahmen und direkt vor ihm, dem iRobot. Ken hat vergessen, uns zu erzählen, dass sich jeden Morgen um neun Uhr der kleine Staubsauger-Roboter in Bewegung setzt, durch das gesamte Haus fährt, um dann selbständig wieder zu seiner Ladestation zurückzukehren. Doreen hinter dem iRobot bricht in unkontrolliertes Lachen aus und ich lege das Messer verschämt zurück in die Schublade.

Es gibt ein chinesische Sprichwort, das in etwa lautet: Ein Gast ist wie ein Fisch. Bleibt er zu lange, stinkt er. Ich habe Angst, dass es Ken und seiner

Familie mit uns ebenso erheben könnte, denn es scheint mir ewig zu dauern, dass wir hier witterungsbedingt festhängen. Heute, am 27. Oktober, lässt das Wetter endlich einen Start zu und wir wollen so dicht wie möglich in Richtung mexikanische Grenze. Der Abschied von Ken und seiner Familie fällt uns richtig schwer, denn sie haben uns die ganze Zeit das Gefühl gegeben, dass das chinesische Sprichwort Unsinn ist.

Nach einer Weile wird es ein sehr unruhiger Flug und wenn wir nicht schon so viele Tage in Boulder City verbracht hätten, wäre ich wohl umgekehrt. Doch zum gleichen Flughafen zurückzufliegen, ist immer auch eine kleine Niederlage. Wir wollen vorwärts, nicht rückwärts. Vor zehn Minuten sind mir eine kleine Sandpiste und eine Ansammlung von einigen Häusern aufgefallen. Ich kehre dorthin zurück und lande. Mit dem Trike fahre ich die Straße entlang bis zu einem Restaurant, parke unseren Moskito neben den Fahrzeugen und fühle mich zurückversetzt in die Zeit des Wilden Westens. Denn vor dem Restaurant befindet sich ein Holzbalken, an dem ich mein Trike festbinden kann, wie damals die Dalton-Brüder ihre Pferde.

Aber kein Revolverheld begrüßt uns. Stattdessen eine nette Dame von geschätzten siebzig bis achtzig Jahren, die uns entgegenkommt. Nancy heißt sie und wir erfahren von der vornehmen feinen Dame, dass sie und ihr verstorbener Mann selbst begeisterte Piloten waren. Sie hat nicht nur die Landebahn bauen lassen, sondern auch das kleine Hotel mit Restaurant und noch weitere Gebäude des Zweihundert-Seelen-Dorfes, das sich Kidwell nennt. Sie hält auch gleich den Schlüssel für eines der Hotelzimmer für uns parat und besteht darauf, dass wir kostenlos ihre Gäste sind. Ich muss schlucken vor Rührung, auch weil sich die alte Dame vollends begeistert von unserer Expedition zeigt und uns mit Fragen überhäuft.

Nach einem reichlichen und guten Frühstück wollen wir zahlen. „Nicht nötig. Seht ihr den Herrn da drüben?", fragt die Bedienung. „Das ist Jeff. Er hat eure Rechnung übernommen und noch ein bisschen mehr, falls ihr später noch einmal essen möchtet." Wieder muss ich schlucken und proste Jeff mit meinem Kaffee zu.

Am nächsten Morgen klingelt der Wecker um 4:03 Uhr. Sagte ich schon, dass ich niemals den Wecker auf eine 0 oder 5 stellen würde? Neben mir grummelt es unter der Decke: „Mach den Wecker aus. Es ist noch stockdunkel." Ich lasse mich breit schlagen und schlüpfe ebenfalls wieder unter die Decke. „Okay, noch zwei Minuten. Noch zwei Minuten zum Kuscheln."

Doreen lässt ihre Augen geschlossen, rutscht aber mit ihrer Rückseite ganz dicht an mich heran. Eine gefährliche Körperhaltung, die wir beide jetzt haben und die sich eigentlich nicht in zwei Minuten auflösen lässt. Aber ich bleibe eisern, denn ich will ja fliegen. Dieses Mal nicht mental mit Doreen, sondern ganz real in meinem Moskito. Dezent rücke ich ein wenig von ihrem warmen Körper ab, der leider immer noch gefährlich nah bleibt. Es reicht. Ich springe förmlich aus dem Bett. „Schnuddelbacke, ich seh jetzt mal nach dem Wetter."

„Ja, mach das. Ich bleibe noch etwas liegen." Doreens Standardantwort um diese Uhrzeit. Ich habe sogar den Verdacht, dass sie in diesem Moment hofft, dass es draußen gießt, besser noch schneit, mindestens aber dichter Nebel herrscht, der einen Abflug unmöglich macht. Und leider hat sie bei Letzterem sogar Recht. Es ist Nebel. Aber ich bin sicher, der löst sich gleich auf.

„Komm, hoch mit dir. Es ist noch Nebel, aber ein bisschen Wind kommt auf und wir probieren es mal. Hopp hopp. Alles zusammenpacken. Zack zack."

„Och, ich bin noch so müde. Wir können doch bestimmt sowieso wieder nicht fliegen. Lass mich doch gleich liegen."

„Dir bleiben jetzt exakt noch 20 Minuten zum Packen", antworte ich und lege zur Unterstützung etwas mehr Schärfe in meine Stimme.

Doreen hatte leider Recht. Wir können heute nicht weiterfliegen, denn der Wind hat zwar den Nebel verscheucht, aber ist dafür zum Sturm geworden. „Schade, denn jetzt bin ich munter", sagt sie und ich höre einen vorwurfsvollen Unterton. Unserer Gastgeberin Nancy scheint es gar nicht so unrecht zu sein, dass wir wegen des hartnäckigen Sturmes in Kidwell bleiben müssen, denn heute findet die von ihr seit achtundvierzig Jahren organisierte Halloweenparty statt. Es herrscht Kostümzwang und nur bei Doreen und mir macht sie eine Ausnahme. „Dass du keine Maske trägst, sieht doch sowieso keiner", frotzelt Doreen vergnügt über die nette Abwechslung. Ich gebe ihr dafür einen Klaps auf den Po, der in ihrem Ausgehkleid, dem einzigen Kleid, das sie überhaupt mitnehmen durfte, äußerst reizvoll zur Geltung kommt. Wir sind an diesem Abend begehrte Tanzpartner und müssen uns auch an der Wahl des schönsten Kostüms beteiligen. Kaum jemals ist mir etwas leichter gefallen als das. So lieb und nett sind die circa dreißig Partyteilnehmer, deren Altersdurchschnitt ich auf siebzig schätze. Und es ist sehr beeindruckend, wie eine alte Oma im Tigerkostüm umher hüpft und der dazugehörige Opa als Spiderman.

Doch so amüsant der Aufenthalt in Kidwell auch ist, ich will endlich weiter und es nervt tierisch, wegen des Wetters wieder nur in kleinen Etappen voranzukommen. Wir nähern uns inzwischen der Grenze zu Mexiko und damit häufen sich die militärischen Sperrgebiete, die man als Pilot tunlichst beachten sollte, um sich Ärger zu ersparen. Ich beherzige das auch und passiere, ganz wie vorgeschrieben, einen Luftkorridor zwischen zwei solchen Sperrgebieten. Dabei fühle ich mich zurückversetzt in meine früheste Kindheit, in der Begriffe wie Luftkorridore und Transitstrecken zum Berliner Alltag gehörten. So wie ich jetzt, müssen sich wohl die Helden der Berliner Luftbrücke gefühlt haben. Bloß nicht in die gesperrten Gebiete fliegen. Die holen dich da einfach herunter, die schießen dich ab oder zwingen dich mit Kampfjets zur Landung und dann ab ins nächste Militärgefängnis. Vielleicht ist das jetzt maßlos übertrieben, aber solche Vorstellungen fliegen mit mir und lassen mich plötzlich zutiefst erschrecken. Denn in einem Abstand von kaum mehr als hundert Metern jagt mit geschätzter Schallgeschwindigkeit ein Kampfjet an uns vorbei. Die Luft um uns herum zittert. So, wie meine Hände. Dann – der Jet ist schon zig Kilometer entfernt – kommt sein ohrenbetäubender Motorenlärm bei uns an. „Die spinnen ja total. Was denken die sich eigentlich? Eine Macke haben die", schimpft Doreen hinter mir und der Schreck ist ihrer Stimme anzuhören.

Endlich erreichen wir die mexikanische Grenze: Das kleine US-amerikanische Calexico und seine große mexikanische Schwester Mexicali, beides Kunstnamen aus den Worten Californien und Mexiko. Aber beide Städte sind durch einen fünf Meter hohen Zaun aus Metallpfosten voneinander getrennt. Er soll illegale Einwanderer in Richtung USA abhalten, weniger Mexikaner, eher Menschen aus anderen mittel- und südamerikanischen Staaten. Aber insgesamt wirkt alles sehr friedlich und etwas weiter vom eigentlichen Grenzübergang entfernt, scheint der Zaun zum gegenseitigen Alltag geworden zu sein. Am Übergang für Fußgänger lassen sich die Grenzbeamten der USA nur einen Personalausweis zeigen und winken jeden freundlich durch. Auf mexikanischer Seite gibt es weder Ein- noch Ausreisekontrollen. Eine Bewohnerin erzählt uns, dass hier jeden Tag Menschen über diese Grenze klettern und zwar gar nicht unbedingt welche, die sich illegal auf der jeweils anderen Seite aufhalten. Sondern sie tun das, um sich den teilweise bis zu drei Stunden dauernden Grenzübertritt zur Rushhour zu ersparen. Mittels Seil und Übereinanderstellen gelingt routiniert die Überwindung des hohen Zaunes.

Würde ich als Pendler jeden Tag drei Stunden im Stau stehen müssen und mir würde jemand einen Alternativweg zeigen, würde ich das wohl auch tun. Von den Hunderten von Toten jedes Jahr am Grenzzaun bekommen wir in dieser Stadt jedenfalls absolut nichts mit, was natürlich nichts heißt, denn die Grenze zwischen beiden Ländern ist über dreitausend Kilometer lang, die zwischen Kalifornien und Mexiko nur rund zweihundertfünfzig.

Wir machen unseren ersten Grenzübertritt im Rahmen unserer Flugweltreise auch erst einmal per pedes und warten in der Schlange geduldig, ohne über den Zaun zu klettern. Wir haben wieder einmal Zeit, denn die Papiere für unser Trike für den Grenzübertritt sind nicht vollständig. Wegen der doppelten Firmengründung vor ein paar Monaten in Zephyrhills, am Tag unseres Abfluges, ist die Flugaufsichtsbehörde der USA durcheinander gekommen und hat die endgültigen Papiere einfach nicht übersandt. Und unsere vorläufige Zulassung ist leider vor drei Tagen abgelaufen. Wieder einmal hilft Abid, der allerdings von unseren Problemen wohl nun schon etwas genervt ist, und fünf Tage später ist es endlich soweit. Wir überqueren das erste Mal eine Staatsgrenze in unserem Moskito.

„Bei eurer ersten Landung in Mexiko wird eure Tour schon beendet sein. Entweder die korrupte Polizei nimmt euch das Trike ab, oder die Drogenma-

Taco mit Meeresfrüchten vom Straßenstand... lecker!

fia." Diese oder ähnliche Worte haben uns Ken und viele andere in den letzten Wochen mit auf den Weg gegeben. Und sie klingen mir im Ohr, während ich in den mexikanischen Luftraum einfliege.

„Mexicali Tower. November 217 Tango Golf", melde ich vorschriftsmäßig unser Eindringen an.

„Herzlichen willkommen in Mexico, N217TG. Wir haben schon viel von Ihnen gehört."

Ich strahle und beginne, mich zu entspannen, auch wenn es noch dreihundert Kilometer bis nach Puerto Peñasco sind. Wüste über Wüste, kein Haus, keine Straße und ich bin froh, dass der Motor so gut läuft.

Als wir im Landeanflug sind, sehe ich, was da unten los ist: Kampfjets, riesige Militärhubschrauber und ein Treiben wie in einem Ameisenhaufen.

„Bist Du sicher, dass dies der richtige Flughafen ist?"

„Ja. Ich bin ja nicht blöd und lande auf einem Militärstützpunkt", entgegne ich Doreen.

Wir werden sofort nach dem Aufsetzen vom Militär mit Gewehren an unserer vom Tower zugewiesenen Parkposition empfangen. In diesem Moment frage ich mich, ob Ken und alle anderen Recht behalten. Oder bin ich doch auf dem falschen Flughafen gelandet und quasi damit direkt im Gefängnis?

„Ihre Namen, die Pilotenlizenz und die Zulassung."

„Wie lange haben Sie vor zu bleiben?"

„Wohin fliegen Sie weiter?"

Während ich die Fragen beantworte und die gewünschten Papiere übergebe, kommt ein Fahrzeug der Flughafenfeuerwehr mit hoher Geschwindigkeit angefahren. Heraus springen einige Feuerwehrmänner und gesellen sich zu den Soldaten.

„Dürfen wir auch ein paar Fotos machen?" Alle Gesichter strahlen uns an und die Fotos dauern länger als die Papiere für die Immigration und den Zoll. Ich atme tief durch. Die Amis sind wirklich sehr nett und die, die wir getroffen haben, waren extrem gastfreundlich zu uns. Aber nicht alles, was sie so erzählen, stimmt.

Die positiven Überraschungen gehen weiter. Damit wir die dreißig Dollar für ein Taxi zum etwa zwanzig Kilometer entfernten Ort sparen, fährt uns die Putzfrau des Flughafenmanagers Alonso mit dessen Auto. Im Prinzip hätten wir auch laufen können. Denn wegen starker Kurzsichtigkeit der Dame kommen wir auf eine stolze Höchstgeschwindigkeit von fünfzehn Stundenkilometern. Aber wir erreichen wohlbehalten das kleine Hotel an, das uns Alonso als günstig und gut empfohlen hat.

Puerto Peñasco war zu Zeiten der Prohibition ein wichtiger Umschlagplatz für Alkohol. Stolz erzählt uns der Hotelmitarbeiter, dass Al Capone in unserem Zimmer übernachtet hätte, sogar Eigentümer des Hauses gewesen sei. Bei unserem Spaziergang durch den sehr touristisch anmutenden Ort, haben wir allerdings den Eindruck, dass beinahe jede der vielen Kneipen und Hotels sich mit einem Bezug zu Al Capone schmückt. Wahrscheinlich stimmt auch nicht alles, was Mexikaner so erzählen. Doreen und ich nehmen es schmunzelnd zur Kenntnis und genießen ein tolles mexikanisches Abendessen direkt am Golf von Kalifornien, dem Meer zwischen der langgestreckten Halbinsel Baja California und dem mexikanischen Festland. Zu diesem Abendessen werden wir wieder einmal eingeladen und zwar von der Hotelbesitzerin, natürlich ein direkter weiblicher Nachkomme von Al Capone.

Ich hatte gehofft, den starken Wind, der uns ständig am Fliegen hindert, an der Grenze zurücklassen zu können. Aber bekanntlich gibt es über den Wolken keine Grenzen - und unmittelbar darunter im Übrigen auch nicht. Nun gesellt sich zum schlechten Flugwetter auch noch ein technisches Problem. Ich will in Puerto Peñasco starten, gebe Vollgas und muss auf halber Strecke der Startbahn abbrechen. Mein Motor kommt nur auf viertausendfünfhundert bis viertausendachthundert Umdrehungen. Zum Abheben benötige ich aber fünftausend Umdrehungen. Was zum Kreuz ist jetzt schon wieder los? Unsere militärischen Freunde, die am Flughafen mit diversen Hubschraubern und Flugzeugen präsent sind, kommen und beratschlagen, wie sie uns helfen können. Sie rufen ihre Mechaniker.

„Wir kennen das von unseren Hubschraubern. Ihr habt sicher tonnenweise Sand und Staub von der Wüste in eurem Motor und in den Systemen. Das muss gründlich gereinigt werden", lautet die Diagnose. Und das Angebot, die Reinigung gleich kostenlos vorzunehmen, folgt auf den Fuß. Dankbar nehme ich an. Während die Mechaniker ihre Arbeit tun, dürfen Doreen und ich ein super leckeres Frühstück genießen. Was für ein Leben! Wir essen, die anderen arbeiten.

Nach der Reinigung teste ich unser Trike. Der Motor geht zunächst ohne Probleme hoch auf 5.400 Umdrehungen, doch leider bleibt er dort nicht. Die Mechaniker sind mit ihrem Latein am Ende und fragen bei Alonso nach.

Bei Alfredo in der Wüste Mexikos

„Kriegt ihr trotzdem einen Flug von zehn bis fünfzehn Minuten hin?", fragt der Flughafenmanager.

„Wenn ich erst einmal in der Luft bin… ich denke schon. Warum fragst du?"

„Mein Freund Alfredo ist ein erfahrener Trike-Pilot und Mechaniker, der bisher alles repariert hat, was sich Trike nennt. Er kann euch mit Sicherheit helfen."

Ich überlege nicht lange und in wenigen Minuten sind wir startbereit.

Alfredo erwartet uns schon mit zwei Mitarbeitern am Ende einer kleinen Sandpiste mitten in der Wüste. Die Männer bauen alle Teile des Motors auseinander, spülen den Tank und bauen noch einen extra Filter ein, der Staub- und Sandpartikel aus dem System fernhalten soll. Ich staune über die Menge der Verschmutzung.

Als Alfredo fertig ist, frage ich ihn, was wir ihm schuldig sind, damit wir genug Geld vom Automaten abholen können. Doch Alfredo wirft vor Entsetzen alles gleichzeitig in die Höhe, Hände, Augenbrauen und Schultern, und antwortet mit leichter Empörung: „Wann immer du Hilfe brauchst, sag Bescheid. Egal, wo auf der Welt." Statt einer Antwort – was soll man bei einer solchen Großzügigkeit auch sagen? – umarme ich den verdutzten Alfredo nur und klopfe ihm herzlich auf die Schulter.

„Schlagt euch bei eurer weiteren Flugroute jede ungeplante Zwischenlandung aus dem Kopf", warnt mich Alfredo kurz vor unserem Take Off.

„Nee klar. Nur im Notfall", antwortete ich.

„Auch dann lieber nicht. Das hier…" Er zeigt auf einige Teile der Karte. „Das hier sind indianische Reservate. Selbstverwaltet. Da darf kein Polizist rein. Die nehmen euch das Trike weg, verscherbeln es und ihr beide beguckt euch die Wüste von unten." Wieder malt er mit dem Finger Kreise auf der Karte. „Und hier, diese Dörfer entlang der Küste. Das alles sind Drogendörfer. Schmuggler, die juchhu schreien werden, wenn sie euer Trike in die Finger bekommen. Ein wunderbares Fluggefährt, um radarunbemerkt über die Grenze zu kommen."

„Ich nehme an, die würden uns vorher ebenfalls abknallen?", frage ich und weiß die Antwort schon.

„Worauf du einen lassen kannst."

Na super. Tolles Wissen, das ich lieber für mich behalte und Doreen im Glauben lasse, wir hätten uns gerade über den Wind unterhalten.

Der Wind. Er wird langsam zu meinem einzigen, allerdings auch stärksten Feind. Warum kann er mich nicht wenigstens heute einmal in Ruhe lassen?

Morgendämmerung über der Wüste Mexikos

Ich steige höher, als er beginnt, uns hin und her zu schaukeln. Doch er folgt uns. Wird immer stärker und böiger, egal wie hoch ich fliege.

„Lass uns lieber nach einem Landeplatz Ausschau halten", schlägt hinter mir jetzt sogar Doreen vor, die sich an meinem Sitz festhält. Diese Überlegung überlässt sie sonst mir. Sie weiß ja nicht, dass ich nun die Wahl zwischen Pest und Cholera habe. Die Gefahr einer Bruchlandung oder sogar eines Absturzes durch den immer heftiger werdenden Wind auf der einen und den von Alfredos angekündigten Begrüßungsritualen dort unten auf der anderen Seite.

Nach einer Weile sehe ich eine breite Bundesstraße unter uns. Ich gehe etwas weiter herunter. Doch, wie üblich, werden die Stromleitungen entlang der Straße geführt. Solange sie hübsch auf einer Seite bleiben, kein Problem. Doch in unregelmäßigen Abständen führen Leitungen auch über die Straße hinweg, um kleinen Ansiedlungen in dieser öden Gegend die Stromversorgung zu sichern. Die Masten kann ich von oben gut erkennen, die Kabel selbst aber erst, wenn es bereits zu spät ist. Und dann gibt es da auch noch die Autos, die vielleicht keine Rücksicht auf meine Notlandewünsche nehmen wollen. Also fliege ich näher an den Küstenbereich. Könnten wir auf dem Strand landen? Von hier oben ist nicht zu erkennen, wie weit der Sand unsere Reifen beim Aufsetzen einsinken lassen würde. Ist das zu tief, brächte es unweigerlich ein Überschlagen mit sich, selbst, wenn ich die Landung extrem langsam angehen ließe.

Vor uns taucht eine Ansiedlung auf. Nicht mehr als eine willkürliche Anhäufung von Wellblech und Holzlatten. Wird die letzte Frage meines Lebens sein, ob es ein Indianer oder ein Drogenschmuggler ist, der aus einer der Hütten heraustritt, um uns ins Jenseits zu befördern? Na, ich wollte Abenteuer und nun habe ich eines.

Kurz vor dem Dörfchen sehe ich eine Landepiste. Besser gesagt, eine ehemalige Landepiste. Mit tiefen Furchen durchzogen und mit dicken fetten Steinen verziert. Jetzt weiß ich die Antwort. Denn dass das mexikanische Militär die Flugpisten für die Drogenkuriere auf diese Weise unnutzbar macht, habe ich schon öfter gelesen. Es wird also ein Drogenschmuggler sein, der uns abknallt.

So richtig freuen kann ich mich also nicht darüber, wie elegant ich unseren Moskito zwischen den kolossalen Steinbrocken und ohne in eine der Furchen zu geraten, nach unten bringe. Doreen dagegen steigt unbekümmert aus und schüttelt ihre Beine und Arme locker. Die Piste liegt circa zwei Kilometer vor dem Dorf. Nur ein einziges Haus, dessen erbärmlicher Zustand den Namen nicht wirklich verdient, liegt wenige hundert Meter entfernt. Ich zähle sechs Hunde, bei denen ich sogar auf diese Entfernung erkennen kann, dass sie die Zähne fletschen. Ihr Gebell ist furchterregend. Ich kann keinen Zaun sehen, aber die sechs Köter stehen wie aufgereiht an einer imaginären Grundstücksgrenze. Ich krame in einer der Taschen, in der unsere Kleidung verstaut ist.

„Was um Himmels Willen machst du?"

„Ich suche mein weißes T-Shirt."

„Wir haben schon in weit besseren Örtlichkeiten Zwischenstation gemacht und du hast dich nicht vorher noch umgezogen." Doreen lacht vergnügt.

Zeit, ihr die Wahrheit mitzuteilen. Ich wähle eine abgeschwächte Version des Gesprächsinhaltes mit Alfredo.

„Spinnst du, mir nichts davon zu sagen?"

„Hätte es denn etwas geändert?"

„Nein, aber ich bin kein kleines Kind, dem man nur häppchenweise die Wahrheit zumutet."

„Du bleibst besser am Trike. Ich laufe zum Dorf und kläre die Situation."

„Wir hätten längst eine Waffe kaufen müssen", sagt sie nachdenklich.

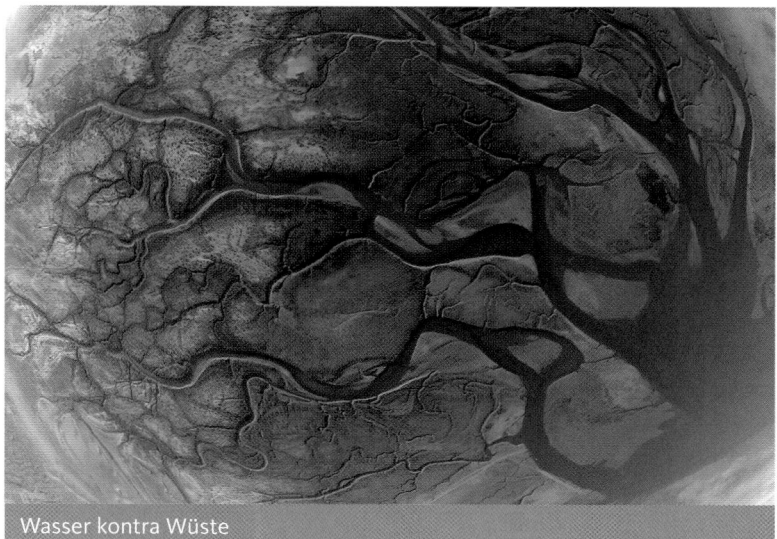

Wasser kontra Wüste

Da hat sie Recht. Wir haben nicht einmal einen Gegenstand, der sich annähernd als Waffe eignen würde.

„Wir kaufen in der nächsten Stadt eine Machete, einverstanden?"

Sie nickt. „Eine Pistole möchte ich auch nicht in der Hand haben."

„Aber eine Machete schon?"

„Du bist doch für die technische Ausrüstung zuständig. Das umfasst auch den Gebrauch", antwortet sie grinsend.

Inzwischen habe ich das weiße T-Shirt übergezogen und hefte auf die Schultern meine Kapitänsstreifen. Beides zusammen könnte bei meinem Weg in Richtung Dorf durchaus als Pilotenhemd durchgehen. Von Weitem und gegen die Sonne. Uniformen ziehen immer und überall auf der Welt. Ein letzter Kuss für Doreen, die mich besorgt ansieht. Merkwürdigerweise beunruhigen sie die kläffenden Köter überhaupt nicht.

Ich schreite mit unserem Satellitentelefon in der Hand mutig voran. Wie Johnny Cash, der gerade auf dem Weg ins Dorf Rio Baja ist. Während der nächsten zwei Kilometer male ich mir diese Vorstellung aus „Duell in Mexiko" noch weiter aus. Sonst würden mir vor Angst die Knie schlottern. Soll ich doch lieber jetzt schon? Nein. Ich werde mit meinem Anruf bei Alfredo warten, bis mich alle Bewohner dieser ärmlichen Hütten bemerkt haben. Ich werde laut und deutlich in das Telefon sprechen, Alfredo für alle hörbar mitteilen, wo ich gerade gelandet bin und dass ich sofortige Hilfe benötige. Dann klappt es zumindest nicht mehr damit, dass sie mich von aller Welt unbemerkt abknallen. Und ich hoffe, mit der Perspektive, dass bald eine ganze Armee nach mir suchen wird, lassen sie es dann ganz. Auf den letzten Metern fällt mir ein, dass ich Doreen noch einen Crashkurs im Fliegen geben müsste. So könnte wenigstens sie noch abhauen. Ich dagegen kann das nicht mehr, denn in diesem Moment habe ich das Dorf erreicht und mehrere Menschen kommen auf mich zu. Sie sehen ganz normal aus. Sie seien Fischer in einem Fischerdorf, sagen sie. Ich spähe in Richtung Strand und sehe wirklich ein Boot auf dem Sand liegen. Gut, ein Boot macht noch keinen Fischerort, aber wenigstens ist es ein Anfang. Ich frage nach einer Polizeistation. Auf dem Weg dorthin komme ich an einer Bretterbude mit der Aufschrift Mariscos vorbei. Ein zweiter Schritt in die Sicherheit eines Fischerortes. Zwei uniformierte und bewaffnete Polizisten grinsen mir entgegen. Ich schildere meine Situation und sie reagieren so nett und gastfreundlich, dass ich mir spontan vornehme, Alfredo bei einem eventuellen Wiedersehen trotz aller Dankbarkeit für seine Hilfe in Puerto Peñasco gehörig meine Meinung zu sagen. Welche Horrorvorstellungen hat er in mir erzeugt? Völlig unnötig. Hoffe ich wenigstens.

Zwischen den bis zu den Zähnen bewaffneten und mit schusssicheren Westen ausgestatteten Polizisten werde ich im Auto zurück zur Landepiste gefahren. Zum Glück, denn inzwischen brennt die Sonne ganz schön. Die Hunde bellen immer noch, und Doreen sieht mir mit angstvoll aufgerissenen Augen entgegen. Ich zeige ihr meinen nach oben gerichteten Daumen und da lächelt sie wieder. Ich sehe zur Seite. Beide Polizisten bekommen die Augen nicht weg von meiner Doreen, was meine eben noch empfundene Sympathie für sie deutlich mindert.

Doch dann wende ich mich unserem eigentlichen Problem zu: Unser Trike kann auf keinen Fall hier in der Wüste stehen bleiben. Die Polizisten schlagen vor, ich solle es herunter zum Strand fahren in die Sicherheit ihrer nahen Polizeistation. Ich könne ja dann morgen von dort aus starten. Der Scherzkeks redet von zwei Kilometern über Stock und Stein und mit hunderten Schlaglöchern.

„No way", sage ich. Sofort kommt ein weiterer Vorschlag: „Dort drüben. Zu dem Haus mit den sechs Hunden. Da ist das Trike sicher. Die Hunde vertreiben jeden, der sich ihm nähert."

Super Vorschlag. Mich werden sie bestimmt auch vertreiben und ich will mir das erst einmal ansehen. Mit dem Auto fahren wir zum Haus. Die Hunde haben ein Herrchen: Klein, mit Schnauzbart, ansonsten unrasiert, ein dicker Bauch, der unter einem zu kleinen, verdreckten Unterhemd hervorquillt und am Gürtel eine Waffe. „Was wollt ihr Scheißer in Uniformen hier? Haut ab, bevor meine Hunde euch zerfleischen oder ich euch abknalle." Doreen sieht mich verängstigt an. Ich habe ebenfalls Schiss. Ist das hier, mitten in der Wüste Mexikos, das Ende unserer Reise?

„Pedro, du alte Ratte", lacht der eine Polizist. „Schön, dich zu sehen. Ein guter Freund aus Deutschland benötigt deine Hilfe."

„Ich helfe hier keinem – basta!"

Ich nehme all meinen Mut zusammen: „Hallo Pedro." Mit breitem Lächeln gehe ich auf ihn zu und strecke ihm meine Hand entgegen. „Wir mussten hier gerade notlanden und können nicht weiter fliegen, bevor der Wind sich nicht gelegt hat. Dürfen wir unseren Flieger zu deinem Haus hier hoch schieben?"

Unsere Unterkunft für 5 Tage im Drogendorf

„Kostet pro Tag eine Flasche Rum. Und nicht die kleine. Die steht dann jeden Abend hier zum Sonnenuntergang auf meinem Tisch. Und, wenn ihr keinen Ärger macht, dann dürft ihr auch einen mittrinken. Aber lasst die in den Schusswesten daheim." Pedros ausgestreckte Zeigefinger saust in Richtung meiner Begleiter, als habe er statt Finger einen Spieß an der Hand.

„Ja super, dann sage deinen lieben Hunden mal, dass ich von nun an zur Familie gehöre und meine Frau auch."

Er nickt nur.

Schnell fahre ich das Trike direkt neben sein Haus in den Windschatten und tatsächlich: Die Hunde wedeln mit ihren Schwänzen. Mir scheint, der Typ hat nicht nur die Polizisten gut im Griff. Gelassen beobachten sie uns, wie wir die Tragfläche herunter holen und am Boden befestigen. Wir bedanken uns nochmals bei Pedro. Haben Hunde eigentlich ein gutes Gedächtnis? Ich weiß es nicht und bedenke sie vorsorglich mit einem extra freundlichen Blick, an den sie sich hoffentlich bei meiner Rückkehr erinnern werden.

Danach fahren uns die Polizisten wieder zurück ins Dorf und weisen uns eine Familie zu, bei deren Haus wir unser Zelt aufstellen sollen. Freundlicherweise handelt es sich um das einzige Restaurant, dessen Köchin unsere Gastmutter wird; eine Tatsache, die sie mir äußerst sympathisch macht. Das Restaurant hat genau einen Tisch und vier Stühle. Unsere Gastgeberin, die sich als Lore vorstellt, erhält den offiziellen Auftrag, für unser leibliches und körperliches Wohl zu sorgen, was super passt, denn heute haben Doreen und ich unseren zweiten Jahrestag, den wir nun wenigstens kulinarisch entsprechend würdigen können. Lore kündigt an, dass es zur Feier des Tages Fisch geben wird. Was sonst in einem Fischerdorf?

Sehr merkwürdig ist allerdings, dass unsere ständigen Begleiter nun mit uns durch das ganze Dorf fahren, und bei mindestens zwanzig Häusern fragen, ob die Bewohner frischen Fisch haben. Erfolglos. Ich sehe unser besonderes Abendessen bereits in weiter Ferne und bereite meinen Magen auf Bohnen und Reis vor. Zurück bei Lore und ihrem Restaurant wird sie mir noch sympathischer. Denn ihr ist das gelungen, was den Polizisten versagt blieb: Sie hat mehrere Fische aufgetrieben. Und die sehen sogar frisch aus. Auch Doreen lacht bei dem Anblick über das ganze Gesicht und mein Magen macht einen Überraschungshüpfer.

Lore ist eine gute Köchin, weshalb die Fische köstlich schmecken. Nicht nur uns, sondern auch ihrem Ehemann, der inzwischen heimgekommen ist, und auch den Polizisten. Sie sind allgegenwärtig. Sie essen mit uns, lachen mit uns und es würde mich ehrlich nicht wundern, wenn einer von ihnen neben Doreen und mir im Zelt liegen würde, wenn wir Morgen früh die Augen aufmachen.

Aber zum Schlafen kommen wir diese Nacht nicht vor Mitternacht. Es wird gestöhnt, dass sich die Wellblechwände des kleinen Hauses biegen. Hätte es ein Dach, würde es sich bestimmt anheben. Wir ärgern uns ein wenig über diese Rücksichtslosigkeit, denn wir sind nach diesem Tag hundemüde. Meine Güte. Wie oft haben die denn hier Gäste? Da könnten die doch eine Nacht mal auslassen, oder? Nach einer Stunde grinsen Doreen und ich uns nur noch hilflos an und nach zwei Stunden bewundere ich diesen Mann. Was für eine Ausdauer. Endlich ist Ruhe. Jetzt pfeift uns nur noch der Wind ein Wiegenlied und prompt schlafe ich ein.

Kapitel 12
Die Großen nehmen uns nicht ernst

Kaffeeduft weckt uns und das blecherne Klappern von Töpfen. Lore kocht offenbar schon wieder. Das lässt mich die nächtliche Ruhestörung durch ihren Mann und sie glatt vergessen. Ich krabbele aus dem Zelt und sehe mich um. Der Standfeste muss sich offenbar noch erholen oder ist schon zur Arbeit gegangen, was immer das in diesem gottverlassenen Nest mitten in der Wüste bedeuten mag. Jedenfalls keine Spur von ihm.

„Frühstück", ruft Lore mit einem breiten Lächeln und noch bevor Doreen direkt hinter mir aus dem Zelt gekrochen ist, fährt schon der Wagen der Uniformierten vor. Auch sie scheinen hungrig zu sein.

„Wann fliegt ihr heute ab?", fragt der Polizist mit dem dickeren Bauch.

„Zu windig heute, viel zu windig. Vielleicht morgen", antworte ich. Beim Anblick des Frühstücks, das inzwischen auf dem Tisch steht, bin ich gar nicht so enttäuscht, wie ich vermutet hatte. Doreen grinst mich an und scheint das Gleiche zu denken.

„Sagt uns aber auf jeden Fall vorher Bescheid. Auch, wenn ihr hier irgendwo hin laufen oder fahren möchtet. Wir sind nämlich für eure Sicherheit zuständig."

Ich frage mich, wo genau zwischen diesen verstreuten Wellblechhütten die Unsicherheit für uns liegt, aber dann fällt mein Blick auf das frisch gebackene Brot. Dazu gibt es Marmelade und eine Thunfischpaste, die so scharf ist, dass ich schon nach dem ersten Bissen schwitze. Sie brennt mir fast die Zunge weg. Angesichts der doch sehr eingeschränkten sanitären Anlagen in diesem Dorf kann ich nur hoffen, dass diese Paste nur einmal brennt. Lore entschuldigt sich, dass ihr Mann gestern Abend noch so spät und so lange ein Video angesehen habe. Meine Lachtränen kann ich gut hinter dem Genuss der Thunfischpaste verstecken.

Nach dem Frühstück beschließen wir, das Dorf zu erkunden – allein und ohne Uniformierte. Zu dem alten Leuchtturm auf dem Felsen am Meer wollen wir und natürlich den Fischern bei der Arbeit zusehen.

Im Dorf sehen wir keinen Menschen. Ab und zu huscht etwas ins Haus. Mir scheint, als verschwinden Mensch und Katzen, sobald wir uns einem Haus nähern. Nur die zahlreichen Hunde bleiben und verfolgen sichtlich misstrau-isch unsere Bewegungen. Am Strand ebenfalls kein Mensch. Meine Badenixe

Doreen, die normalerweise keine Möglichkeit auslässt, ins Meer zu tauchen, traut dem weißen leeren Strand nicht „Ich habe das Empfinden, uns beobachten mindestens hundert Augenpaare", sagt sie. Weit und breit ist kein Fischerboot zu sehen, nicht einmal Netze im Sand. Nur einige alte Benzinfässer liegen herum. Wir laufen weiter zum Turm und steigen ein paar Stufen des verfallenen und geheimnisvoll anmutenden Gebäudes hoch. Von hier oben sehen wir das uns schon vertraute Polizeiauto. Es rast wie wild umher, stoppt immer wieder und Menschen, die mit einem Mal vor ihren Häusern stehen, weisen unseren Freunden den Weg – zum Turm. Keine zwei Minuten später sind sie da. Der Dickere bittet uns einzusteigen. Weitere Worte gibt es nicht. Die beiden sehen aus, als seien sie stocksauer. Drei Minuten später sitzen wir bei Lore. Mittagessen. Und wir dürfen uns eine Predigt vom Feinsten anhören.

„Habt ihr eine Ahnung, wie gefährlich das hier für einen Ausländer ist? Wir sind für euch verantwortlich. Unser Vorgesetzter schießt uns ab, wenn euch etwas passiert. Also bitte keine weiteren Exkursionen. Verstanden?" Doreen und ich nicken. Mir fällt ein, dass wir Pedro noch nicht den versprochenen Rum gebracht haben. Unter Eskorte unserer beiden Freunde betreten wir eine kleine Kneipe, um den Rum zu kaufen. Hier sitzen überraschend viele Männer vor dem Fernseher, auch Lores Mann. Es gibt massenhaft Rum- und Bierflaschen zum Zeitvertreib. Ich bin sicher, dass die Männer hier früher, bevor die Flugpiste vom mexikanischen Militär zerstört worden war, nicht so viel Freizeit hatten.

Weiter geht es zu Pedro. Der freut sich und hat offenbar nicht damit gerechnet, dass wir unser Versprechen halten. Es ist immer noch unrasiert und der Geruch, der von ihm ausgeht, kann es mit jedem Stall aufnehmen, der lange nicht entmistet wurde. Auch seine Hunde begrüßen uns, wie sie uns gestern verabschiedet haben: Sie wedeln mit dem Schwanz. Ob wir Rum mögen, fragt Pedro, wir nicken und schon stehen die Gläser vor uns. Die Polizisten warten geduldig in hundert Meter Abstand vor der Hütte und wir lernen Pedro näher kennen. Es saß sein Leben lang nur im Knast und hat nun sein Geschäft hier in der Wüste und es läuft gut, sehr gut. Wir fragen natürlich nicht nach Einzelheiten. Seine Frau ist mit den Kindern bei ihrer Mutter. Das achte Kind ist unterwegs oder das neunte. Pedro ist sich nicht sicher. Es gibt schließlich wichtigere Dinge im Leben. Die Flasche ist leer und wir werden mit dem Auto zurück zu Lore befördert.

„Wir ziehen heute noch um", begrüßt sie uns. Ihr Mann baut bereits die Wände aus alten Pressspanplatten und Wellblech ab. Ich möchte helfen, hebe ein Brett hoch und ein rostiger Nagel dringt fast komplett in meinen Finger. Ich schreie und damit ist mein Arbeitseinsatz nach nur drei Sekunden wieder beendet. Doreen holt unser Desinfektionsmittel. Eine Sprühflasche. Doch ich schraube sie auf und gieße den Inhalt komplett über den Finger. Es brennt höllisch, viel mehr als der Thunfisch heute Morgen.

Das neue Haus ist auch ohne meine Hilfe ebenso schnell aufgestellt, wie das alte abgebaut ist, nur hundert Meter weiter, ebenfalls ohne Dach und direkt neben der Hütte der Polizisten. Und es hat ein zweites Zimmer – unser Zimmer. Auf dem Sandboden stellen wir unser Zelt auf. Der andere Raum ist Küche, Esszimmer und Schlafraum in einem. Ich sehe einen großen Fernsehapparat, ein Monster aus vergangenen Zeiten, ein nicht viel jüngerer Videorekorder und diverse Kassetten liegen verstreut herum, deren Cover mit nackter Haut und kleinen schwarzen Balken übersät sind. Jetzt erst glaube ich Lore. Es war wohl wirklich keine zweistündige Manneskraft, die uns nicht hat einschlafen lassen.

Diese Nacht hält uns kein Gestöhne wach. Dafür stürmt es. Nicht nur der Boden unseres Zimmers ist aus Sand, sondern aller Boden um das Haus herum. Um Mitternacht stürmt es derart, dass der Fernsehmonsterapparat im Nachbarzimmer vom Tisch fällt. In diesem Moment fällt mir mein Trike ein. Ich springe aus dem Zelt und lege einen zwei Kilometer langen Sprint hin. Wird auch unser Moskito aus der Verankerung gerissen und umgekippt sein? Ich habe seit Ewigkeiten keinen Sport mehr getrieben und ich staune, dass ich die zwei Kilometer durchhalte. Die Hunde stürmen mir entgegen und ich danke meinem Schöpfer, oder wer immer da oben ständig auf uns aufpasst, dass sie mich auch mitten in der Nacht erkennen, denn ihr Herrchen Pedro ist nicht in Sicht. Das Trike wackelt, die Tragfläche droht vom Boden abzuheben. Wird nun statt Abknallen im Drogendorf ein blöder nächtlicher Sandsturm das Ende unserer Träume sein? Ich bin so wütend, dass ich mich in den Dreck werfe und Trike und Tragfläche halte, wo immer ich mich nur festkrallen kann. Da stürmt Pedro aus dem Haus mit Seilen in der Hand. Im Nu haben wir gemeinsam wieder alles befestigt. Trotzdem will ich lieber hier oben am Trike schlafen. Ich nehme mir vor, Pedro morgen eine zusätzliche Flasche Rum für seine Hilfe zu bringen. Aber es geschieht genau andersherum: Er bringt mir eine Flasche Rum heraus und verabschiedet sich. Er müsse jetzt für einige Wochen weg. Der Geschäfte wegen. Es ist mitten in der Nacht, als ich ihm Tschüss sage und neben meinem Trike eindöse, die Rumflasche habe ich zugelassen.

Kurz vor Sonnenaufgang hört endlich der starke Sturm auf, aber es weht noch immer heftig. Heute wird es also auch nichts mit dem Weiterfliegen. Ich laufe im Sonnenaufgang zum Dorf. Viele Häuser sind in sich eingestürzt. Unser Zimmer nicht. Doreen schaufelt den Sand aus unserem Zelt und freut sich über die guten Nachrichten, dass unser Trike nebst Segeln noch existiert. Auch die beiden Uniformierten, die mich beinahe umarmen, dass ich wieder in ihre Sicherheit zurückgekehrt bin, helfen mit. Sie bleiben so zuverlässig da wie der Sturm, der den Sand in unsere Taschen, in unsere Ohren, Haare und sogar in unsere gesponserten Unterhosen weht und so zuverlässig, wie Lore morgens „Frühstück" ruft. Ein neuer Tag im Paradies beginnt.

Ich weiß nicht, was genau passiert ist, aber nach dieser Nacht gehören wir irgendwie dazu. Nichts mehr zu spüren von dem anfänglichen Misstrauen, wohin wir uns im Dorf bewegen, mit wem wir sprechen. Ganz im Gegenteil: Mit Wissen unserer uniformierten Freunde laden uns Lore und ihr Mann zu einem Rundgang durchs Dorf ein. Auch in Richtung Turm gehen wir und kommen an vier halb zerfallenen Steinhäusern vorbei. Wir folgen Lore und ihrem Mann hinein und Lore zeigt uns die Fluchttunnel, die von hier aus hinunter zum Wasser führen. „Und das hier sind die Hallen. Hier wurden noch vor wenigen Jahren die Drogen verpackt, tonnenweise", sagt sie, „bevor unser Dorf zerstört wurde". Es liegt Wehmut in ihrer Stimme.

Nach nun vier Tagen finde ich die Angst, die ich bei meinem ersten Weg ins Dorf hatte, kaum mehr nachvollziehbar, aber trotzdem habe ich im wahrsten Sinne des Wortes die Nase voll und zwar vom Sand und rufe Alfredo an. Ob er uns doch – bitte, bitte - mit dem Hänger hier rausholen könnte.

Er sagt sofort zu, fünf Stunden später ist er da, und ich bin so happy, dass ich ihm natürlich nicht gehörig meine Meinung sage.

Als wir - das Trike auf dem Hänger - in Guaymas ankommen, schlagen wir vor, auf unsere Kosten richtig gut essen zu gehen. Keine Ahnung, ob es Alfredos Geschmack oder seine Rücksichtnahme auf unsere Reisekasse sind, die ihn entscheiden lassen: „Oh ja, ich würde super gerne zu Burger King gehen. Nach den anderen Restaurants ist mir jetzt nicht so." Doreens Gesicht zeigt, wie wenig begeistert sie von der Idee ist und auch ich habe keinen Bock auf einen schlabbrigen Burger. Aber wenigstens dürfen wir das Hotel für die beiden und ein paar Bierchen in einer kleinen Bar bezahlen, bevor Alfredo und Carlos wieder zurückfahren und wir uns daran machen, uns und unsere Ausrüstung gründlich vom Wüstensand zu befreien. Das gelingt mir, indem ich zusammen mit Zelt, Taschen, Isomatten, Schlafsäcken – halt unserer gesamten Habe - eine ausgedehnte Dusche nehme. Meine Haut schrumpelt bis ich aussehe wie ein altes Mütterchen und unser Hotelzimmer ein Treibhaus ist.

Am nächsten Morgen bei Sonnenaufgang verlassen wir Guaymas in Richtung Obregón. Von dort wollen wir mit dem Bus nach Álamos fahren, getreu unserem Vorsatz, uns künftig auch Zeit zu nehmen, um Land und Leute kennenzulernen und nicht nur Flughäfen, Flughafenmanager oder einsame kleine Drogendörfer.

Álamos liegt auf einer Ebene im Landesinneren, umgeben von Bergen, die sich über 3.000 Meter hoch erheben. Bei ihrem Anblick auf der Hinfahrt wird mir ein wenig mulmig zumute, denn bald schon werde ich über gleich hohe Berge fliegen müssen und ich habe einen Riesenrespekt davor. Aber erst einmal lassen wir uns einnehmen von der Atmosphäre der kleinen Stadt, deren alter Kern durch Gebäude im Kolonialstil und durch eine imposante Kathedrale geprägt ist. Viele Amis besuchen die Stadt und haben hier wohl auch einiges an Geld hineingesteckt. Kein Wunder, denn Álamos ist bezaubernd und charmant. Wir schlendern durch die engen Gassen und über breite Plätze mit Parkanlagen. Dann riechen wir Pferde, bevor wir sie sehen, und ihre in der Sonne getrockneten Haufen duften uns aromatisch entgegen. Es sind Cowboys, die zu Gitarrenklängen und Gesang ihre Pferde tanzen lassen und damit jederzeit an einer Olympiade für Kunstreiter teilnehmen könnten. Danach nutzen wir das großzügige Angebot zweier Amis, die wir am Vorabend kennengelernt haben, und die uns doch tatsächlich ihren uralten VW-Bus leihen, damit wir die Umgebung erkunden können.

Nervlich und körperlich aufgetankt reisen wir wieder zurück nach Ciudad Obregón und fliegen weiter nach Los Mochis. Beides sind große und internationale Flughäfen. Vor uns startet ein Airbus von Aero Mexico. Ich komme mir fast lächerlich vor, mich hinter dem Airbus in die Wartereihe einzureihen und mir scheint, auch der Tower in Los Mochis, mit dem wir nach gut zweieinhalb Stunden Flug entlang der Küste, Funkkontakt aufnehmen, nimmt uns nicht wirklich ernst.

„Mochis Tower, Leichtflugzeug N217TG", melde ich mich.

„N217TG, go ahead."

"Wir sind 20 Meilen vor Ihrem Flughafen auf 5.000 Fuß Höhe auf Landeanflug, N217TG"

„N217TG, bitte melden Sie sich fünf Meilen vor dem Flughafen."

„Werden uns fünf Meilen vorher melden, N217TG."

Zehn Minuten später meldet sich der Tower von sich aus wieder: „N217TG, haben Sie immer noch vor, bei uns zu landen?"

„Ja klar, wir sind aber noch 12 Meilen vor Ihrem Flughafen, N217TG"

„12 Meilen? Sind sie sicher, dass Sie in einem Flugzeug unterwegs sind, N217TG?"

„Ja 12 Meilen und ich bestätige, dass ich in einem Flugzeug bei starkem Gegenwind unterwegs bin. N217TG."

Weitere zwei Minuten später erneut der Tower: „N217TG, bitte reihen Sie sich in die Flughafenrunde für Landebahn 29 ein und melden sich dann wieder. Wir haben notfalls auch nachts Beleuchtung."

Es ist erst kurz nach neun am Morgen. Haha, sehr lustig, der Typ. „Werde mich wieder melden, wenn ich die Flughafenrunde für Landebahn 29 erreicht habe und freue mich auf eine beleuchtete Landebahn, N217TG."

Endlich erreichen wir die Platzrunde, sehen aber ein Fahrzeug auf der Landebahn 29.

„Platzrunde erreicht, befinden uns auf 2.100 Fuß Höhe, haben visuellen Kontakt mit einem Fahrzeug auf Landebahn 29, N217TG."

„N217TG, großartig, Landeerlaubnis für Landebahn 29."

Ich höre mit, wie der Tower mit dem Fahrer des Autos auf der Landebahn in Spanisch spricht. „Hey Jose, siehst du da etwas am Himmel, das fast steht und hier landen will?"

„Ja, da ist ein Fallschirm oder so etwas in der Luft, verdammt langsam. Nein, ein Motorrad oder so."

„Bitte die Landebahn schnell verlassen, dass wir den sicher runter bekommen."

„Kein Problem, ich glaube ich kann noch vorher zum Mittagessen gehen und dann mein Auto runter schieben, so langsam sind die." Sein Lachen dröhnt durch das Funkgerät. „Ich mache aber gleich einmal ein Foto, wenn die landen, so was sieht man ja nicht alle Tage."

Wieder ein Lachen, dieses Mal vom Lotsen im Tower. Eine dritte Stimme mischt sich ein: „Mochis Tower: Mexicana Flug 054 XA332V, 20 Meilen vor Mochis auf Landeanflug."

Einmal Volltanken bitte!

„XA332V, Landefreigabe für Landebahn 29" Kurze Pause. „N217TG, bitte teilen Sie mir mit, wann Sie landen werden."

„In einer Minute, N217TG."

„N217TG, bitte sofort nach Landung die Startbahn über Taxiway Bravo verlassen, da direkt hinter Ihnen ein Airbus 320 im Landeanflug ist."

„Werde Landebahn 29 sofort über Taxiway Bravo verlassen. N217TG."

Ich lande und dass ich den Taxiway schnellstens verlasse, mache ich schon aus eigenem Interesse. Ich komme mir in diesem Moment vor wie eine Ameise, nur einen Schritt vor einem Elefanten, der seinen Fuß bereits angehoben hat.

Bevor wir von hier aus weiterfliegen, wollen wir uns den Kupfer Canyon ansehen. Immerhin ist das Schluchtensystem im Nordwesten Mexikos etwa vier Mal so groß wie der Grand Canyon der USA. Wir versprechen uns von dem Ausflug sehr viel und – reisen enttäuscht wieder ab. Vielleicht liegt es daran, dass die Tour mit dem berühmten Eisenbahnzug Chepe, der von Los Mochis durch den Kupfer Canyon bis nach Chihuahua führt, vom Tourismus fest im Griff gehalten wird und die Zugfahrt durch die teilweisen engen Schluchten den Ausblick auf ein kleines Stück dieses riesigen Gebietes begrenzen. Wie spektakulär müsste dagegen ein Überflug sein.

Nach unserer Rückkehr geht es auf dem Luftweg weiter nach Culiacán und von dort nach Mazatlán. Wieder melde ich mich nach einer Stunde ruhigem Flug beim Tower an:

„Mazatlán Tower, Leichtflugzeug N217TG."

„N217TG, go ahead."

„Wir sind zehn Meilen vor Ihrem Flughafen auf 5.000 Fuß Höhe im Landeanflug, N217TG"

„N217TG, geben Sie in Ihrem Transponder den Code 1516 ein", fordert mich der Tower auf.

„1516 im Transponder eingegeben, N217TG" und damit weiß ich, dass etwas nicht so ist, wie es sein sollte. Der Tower möchte mit der Eingabe hundertprozentig sicher stellen, dass ich der kleine Punkt auf ihrem Radar bin, der nun die Nummer 1516 trägt.

„N217TG, Sie fliegen gerade in einer Sperrzone. Sofort Kurs ändern auf 120°", kommt auch prompt die Erklärung.

„Ändere Kurs sofort auf 120°, N217TG", beeile ich mich zu erwidern.

„An alle Militäreinheiten, Code 1516 ist von der Abschussgenehmigung ausgeschlossen und verlässt die Sperrzone mit Kurs 120°."

Hoffentlich sehen wir nach der Tour nicht so aus

„Mit dem Ding wollt ihr nach Australien?" Drogenrazzia in Mexiko

Ich hole tief Luft. Es muss etwas Wichtiges da unten geben, wenn die Flugaufsichtsbehörde den Luftraum sperrt. Feste Sperrgebiete kann ich in meinen Flugkarten sehen, allerdings keine kurzfristigen. Die muss der Tower des Abflughafens – die haben ja schließlich meinen Flugplan – den Piloten mitteilen. Dass die in Culiacán das offenbar vergessen haben, hätte für Doreen und mich verheerend enden können.

„N217TG, sehen Sie unseren Flughafen?"

„Ja, ich sehe Ihren Flughafen. Sieben Meilen nordöstlich von mir. N217TG".

„N217TG, fliegen Sie nach eigenem Ermessen sofort und so schnell wie möglich in Richtung Flughafen. Sie haben Landeerlaubnis für jede gewünschte Landebahn. Der Luftraum ist für alle anderen gesperrt."

Jetzt haben die es geschafft. Ich bin verwirrt. Gerade bin ich einem Abschießen entkommen und nun sperren die den Flughafen für mich? Was soll das denn?

„Landeerlaubnis für jede gewünschte Piste, N217TG", bestätige ich.

Das könnt ihr haben, denke ich und jage mit diesem Freiflugschein nun zwanzig Meter am Tower vorbei und lande auf der riesigen Piste im Queranflug. Geil! Wann kann man so etwas schon einmal auf einem internationalen Flughafen machen?

„N217TG, sofort das Flugzeug vor dem Tower parken, dort, wo die Militärfahrzeuge stehen."

Holy cow! Eine ganze Einheit vermummter Soldaten auf gepanzerten Fahrzeugen wartet da auf uns. Sie lassen uns in Ruhe parken und aussteigen. Danach untersuchen Hunde unser Gepäck.

„Drogenhunde?", fragt mich Doreen leise.

„Da steht etwas von „explosivos", ich vermute, es geht um Sprengstoff."

Drei Minuten später ist der Spuk vorbei. Wir werden zum Flughafenkommandanten geleitet, der uns freundlich begrüßt.

„Ihr habt uns ganz schön auf Trab gehalten mit eurem kleinen Ding da."

„Ihr uns aber auch", platzt es aus mir heraus. „Warum hat man uns in Culiacán nicht über das temporäre Sperrgebiet informiert?"

„Das wissen wir auch nicht und wir werden den Vorfall genau untersuchen. Aber herzlich Willkommen in Mazatlán."

Na wunderbar. Wir erledigen die Formalitäten und die Sekretärin plaudert munter drauf los: „Na das wird bestimmt noch ein Nachspiel haben."

„Für uns?", frage ich besorgt.

„Nein, für die im Tower in Culiacán und auch für meinen Boss. Wenn die im Tower hier nicht so hellwach gewesen wären und außerdem gute Zuhörer bei den Nachrichten, dann hätten die unseren Präsidenten vielleicht, euch aber ganz sicher abgeknallt."

Ich verstehe nur Bahnhof.

„Unser Präsident hat im Hotel El Cid Castilla Beach übernachtet. Da wird natürlich ein weiträumiges Sperrgebiet angelegt. Nur hat man das fälschlicherweise über dem Hotel El Cid Marina Beach gemacht und in genau das Gebiet seid ihr zuerst eingeflogen. Unser lieber Präsident hat also im fünfzehn Meilen entfernten Castilla Hotel ungeschützt übernachtet, während ihr schon zum Abschuss freigegeben wart. Der Fluglotse im Tower hat den Irrtum gerade noch rechtzeitig bemerkt und euch da herausgelotst, bevor der Kampfhubschrauber euch tatsächlich abschießen konnte. Ihr wart dadurch allerdings nun genau auf Kurs zu dem Hotel, wo der Präsident sich wirklich aufhielt. Da bekam der Lotse Panik und hat alles für euch zur Landung sperren lassen. Das ist eine Geschichte, nicht wahr?"

Ich kann nur nicken, denn ich bin sprachlos. Und das passiert mir wirklich nicht oft. Ich glaube, Doreen neben mir auch nicht. Wir suchen uns ein kleines Hotel in der Altstadt, weit weg vom Präsidenten.

Von Mazatlán aus verlassen wir die Küste und fliegen ins Landesinnere. Vor mir liegen jetzt die bei weitem gefährlichsten Strecken unserer bisherigen Reise. Ich kann nachts kaum mehr schlafen. Reichen meine Erfahrungen wirklich aus, um in über drei Kilometern Höhe über gebirgiges Land zu fliegen? Noch eine Bruchlandung können wir uns nicht leisten, denn dann wären unsere finanziellen Mittel endgültig erschöpft. Nervös steige ich immer höher. Immer mehr Wolken ziehen auf, bis sich unter mir ein wahres Wolkenmeer ausbreitet. Keine Sicht zum Boden und mein erster Gedanke ist, dass ich umkehren muss. Wieder einmal.

„Oh Schatz, ist das herrlich hier über den Wolken", meldet die Dame vom Rücksitz, die fleißig Fotos macht. „Nur, ist das nicht zu gefährlich? Früher wärst du schon lange umgekehrt."

Recht hat sie. Doch dann fällt mir ein, dass ich nur noch fünfunddreißig Kilometer von unserem heutigen Endziel Tepíc entfernt bin. Ich funke also den Tower an: „Tepic Tower, N217TG."

„N217TG, go ahead."

„N217TG, zwanzig Meilen westlich zum Landen. Aber bitte sagen Sie mir, wie das Wetter bei Ihnen ist. Herrschen Sichtflugbedingungen? N217TG."

„N217TG, hier strahlt ein blauer Himmel."

Nee, also das kann nicht sein, denn bis zum Horizont sehe nur einen weißen Teppich. „Sicher?", platzt es mir heraus.

„N217TG, einige dünne Wolken sehe ich hier oben, aber ich lotse Sie ganz sicher herunter. Keine Sorge. Ich werde mir große Mühe geben. Geben Sie mir Bescheid, sowie Sie unseren schönen Flughafen sehen."

Der Mann ist spaßig. Ich kann überhaupt nichts von der Welt da unten sehen, schon gar nicht seinen schönen Flughafen. Ein Motorenausfall und ich fliege irgendwo in die Wolken hinein und aus und vorbei ist es. Kann ich dem unbekümmerten Lotsen dort unten trauen? Wird wirklich gleich die Wolkendecke aufreißen? Eigentlich kann der ja nicht zu blöd sein, um aus dem Fenster seines Towers zu sehen.

Ich entschließe mich, ihm zu glauben, und ergreife gleichzeitig eine Vorsichtsmaßnahme. Sicher ist sicher. Ich fliege und nicht der Lotse. Ich steige einfach noch höher, denn je höher, umso länger ist ein Gleitflug bei einem möglichen Motorenausfall. In oder durch die Wolken fliegen, geht gar nicht. Sagte ich das schon öfter? Egal. Mit zwei Kilometern Höhe kann ich zwischen zehn und zwölf Kilometer ohne Motor hinuntergleiten. Das ist exakt die Entfernung, die ich im Moment zum Flughafen von Tepíc habe. Und dort soll ja angeblich blauer Himmel sein.

Blauer Himmel ist etwas übertrieben, aber die Wolken sind wirklich nur sehr dünn. Wir werden etwas nass, ansonsten kann ich problemlos mit dem Landeanflug beginnen.

„N217TG, ich sehe Sie bereits. Sie haben Landeerlaubnis auf beiden Pisten. Allerdings extreme Vorsicht bitte. Derzeit fliegen extrem viele Vogelschwärme über dem Flughafen."

In mir klingeln alle Alarmglocken. Aufsteigende Vogelschwärme bedeuten starke Aufwinde. Genau diese machen sich die Vögel nämlich zu Nutze. Erneut zweifele ich an der Ernsthaftigkeit des Lotsen in seiner beruflichen Verantwortung. Aber nun ist es zu spät, nach einer Alternative zu suchen, also fliege ich in Richtung Landepisten. Quasi im Zick-Zack weiche ich den Vogelschwärmen aus, immer mit einer Hand am Schlüssel, um den Motor sofort auszuschalten, falls sich uns ein Vogel zu dicht nähern würde. Damit will ich keineswegs eine Medaille des örtlichen Tierschutzvereins erhalten, wohl aber Propellerblätter und Motor schützen. Es gelingt mir, alle Vögel der Gegend zu retten - Doreen ist entzückt über deren Schönheit - und ein strahlender Fluglotse begrüßt uns schon auf dem Vorfeld.

„Sorry, aber ich konnte einfach nicht das Risiko eingehen, dass ihr euch das mit der Landung bei uns noch anders überlegt. Alle Fluglotsen Mexikos sprechen über euch. Und ich hab jetzt was zum Angeben, weil ich euch nun persönlich kenne. Ich freu mich schon, wenn ich's den anderen berichten kann." Und diese diebische Freude sieht man ihm auch an. Weiß der Mann eigentlich, was er da tut? Ich glaube, er hätte keinem anderen Ultraleichtflugzeug unter diesen Umständen eine Landung angeraten. Spinner!

Der egoistische Fluglotse hätte allerdings niemals bei seinen Kollegen prahlen können, wenn wir nicht unserer Finanzen wegen die sicheren Flugverhältnisse der Küste hätten verlassen müssen. Denn alle hundert Flugstunden muss der Motor gewartet werden. Es ist wie bei einem neuen Auto: Versäumt man die vorgeschriebenen Inspektionen, verliert man die Garantieleistungen. Und ebenfalls wie bei einem Straßenfahrzeug muss die Werkstatt eine Vertragswerkstatt sein, in unserem Fall der Motorfirma Rotax. Frederico heißt unser Held und Mechaniker, der als einziger in ganz Mexiko eine solche Zulassung hat und Frederico wohnt und arbeitet in Chapala und unsere Wartung durch ihn wird außerdem von Oscar bezahlt. Oscar ist ein ganz spezi-

Morgenkaffee am „Empfangsterminal"

eller Typ und wir haben ihn – wie sonst? – über die Pilotengemeinschaft bei Facebook kennengelernt.

Mit großem Bahnhof werden wir von Frederico und mehreren anderen Trikern in Chapala begrüßt und zum Frühstück eingeladen. Der Flurfunk unter Piloten funktioniert offenbar hervorragend. Es ist uns schon richtig peinlich, als wir hören, dass drei von ihnen fast fünf Stunden in der letzten Nacht gefahren sind, nur um uns heute Morgen landen zu sehen.

Die Pause, die uns Frederico mit der notwendigen Wartung verschafft, nutzen wir für einen Abstecher nach Mexico City, um ein paar wichtige Dinge zu erledigen. Der Bildschirm unseres Laptops ist gesprungen und muss deshalb unbedingt repariert werden. Und wir erinnern uns an unseren Vorsatz, eine gute Machete zu kaufen. Die Besorgungen sind schnell erledigt und nun dürfen wir Touri spielen. Ich habe es schon geahnt: Doreen ist Museengängerin. Ich nicht und außerdem war ich bereits gefühlte hundert Mal im Nationalmuseum für Anthropologie und mindestens ebenso oft bin ich über den Zócalo geschlendert, habe die Kathedrale, das Hauptpostamt und den Nationalpalast besichtigt.

Der Kelch geht trotzdem nicht an mir vorüber und so reihen wir uns in die Warteschlange zum Nationalmuseum ein. Jeder Besucher muss durch eine

Sicherheitskontrolle. In Doreens Rucksack steckt die gerade neu erworbene Machete, eingewickelt in einer Plastiktüte.

„Öffnen Sie bitte Ihren Rucksack."

Doreen stellt den Rucksack auf den kleinen Tresen und zieht die Verschlussbänder weit auf.

„Was ist in dieser Plastiktüte?"

„Eine Machete", antworte ich und ärgere mich, dass wir nicht daran gedacht haben, die vorher ins Hotel zu bringen. Wenn wir die hier abgeben, werden wir das teure Stück nie wiedersehen. Ich kenn das. Die Schicht habe angeblich gewechselt und „Wie? Nein. Von einer Plastiktüte haben die Kollegen nichts gesagt. Haben Sie einen Beleg?" Ich höre die Ausflüchte förmlich schon. Dabei stellen die nie einen Beleg aus, sondern fordern einen nur auf, sich das Eigentum beim Herausgehen wieder abzuholen. Nein. Dieses Mal bleibe ich draußen und Doreen muss alleine durchs Museum gehen.

„Eine Machete?", wiederholt der Sicherheitsbeamte. Ich nicke. Ein, zwei Sekunden bleibt sein Gesicht starr. Dann verzieht es sich zu einem Grinsen, das immer breiter wird und schließlich lacht er. Auch seine Kollegen - als stünden wir hier in Fort Knox, sind es acht an der Zahl - schütten sich aus vor Lachen. Der Beamte macht nicht die geringsten Anstalten, die Plastiktüte herauszuziehen oder gar auszupacken. Doreen und ich sehen uns ratlos an, bis Doreen kurzerhand den Rucksack wieder zuschnürt und an sich nimmt. Doch dabei hat sie sicher übersehen, dass wir noch durch einen Metalldetektorendurchgang müssen, wie er an Flughäfen steht. Na wunderbar, spätestens jetzt werden sie ja nun begreifen, dass mein Aussage kein Scherz war. Wir gehen hindurch. Nichts piept. Keine rote Lampe leuchtet auf. Die Beamten auf der anderen Seite grinsen noch immer.

„Toller Humor. Viel Spaß im Museum", wünscht uns einer von ihnen. Wir gehen ungehindert weiter und ich überlege, ob ich denen, der Sicherheit der nachfolgenden Welt zuliebe, auf dem Rückweg doch noch einen Tipp geben sollte, ihre technischen Anlagen zu überprüfen.

Vier Stunden später bitte ich Doreen, nein, ich flehe sie an, mal kurz vor die Tür gehen zu dürfen, sie könne sich ruhig noch Zeit lassen, um sich alles anzusehen. Ich will nur noch ans Tageslicht und an die frische Luft und setze mich auf eine Steinbrüstung in der Nähe des Ausgangs. Die Sonne scheint mir voll ins Gesicht, ich schließe die Augen und überlege, ob ich alt werde. Früher konnte es mir nicht turbulent genug zugehen. Die Einsamkeit des Dschun-

Zum Vergnügen der Mexikaner brennt mir fast die Zunge weg

gels? Ja. Aber ab und zu musste ich die Sau herauslassen und vor allen Dingen nach Mädels Ausschau halten. Leute, Trubel und Frauen um mich herum und da kam mir so eine Großstadt gerade recht. Und jetzt fühle ich mich trotz der Machete im Rucksack nicht einmal besonders sicher in dieser Stadt. Mir fehlt auch der vertraute Anblick der weiß-grünen VW-Käfer-Taxen. Ihre Anzahl ist von ehemals 120.000 Stück auf einige Tausend, vielleicht noch weniger geschrumpft. Und auch die dürften eigentlich gar nicht mehr da sein. Denn in Mexiko darf ein Taxi nur zehn Jahre alt sein. 2001 verließ der letzte VW-Käfer das Band. Nach Adam Riese… Aber wir sind ja in Mexiko und nicht im ordentlichen Deutschland.

„Hey, träumst du?"
„Wie? Was?", schrecke ich hoch.
Doreen steht vor mir, ich springe auf und mir ist auf einmal klar: Am Alter kann es nicht liegen. Ich fühle mich noch richtig jung. Außer nach der dritten Nacht auf der Isomatte im Zelt. Und, wenn ich mich abrupt umdrehe oder lange knien muss oder mich etwas besonders stark nervt. Nein, wahrscheinlich liegt es nur an unserer besonderen Reisesituation, dass mir Großstädte manchmal auf den Wecker gehen. Und weil ich überhaupt keinen Bedarf mehr an Frauen habe. Doreen ist ja da.

Kapitel 13
Zuckerwatte und Heiligabend an einem heiligen Ort

Von der Millionenstadt geht es über die voraztekische Pyramidenstätte Tehotihuacán, deren Besichtigung wir uns natürlich nicht nehmen lassen, zurück nach Chapala und am Nikolaustag endlich zu unserem Gönner Oscar nach Pátzcuaro.

Oscar hat uns schon gewarnt, dass wir bei der Landung auf Kühe achten sollten. Auch, dass es zwei Pisten gäbe und die kurze zur Landung besser sei. Beim Anflug sehe ich beides, die kurze Piste und die Kühe. Aber auch eine längere Graspiste direkt daneben nur mit einem Pferd am Ende. Na, nehm ich halt die mit dem Pferd, denke ich und lande. Unten stelle ich fest, dass ich auf einer Wiese neben dem Flughafen gelandet bin und die schöne Landepiste inklusive Flughafengebäude durch einen Zaun von uns getrennt liegt. Na super. „Ich glaube, wir müssen nochmal hoch und auf der anderen Seite des Zaunes landen, Schnuddelbacke", sage ich lachend zu Doreen, die längst schon eine andere Lösung im Sinn hat. Sie zeigt geradeaus. „Fahre doch einfach über den Parkplatz und durch die Autoeinfahrt auf das Flughafengelände." Gesagt, getan und so rollen wir auf ganz besonderem Wege zu unserer Parkposition.

Oscar ist eine Type. Fast zwei Meter hoch und entsprechend breiter als ich. Ein Mexikaner, wie er im Buche steht, obwohl sein Äußeres, besonders seine Nase, eher an den jungen Mike Krüger erinnert. Oscar ist wahrscheinlich Multimillionär und ich vermute, er ist weltweit einer der wenigen, die im Falle eines Flugzeugabsturzes – egal wo – binnen Stunden informiert werden. Oscar fliegt dann zur Absturzstelle und entscheidet, ob er das Wrack verwerten kann und ob es einen Käufer dafür gibt. Auch Teile sind interessant. So steht irgendwo auf der Welt im Wohnzimmer irgendeines reichen Mannes das abgesägte Cockpit eines Airbusses. Nur so, weil es cool ist und weil niemand sonst so eine Einrichtung hat, an der sogar noch ein wenig Blut der Absturzopfer kleben dürfte. Außerdem gibt es offenbar genug Verrückte auf der Welt, die alte Flugzeuge wie andere Menschen alte Porzellantassen sammeln. Auch hier in Pátzcuaro steht eine große DC9 von Aero Mexico, die dort niemals hätte landen können, auf Oscars kleinem Pistenflughafen.

Das Blockhouse, das er uns zur Verfügung stellt, liegt direkt am See. Der Ort mit seinen berühmten Schmetterlingsfischern, Fischer, deren Netze wie

Auf fast 4.500m Flughöhe über die Berge Mexikos

auseinandergebreitete Schmetterlingsflügel aussehen, gehört zu den Pueblos mágicos, den magischen Orten in Mexiko. Die Vorfahren der heute rund fünfzigtausend Einwohner glaubten, hier würden die Götter zum Himmel hinauf und auf die Erde hinab steigen, eine Pforte des Himmels.

Von dieser Pforte sehen wir dieser Tage nicht viel. Es ist morgens Nebel. Es ist vormittags Nebel. Und am nächsten und übernächsten Tag ist wieder Nebel. Erst nach drei Tagen können wir nach einem herzlichen Abschied von Oscar und seiner Familie weiterfliegen.

Doreen und ich sind schon ziemlich weit mit den Flugvorbereitungen und warten nur noch auf den Sonnenaufgang, um nach Morelia und dann weiter nach Valle de Bravo zu fliegen, als uns ein junger Mann auffällt. Er steht nur wenige Meter von uns entfernt neben seinem Paramotor-Schirm und sucht etwas.

„Kann ich dir helfen?", rufe ich ihm zu.

„Hast du eine Taschenlampe?"

„Ja", antwortete ich.

„Nein", antwortet Doreen und zischt mir zu: „Meinst du, ich packe jetzt alles wieder aus?"

„Na, macht nichts. Weiß nur nicht, ob wir noch genug Benzin haben. Aber geht auch so", antwortet der junge Mann und greift in seine Hosentasche.

Dass er ein Feuerzeug hervorholt, erkennen wir erst, als eine Stichflamme aus der Tanköffnung die Umgebung erleuchtet. Der arme Kerl verbrennt sich Bart und Haare, ist aber wenigstens so clever, blitzschnell den Tankdeckel aufzusetzen und zuzuschrauben.

„Das war ja wirklich der Klassiker. Wie verpennt ist der denn?", fragt Doreen kopfschüttelnd. Jedenfalls wäre das beinahe ein sehr spektakulärer Abschied geworden. Mit Feuerwerk und allem Drum und Dran.

„Los, zack-zack, einsteigen!", rufe ich, um den Zeitverlust wieder einzuholen.

„Ich will nur noch schnell die Kameras anmachen."

„Dafür ist jetzt keine Zeit mehr." Ich sehe aus den Augenwinkeln, dass Doreen meine Feststellung einfach ignoriert, die GoPros einschaltet und dann in ihren Sitz hechtet.

„Hopp-hopp, einsteigen, Clear Prop?", rufe ich laut, weil sich niemand hinter oder neben unserem Trike befinden darf, wenn ich den Motor anlasse.

Der Propeller dreht sich und ich checke alle Instrumente. Während der Motor warmläuft, legen Doreen und ich die Sicherheitsgurte an und setzen die Helme auf. Ich rattere unsere Startkontrolle herunter und Doreen rattert zurück. Es ist ein so wichtiger Bestandteil des Fliegens, dass wir dies bewusst jedes Mal in Englisch sprechen.

„Seatbelt secured?"

„Seatbelt secured." Ich mache den Kontrollgriff, denn zu meiner Schande muss ich gestehen, dass nicht etwa Doreen, nein, ich schon einmal vergessen habe, den Gurt zu schließen.

„Helmet secured?"

„Helmet secured", antwortet Doreen. Auch hier folgt der Kontrollgriff zum Helm.

„No loose objects in your pocket?", frage ich weiter und kontrolliere gleichzeitig, ob alle Reißverschlüsse an meiner Kleidung geschlossen sind.

"No loose objects in my pocket", bestätigt auch Doreen.

"All pockets closed?" Diese Frage bezieht sich auf unsere Gepäcktaschen.

„All pockets closed."

"Ready to Rumble!"

In Valle de Bravo lernen wir Francisco Gutiérrez, genannt Vico kennen. Er ist so alt wie ich und als Triker in ganz Mexiko und darüber hinaus mindestens unter den Biologen dieser Welt bekannt. Mariposa Monarca ist sein

Zauberwort. Der Monarchfalter, einer der berühmtesten Wanderfalter der Welt. Eine große Population, und groß heißt hier im sieben- bis achtstelligen Bereich, legt alljährlich eine fast viereinhalbtausend Meilen lange Strecke von Kanada in die Sierra Nevada in Mexiko zurück. Auf wenigen Hektar überwintern sie hier. Vico ist genauso verrückt wie wir und so ist er 2005 auf die Idee gekommen, die Segel seines Trikes mit dem orange-schwarz-weißen Muster des Monarchfalters anzumalen und die Wanderung von Kanada nach Mexiko mitzufliegen. Er hatte Mühe, hinterher zu kommen, da die Falter die Strecke in nur zweiundsiebzig Tagen zurücklegten. Fotografen und Filmemacher begleiteten diesen Flug, der vom World Wildlife Fund, von dem mexikanischen Milliardär Carlos Slim Helú und dem mexikanischen Bundesstaat Michoacán finanziert wurde.

Auf der Fahrt zum Nationalpark - wir wollen natürlich die Monarchfalter mit eigenen Augen sehen - werde ich zu einer Geschwindigkeitsbeschränkung ermahnt - durch eine Schild mit der Aufschrift „Achtung! Schmetterlinge. 15 km/h.“

Wir essen mit Vico zu Abend und er erzählt von seinem abenteuerlichen Begleitflug. Er ist es auch, der uns berät, wie der Weiterflug von hier aus am sinnvollsten und vor allen Dingen am wenigsten gefährlich ist. Denn das Gebiet, in dem wir uns befinden, beinhaltet viele kleine aktive Vulkane, die feinen Vulkanrauch ausstoßen und damit die Thermik beeinflussen. Außerdem gibt es reihenweise militärische Sperrgebiete. Schließlich befinden wir uns nur circa zwei Stunden von Mexico-City entfernt.

Der Vulkanstaub ist es dann auch, der uns zur Zwischenlandung in Cuernavaca zwingt. Doch schon am nächsten Tag erreichen wir unser nächsten Ziel: Tehuacán im Bundesstaat Puebla - und sein Flughafen wartet gleich mit zwei Königstiteln auf. Wir lernen nämlich die Piloten des Eierkönigs und des Textilkönigs kennen. Der Eierkönig soll zwölf Millionen Hühner besitzen und jeden Tag vierhundert Tonnen Eier in alle Gegenden Mexikos verteilen - und ich vermute, auch darüber hinaus. Oder essen die Mexikaner wirklich täglich vierhundert Tonnen Eier? Der Textilkönig, der größte mexikanische Textilhersteller, steht dem Eierkönig kaum nach. Er braucht gleich drei Jets, um seine Ware im ganzen Land zu verteilen. Jedenfalls darf ich mein Trike in deren Hangar abstellen. Sollte hier einmal ein Ei herunterfallen, würde ich es ohne Probleme für ein gutes Rührei wieder aufklauben, so pikobello sauber ist der Fußboden. Bevor unser Moskito – haben wir ihm die Reifen abgeputzt? - diese luxuriöse Unterkunft beziehen darf, wird er zunächst von einem Drogenspürhund eingehend abgeschnüffelt.

Als erstes fahren wir mit dem Bus nach Oaxaca de Juárez, der Hauptstadt des Bundesstaates Oaxaca und seit 1987 UNESCO Weltkulturerbe. Die Besichtigung dieser Stadt, die auch ich bisher noch nicht kannte, besänftigt meine Nerven und zufrieden kehren wir nach Tehuacán zurück. Die Stadt liegt 1.676 Meter hoch und hier werde ich bei der Flugvorbereitung ein letztes Mal tief Luft holen. Denn von nun an geht es wieder Richtung Küste. Dieses Mal die Ostküste des Kontinents, zum Golf von Mexiko. Für die Überquerung der letzten hohen Ausläufer der Sierra Madre Oriental brauche ich das perfekte Wetter.

Tief Luft holen kann ich hier in Tehuacán und zwar ziemlich genau 172.800 Mal! Dies bei einer angenommenen Atemfrequenz von durchschnittlich zwölfmal pro Minute. Ich bin völlig fertig mit den Nerven, denn unsere Batterie ist kaputt und das Wetter ist schlecht. Ich frage mich, wie die Surfer beim Warten auf die perfekte Welle so ruhig bleiben können.

Wegen der nach so kurzer Betriebszeit kaputten Batterie könnte ich auf der Stelle nach Frankreich fliegen und DTA in den Ar... treten, denn Tehuacán ist nicht gerade ein Ort der Reichen. Hier fahren massenhaft kleine Mopeds

Traumhafte Landschaften, die man nur von oben sehen kann

herum, für die man an jeder Ecke eine Batterie kaufen kann. Wir aber brauchen eine leistungsfähigere, etwa vergleichbar mit der eines starken Motorrades. Das Besorgen der Batterie kostet schon einmal vier Tage, also rund 70.000 Atemzüge.

„Sag mal, nervt dich das Warten auf gutes Flugwetter nicht manchmal so, dass du keine Lust mehr hast, überhaupt weiter zu fliegen?", fragt Doreen und spricht gleich weiter. „Dumme Frage, natürlich nervt es dich. Sonst wärst du nicht so unleidlich, wenn etwas nicht klappt."

Ich sehe von dem Flugplanformular auf und prüfe, ob sie tatsächlich noch eine Antwort erwartet. Dabei ist es nicht wirklich die Vorbereitung des gerade anstehenden Fluges, die so mühsam ist, sondern die dauernden Zweifel, letztlich eine Entscheidung zu treffen, die unter Umständen lebensentscheidend sein kann. Wetter am Startort, Wetter am Zielort, Wetter unterwegs, Notlandeplätze suchen. So langsam wir im Verhältnis zu richtigen Flugzeugen unterwegs sind, so schnell kann sich alles ändern. Jeder Nebel, jedes dichte Wolkenband wird zum Problem, jeder Seitenwind, Windböen und jede starke Thermik. Mal abgesehen von dem ganzen technischen Kram am Trike. Ich lerne langsam, in Schön-Wetter-Flugstunden zu denken statt in Kalendertagen oder Wochen.

„Nein, es nervt mich nicht. Ich finde, wir werden jedes Mal durch den Flug selbst für alle Vorbereitungen entlohnt, oder?", gebe ich ihr eine Antwort, bei der nur der erste Satz gelogen ist. „Außerdem, mein Schnuddelbäckchen, lies mal das hier", fordere ich sie auf und drehe den Bildschirm so, dass sie den Text lesen kann, den ich gerade in den Blog geschrieben habe. „Du musst doch zugeben, dass da jeder verrückt wird, oder?"

Doreen liest laut, was sie gerne macht, und unterbricht immer wieder, weil sie lachen muss.

Freitag, 4:13 Uhr am Morgen, unser Wecker klingelt unerbittlich. Taschen packen, Auschecken, Taxi zum Flughafen, die zähen Sicherheitskräfte überzeugen, dass wir 90 Minuten vor Öffnung des Flughafens zum Flieger müssen, um alles vorzubereiten, endlich im Hangar. In 80 Minuten ist alles fertig und wir sind bereit für den letzten gefährlichen Gebirgsflug über 3.000 Meter hohe Berge und vorbei an dem mit 5.800 Meter höchsten Berg Mexikos, der uns an die atlantische Küste bringen soll. Damit hätten wir bereits zweimal den Kontinent durchquert. Von Florida am Atlantik nach Kalifornien am Pazifik und nun wieder zurück zum Atlantik. Wetter super und los geht's. Denkste! Der Motor startet erst nach ewigem Gestottere und der Funk geht gar nicht.

Auspacken, Trike sichern im Hangar, Batterie ausbauen und ein Ladegerät suchen, Laden, Taxi, Einchecken im Hotel, wieder zum Flughafen, Batterie einbauen und alles klar für morgen. Abendessen, Kuss und Gute Nacht!

Samstag, 4:24 Uhr Wecker, Auschecken, Taxi, Sicherheitskräfte überzeugen, Flieger vorbereiten, Flieger startet, aber Funk geht nicht! Sch…! Frust total. Trike in den Hangar, Taxi zum Hotel, Einchecken und einen Elektroniker finden, denn das Problem ist nicht das Funkgerät, sondern der Auslöseknopf. Nach fünf Stunden ist alles geregelt. Taxi zum Flughafen und Einbau. Fertig für Morgen! Snack, Bier und Kuss – ab ins Bett.

Sonntag, 4:26 Uhr Wecker, Auschecken, Taxi, Sicherheitskräfte machen freiwillig auf, Flieger vorbereiten, Flieger startet nicht. Um acht Uhr kommt ein Mechaniker. Die Batterie entlädt sich automatisch. Darf nicht passieren bei einer nur sechs Monate alten Batterie, aber DTA, der Trikehersteller, hat ein billiges Model made in Vietnam und dazu noch eine uralte Batterie genommen und so müssen wir zusehen, dass wir heute irgendwo eine neue bekommen. Trike in den Hangar, Taxi zum Hotel, Einchecken und sieben Stunden später geben wir auf. Sonntags ist keine Batterie zu finden. Abendessen, drei Bier und noch mehr Küsse – ab ins Bett.

Montag, kein Wecker, dicker Kopf, aber am Nachmittag haben wir tatsächlich eine Batterie „Made in USA" gefunden! Taxi zum Flughafen und Einbau. Fertig für Morgen? Kein Bier, aber gutes Essen, eine tolle Frau und – Gute Nacht!

Dienstag, 4:18 Uhr Wecker, Auschecken, Taxi, Sicherheitskräfte überschlagen sich, um uns rein zu lassen, Flieger vorbereiten, Flieger startet, Radio geht, wir bekommen Starterlaubnis und heben ab. 10 Minuten später landen wir – Nebel zieht über die Berge und die Sicht ist gleich Null. Mist! Wir warten – noch mehr Nebel. Tower sagt uns, dass dies heute nichts mehr wird mit einem zweiten Start. Trike in den Hangar, Taxi zum Hotel, Einchecken und Frust. Nachmittag frei, am Abend ein kleines Bier und Hoffnung, morgen abzuheben.

Mittwoch, 4:19 Uhr Wecker, Auschecken, Taxi, Sicherheitskräfte sind nun unsere besten Freunde, Flieger vorbereiten, Flieger startet, Radio geht, wir bekommen Starterlaubnis und heben wieder einmal ab. Wind schleudert uns umher und wir sehen Nebel überall hinter den Bergen. 15 Minuten später landen wir. Ich halte das kaum aus und brauche Doreen, die mich lange drückt! Morgen zieht eine Regenfront an der Küste entlang. Kein Start möglich und wir beschließen, uns eine Berghütte zu suchen und zwei Tage dort

Schattenspiele bei der Landung auf einer Wiese bei Pátzcuaro

zu verbringen. Ich glaube, ich werde heimlich genug Rum und Bier mitnehmen.

Mut bekomme ich aus Brasilien von unserem Freund Will auf unserer Facebookseite zugesprochen: „Habe nur Geduld mein Freund. Als ich einmal mit meiner Frau in Brasilien unterwegs war, mussten wir zur Karnevalszeit fünf Tage wegen schlechten Wetters warten. Und das im einzigen Ort Brasiliens, der keinen Karneval feiert!"

Irgendwann ist jedes Warten genug und wenn wir noch länger bleiben, wird das zur nervlichen Zerreißprobe für uns beide. Also starten wir am 23. Dezember. Das nicht enden wollende Warten hat in mir einen Pragmatismus geboren, der Doreen erschreckt. „Bisher warst du vorsichtiger. Du wärst nicht geflogen", wirft sie mir vor.
„Kann sein. Aber ich habe die Schnauze voll. Wir fliegen heute und basta."
Schweigen auf dem Rücksitz und das ist auch gut so. Ein Wort mehr und ich würde explodieren. Irgendwie habe ich immer weniger Geduld.
Inzwischen habe ich gelernt: Wenn ich ungefähr einen Kilometer über dem höchsten Berg fliege, dann können mich die Auf- und Abwinde mal. Und

zum Überqueren der höchsten Gipfel brauche ich circa zwanzig Minuten. Wenn die ersten zehn Minuten etwas passiert, habe ich die Möglichkeit umzukehren und zurückzugleiten bis zu einem Notlandeplatz. Wenn die zweiten zehn Minuten der Motor ausfällt, kann ich bequem zur anderen Seite in Richtung Küste hinuntergleiten und mir dort einen geeigneten Platz zum Landen suchen.

Na denn! Es geht zunächst besser als gedacht. Wir fliegen wirklich sehr hoch, ungefähr dreieinhalb Kilometer. Das klingt hoch, aber von der Sicht her ist das gar nicht so viel. Denn die Täler zwischen den Berggipfeln liegen bereits ungefähr zwei bis zweieinhalb Kilometer über dem Meeresspiegel. Aber, als wir nach einer Viertelstunde die letzten Berge hinter uns lassen, höre ich nur ein in die Länge gezogenes „Wow" von Doreen. Ich mache es ihr nach. Die Sicht in Richtung Küste macht unsere Höhe deutlich. Nun sind wir wirklich mehr als drei Kilometer über dem Boden. Ein Anblick zum Luftanhalten. Unwillkürlich krampft sich die Magengegend zusammen. Ein bisschen so, wie am höchsten Punkt der Achterbahn, wenn die Sicht frei wird auf den gleich erfolgenden Sturz ins Tal.

Wir genießen diese Aussicht, während ich langsam die Flughöhe reduziere. Doch je näher wir der Küste kommen, umso mehr Wolken ziehen sich dort unter uns zusammen. Mit einem Trike kann man definitiv nicht durch eine Wolke fliegen. Man verliert sofort jede Orientierung, gerät unweigerlich ins Trudeln und die Absturzgefahr ist immens. Außerdem kommt hinzu, dass eine Wolke dann entsteht, wenn kalte und warme Luft zusammentrifft. Man hat also die Wahl zwischen zwei Übeln. Man fliegt über den Wolken und relativ ruhig, hat dafür aber keinen Bodensichtkontakt. Oder der ist einem wichtiger, also fliegt man unterhalb der Wolken und wird so richtig munter durchgeschüttelt. Hinter mir genießt Doreen den Flug über den Wolken. Ich merke es an ihren begeisterten Kommentaren zu den Foto- und Filmaufnahmen, die sie ununterbrochen macht. Ich dagegen suche nach einem Loch. Einem Loch in dem dichten Wolkenteppich unter mir, durch das ich hindurchrutschen kann.

Endlich, nach mehreren Kilometern, lockert sich vor mir die Wolkendecke, zerfasert sich wie auseinandergezogene Zuckerwatte und reißt schließlich auf. Dieses Loch werde ich nutzen. Ich bewege mich. Die Wolken bewegen sich. Leider auf mich zu. Das potenziert die Eile, mit der ich die bisherige Flughöhe verlassen und unser Trike herunter bringen muss. Es wird ein riskanter Sturzflug, bei dem Doreen den Arm zur Seite ausgestreckt hat, als könne sie die Reste der Zuckerwatte festhalten, die an uns vorbeiziehen. Nun fliegen wir unterhalb der Wolkendecke und es ist sehr ruhig, was mich nicht erstaunt, denn bereits vor meinem Hüpfer nach unten habe ich gesehen, dass unter den Wolken über den Wolken ist. Ich muss durch insgesamt drei dieser Wolkenschichten, die nur etwa dreihundert Meter Abstand voneinander haben. Ich komme mir vor, wie das Fleischteil eines Burgers, und hoffe, dass der Verkäufer nicht noch beide Hälften des Brötchens kräftig zusammendrückt, bevor er es dem hungrigen Kunden übergibt.

Unter der letzten Wolkenschicht wird es dann wirklich ungemütlich. 35 Stundenkilometer Windgeschwindigkeit. Dazu Böen und Thermik. Aber ich habe rechtzeitig zur Landung in Minatitlán Bodensicht.

„N217TG. Bitte reihen Sie sich in die Flughafenrunde ein und halten Sie strikt Ihre bisherige Flughöhe. Sie sind Nummer zwei hinter dem Airbus von Aero Mexico.“

„Wir sollen hinter dem landen? Aber wo ist der Airbus?“, fragt Doreen und dreht ihren Kopf nach allen Richtungen.

„Tower. Ich habe keinen Sichtkontakt mit dem Airbus. Wann will der Airbus landen? N217TG.“

„N217TG. Ich wiederhole - bleiben Sie exakt auf Ihrer Höhe. Der Airbus wird Sie in circa zehn Sekunden passieren. 150 Meter unter Ihnen, 100 Meter links neben Ihnen.“

Ich komme nicht mehr dazu, zu antworten. Denn das Vorbeirasen des Riesenvogels, dessen Piloten wir quasi die Hand schütteln könnten, lässt alles in mir verkrampfen, was Muskeln hat. Die anschließende Entkrampfung fällt so intensiv aus, dass es schwierig ist, dem Blasenschließmuskel klarzumachen, dass er von dieser Entspannung jetzt nicht betroffen sein soll. „Wow! Krass!“, kommt es gekrächzt aus meiner Kehle. Ich räuspere mich und teile dem Tower unmittelbar mit: „Airbus ist passiert. Werde hinter dem Airbus landen, sobald dieser den Taxiway erreicht hat. N217TG.“

„N217TG. Landeerlaubnis erteilt.“

Ich meine, in der Stimme des Fluglotsen das bemühte Unterdrücken eines Lachkrampfes herauszuhören. Aber vielleicht irre ich mich ja.

Uns treibt die Sehnsucht ans Meer und so fahren wir an einen kleinen Ort an der Küste. Ein schreckliches Nest. Lieblose Aneinanderreihung von Billig-Touristen-Shops, Bars und Restaurants, deren Vortänzer einen vollquatschen und nicht vorbeigehen lassen. Eine gemütliche Altstadt gibt es nicht. Doreen und ich sitzen im Sand kurz vor der Wasserkante.

„Morgen ist Weihnachten", stellt Doreen fest.

„Ja."

Wir schweigen und starren weiter aufs Wasser. Eigentlich wollten wir Weihnachten schon bei Peter in Belize sein. Ich wollte Doreen so vieles zeigen und ihr auch ein bisschen etwas wie Familienfeier bieten. Ich weiß doch, wie sehr sie manches Mal ihre Eltern, die Freunde und Kollegen zuhause vermisst, ebenso wie ich.

„Wollen wir zurückfahren?", fragt sie.

„Nach Minatitlán? Hmm."

„Auch nicht so prickelnd, oder?"

„Hmm."

„Wir könnten morgen früh weiterfliegen."

„Wo willst du denn Weihnachten sein?", frage ich und greife ihre Hand. Sie erwidert liebevoll meinen Druck. Dann führt sie unsere Hände und malt eine Pyramide in den Sand. „In Palenque? Soll schön sein", antwortet sie.

„Ja, ist schön dort."

Wir starren noch eine Weile weiter aufs Wasser. Wir brauchen nicht zu reden. Ich fühle genau, was sie fühlt und will ebenso weg von hier wie sie.

„Lass uns gehen", sagt Doreen und steht auf.

Widerspruchslos folge ich ihr.

Ich selbst war bereits einige Male in Palenque. Für Doreen ist es der erste Besuch einer so großen Maya-Ruinen-Stadt. Große weiße Kreuze auf den Start- und Landebahnen zeigen mir an, dass ich auf dem Flughafen Palenque nicht landen darf. Etwas ratlos mustere ich das Gebiet unter uns und drehe eine Runde über den offensichtlich in einem großzügigen Neubau befindlichen Flughafen. Bei dem touristischen Aufgebot braucht es den wohl auch. Es gibt sogar einen Tower. Aber der antwortet mir nicht. Wo zum Teufel soll ich denn landen hier mitten im Dschungel? Endlich erkenne ich eine kleine Piste. Sie scheint zum alten Flughafen zu gehören. Aber das soll ein internationaler Flughafen sein? Und hier soll ich landen? Hinter uns liegt ein rund dreihundert Kilometer langer Flug, der wunderbar begann, bis eine hundertvierzig Kilometer lange Wolkenfront sich direkt in unsere Flugroute schob. Wir mussten einen Umweg fliegen und sind deshalb spät dran. Es ist bereits Mittagszeit und ich kämpfe mit starker Thermik und dem bedauernswerten

Auf den Spuren der Mayas in Palenque

Zustand der alten Landepiste, bringe aber unseren Moskito sicher herunter. In mir schlägt eben in erster Linie ein Pilotenherz und Fliegen gehört zu meinem Leben wie der Dschungel zur Ruinenstadt Palenque.

Selbst in touristischen Hochzeiten verlaufen sich hier die Besuchergruppen, so riesig ist das Gebiet und vor allen Dingen ist es ja keine rechteckige freigelegte Fläche, sondern der Dschungel, der ohnehin noch ungefähr achtzig Prozent der Stätte in seinen Fängen hält, schlängelt seine Arme wie bei einem Flussdelta um die freigelegten Ruinenbereiche. Heute sind deutlich weniger Menschen hier. Kein Wunder. Denn die sitzen zuhause oder in den Hotels, hilfsweise auf Campingplätzen oder in kleinen Bars und bereiten sich auf das Weihnachtsfest vor. Nur ein paar merkwürdige Gestalten begegnen uns und bei ihrem Anblick wünschte ich mir, Doreen und ich würden nicht so europäisch aussehen. Denn ich schäme mich für diese Kreaturen. Vor uns steigt ein Wesen die engen Pyramidenstufen hinauf - von hinten nicht auszumachen, ob Männlein oder Weiblein, in einem getigerten Minirock und einem knallgelben ärmellosen Shirt, die eine Kopfhälfte rasiert, die andere mit mittellangen schwarzen Haaren. Er/sie steigt schneller als wir und da wissen wir, dass es ein Mann ist, denn unter dem Tigermini trägt er keine Unterhose und für meinen Geschmack sieht Doreen zu genau und viel zu lange hin. Noch mehrere solcher Gestalten, sichtlich angetrunken, bewegen sich in diesem UNESCO Weltkulturerbe. Ich bin normalerweise für jeden Spaß zu haben und prüde sicherlich auch nicht. Aber ich frage mich, wie die Parkverwalter und die Bewohner von Palenque diese Missachtung ihrer jahrtausendealten Kultur empfinden mögen. Ich bin nie ein Kirchgänger gewesen und wenn ich einer wäre, dann auch kein Katholik. Aber sollte Doreen jemals auf die Idee kommen - würde sie niemals tun, aber mal hypothetisch gedacht – in einem Spaghettishirt und mit Mini eine katholische Kirche, egal wo auf der Welt, zu besichtigen, würde ich sie auffordern, sich etwas anderes anzuziehen. Und diesen Respekt erwarte ich gegenüber jeder Kultur und Religion auf der Welt.

Diese Gruppe ist scheinbar von der hier am 21. Dezember stattgefundenen Weltuntergangsparty übriggeblieben. Doreen und ich verstehen uns wieder einmal wortlos und machen gleichzeitig auf dem Absatz kehrt, um einen anderen Weg zu nehmen. Sollen die doch alleine hier auf das Raumschiff warten, das sie in eine andere Welt bringen soll und das sich offenbar verspätet hat.

Wir schlendern unter Bäumen, deren Kronen über uns verbunden sind, zum nächsten Ausgrabungsort. Dort ist niemand und wir legen uns nebeneinander auf die Wiese, genießen den Frieden, den diese ehemalige Mayametropole ausstrahlt. Außer ihrer Farbe, den für die Mayabauten typischen blauen, roten und ocker Malereien, haben die Kalksteinbauten nichts von ihrer erhabenen Wirkung verloren. Das angesetzte Moos und die Bruchstellen der Steine wirken wie sichtbare Zeichen der Weisheit und des Geistes, der damals in dieser Stadt gelebt haben muss. Die Nachmittagssonne wärmt angenehm, und als ich die Augen schließe, wird mir das Konzert des Dschungels bewusst. Ich war in meinem Leben so lange und so oft im Urwald, dass ich oft vergesse zuzuhören, wie sich die Laute der Brüllaffen und Papageien, der Grillen und Zikaden mit dem Plätschern der Kaskaden, von denen es hier reichlich gibt, zu einem Konzert zusammenfügen, für das man in Europa, angepriesen als Entspannungs- und Meditations-CD sicher zehn bis fünfzehn Euro hinlegen muss. Meine Gedanken wandern zu Stevie, Steffi, zu meinen Eltern. Zu Doreens Familie und ihrer Oma, die bestimmt wieder als Weihnachtsmann verkleidet die Geschenke verteilt. Sie alle werden jetzt am Tisch sitzen und köstlich speisen, Geschenke auspacken und Weihnachtslieder hören. Bestimmt haben sie einen geschmückten Weihnachtsbaum mit

Lichterketten im Zimmer oder im Garten aufgestellt. Heute ist Heiligabend und auch, wenn es hier in Palenque noch nicht Abend ist, passt das „heilig" perfekt zu diesem Moment.

Es ist der 25. Dezember. Weihnachten. Morgens acht Uhr. Wir stehen am Flughafen in Palenque, dessen Tower nicht besetzt ist. Kein anderes Flugzeug weit und breit. Und wir wollen pünktlich um neun Uhr in Richtung Guatemala ausreisen. Hierfür brauchen wir die Stempel der Immigration und des Zolls und die Anwesenheit des Flughafenmanagers, der gestern im Übrigen meine Pilotenlizenz in Gewahrsam genommen hat. „Nur vorsorglich. Verstehen Sie? Sie könnten sonst einfach abheben und ich habe dann den Ärger."

Gibt es „den" Mexikaner? Ja. Er ist eine Kunstfigur. Zusammengebaut aus Klischees. Und Klischees bilden sich bekanntermaßen aus Übertreibungen, Verallgemeinerungen, gewürzt mit klitzekleinen Wahrheitskörnchen und gespickt mit einer teils liebevollen, teils bösartigen Bewertung. Somit ist der Mexikaner freundlich, nicht sonderlich pünktlich bis hin zu unzuverlässig. Er ist Macho und gläubiger Katholik. Die Feiertage sind ihm heilig. Die Mitglieder der Exekutive, egal, ob Polizei, Militär oder Regierungsbeamte, sind korrupt und autoritär.
Jedenfalls war ich mir vor einer halben Stunde, als wir aus der kleinen Pension in Palenque ausgecheckt haben, aber so etwas von sicher, dass nichts von alledem, was der Manager uns gestern hinsichtlich unserer Ausreisepapiere zugesagt hat, gleich eintreffen wird. Aber alles klappt wie am Schnürchen. Um acht Uhr treffen wie versprochen die Beamten des Zolls und der Ausreisebehörde ein. Um halb neun der Flughafenmanager. Ein kleines bisschen will er sich dann doch bei uns rächen, dass er am Weihnachtsmorgen unseretwegen arbeiten muss, denn er behält meine Pilotenlizenz bis zur allerletzten Minute. Ich muss sie ihm förmlich aus der Hand reißen. Aber trotzdem. Ein Klischee ist eben ein Klischee und es gibt nette, pünktliche und hilfsbereite mexikanische Beamte. Und wohl auch andere.

Kapitel 14
„Fliegen Sie zurück, sonst werden Sie verhaftet!"

Auf unserer Strecke Richtung Flores in Guatemala fliegen wir fast nur über Dschungel. Das mag toll klingen, ist es aber nicht und mir fällt Oscar ein, der Geschäfte mit den Flugzeugwracks macht, auch mit denen, die hier mangels Notlandeplätzen in die grüne Hölle hinab gestürzt sind.

„Wir haben doch einen Fallschirm für das ganze Trike", meint Doreen, die den Überflug über den dichten Teppich in hunderten unterschiedlichen Grüntönen sehr genießt.

„Naja, wenigstens ein kleiner Hoffnungsschimmer", antworte ich. Weshalb sollte ich ihr den Genuss madig machen? Natürlich ist ein Fallschirm eine Art Sicherheit. Sonst hätten wir nicht über dreitausend Euro dafür ausgegeben. Aber sehr erprobt sind diese Dinger nicht. Das ist den Firmen für die vergleichsweise wenigen Trikes, die es in der Welt gibt, viel zu teuer. Es bleibt immer die Frage: Löst er wirklich aus? Und hängt das Trike dann einigermaßen gerade? Denn, selbst wenn der Schirm sich ordnungsgemäß öffnet, heißt das ja nicht, dass es keinen Aufprall gibt. Mit geschätzten acht bis neun Stundenkilometern soll das Trike mit dem Schirm nach unten gehen. Wenn das Trike nicht gerade hängt, reicht das aus, dass der Rahmen auseinanderbricht. Außerdem ist das Trike ab dem Moment des Auslösens auch nicht mehr lenkbar. Man geht also dort herunter, wo man sich gerade befindet. Und auch, wenn durch großflächige Urwaldrodungen der Primärwald in vielen Gebieten nicht mehr existiert, hoch sind die Bäume allemal. Es würde kein Zuckerschlecken sein, dort oben mit dem Trike reinzurauschen und dann hilflos wie ein verlorener Kinderdrachen in den Ästen zu hängen.

Bald nachdem wir den letzten Militärflughafen auf mexikanischer Seite passiert haben, melde ich mich vorschriftsmäßig per Funk auf der Frequenz des guatemaltekischen Flughafens Mundo Maya International Airport in Flores. Die Funkverbindung ist noch sehr schlecht. Aber ich verstehe laut und deutlich die Worte „Keine Einreise. Sie haben keine Einreisegenehmigung." und „Drehen Sie sofort um."

Das kann nicht sein. Die Ein- und Ausreisebürokratie macht für uns die Firma White Rose Aviation. Wir erhalten einen Code, zu dem unsere Akte bei der Flugbehörde des jeweiligen Landes angelegt ist. Denn hier oben kann ich schlecht Papiere mit mir herumtragen oder gar darin blättern. Ich weiß, dass die Drohungen der Flugaufsicht in Flores nicht untertrieben sind. Es ist

überall in der Welt so, dass man Gefängnisstrafen und die Beschlagnahmung des Flugzeuges riskiert, wenn man sich nicht strikt an die Einreisegenehmigungen hält. Aber ich weiß auch, dass ich ganz sicher im Besitz dieser Genehmigung in Form eines Codes bin und dass der Fehler gerade von denen da unten gemacht wird. Deshalb ignoriere ich die gehörten Mitteilungen und wiederhole in regelmäßigen Abständen den Code und teile mit, dass die Verbindung sehr schlecht sei und ich eigentlich nichts verstünde.

Inzwischen sind wir in der Nähe des Flughafens Flores und die Verbindung ist leider ausgezeichnet. Ohne jede Störung tönt es aus dem Funkgerät: „Sie haben keine Einreisegenehmigung. Drehen Sie sofort um. Wenn Sie hier landen, werden wir Sie verhaften und Ihr Flugzeug beschlagnahmen."

Na super. Und nun? Kommt jetzt der typische Guatemalteke? Beharrlich ignoriere ich weiter die Funksprüche und wiederhole in kurzen Abständen meinen Code. Bis ich endlich die erlösende Nachricht höre: „Herzlich Willkommen in Guatemala. Sie haben Landefreigabe für Landebahn 28."

Als ich unser Trike herunterbringe, sehe ich am Ende des Taxiways des großen internationalen Flughafens eine Menschentraube stehen.

„Das war wahrscheinlich eine Falle. Wir kriegen bestimmt Ärger. Die wollten uns nur erst einmal unten haben", mutmaßt Doreen und ihre Stimme klingt belegt. Auch ich mache mir Sorgen, besonders, als ich die Uniformen in der Menschenmenge erkenne. Weshalb dieses Riesenaufgebot?

Unser Trike steht, wir klettern heraus und sind fassungslos. Wie bei der Ankunft einer Rockband blitzen die Kameras und wir sehen uns ausschließlich strahlenden Gesichtern gegenüber. Bald werden wir aufgeklärt, dass wir das erste Trike sind, das jemals auf dem großen Flughafen gelandet ist und man entschuldigt sich, dass die Akte aus nicht nachvollziehbaren Gründen leider verlegt worden sei. Aber nun habe man sie gefunden und alles sei in Ordnung. Die Einreisemodalitäten sind dann auch im Nu erledigt und wir planen, von Flores aus Tikal zu besuchen, die sehr gut erforschte antike Mayastadt mit ihren beeindruckenden Stufenpyramiden. Ich telefoniere mit meinem Freund Peter in Belize und sein Hinweis auf die Wettervorhersage dort krempelt wieder einmal alles um. Eine Regenfront, die mindestens elf bis sechzehn Tage dauern soll, zieht in Richtung Belize. Unsere beantragte Einreisezeit von Guatemala nach Belize ist der 29., 30. oder 31.12.. Noch mehr Zeit wollen wir nicht verlieren und so beschließen wir, gleich am nächsten Tag von Flores zum internationalen Flughafen Belize City zu fliegen. Doch noch immer ist Weihnachten und so erreiche ich niemanden, der die Einreisegenehmigung vorverlegt. Bis mir Herr Torres einfällt. Er ist der Leiter der Flugaufsichtsbehörde und ich kenne ihn aus der Zeit, in der ich in Belize gelebt und mit einem fliegenden Boot Touristen umhergeflogen habe. Und, was viel wichtiger ist, ich habe seine Handynummer.

Ich erreiche Herrn Torres beim familiären Weihnachtsessen und er wirkt schon etwas angetüdelt.

„Andreas, mein Freund. Na klar kümmere ich mich darum und lass jetzt gleich das Einreisedatum im Tower ändern. Wie ist denn dein Code?"

Ich wiederhole den Code vorsorglich drei Mal und freu mich dann wie ein Schneekönig.

„Schnuddelbäckchen. Morgen schon kann ich dir endlich meine alte zweite Heimat zeigen und meinen Freund Peter vorstellen. Er wartet auf uns in San Ignacio."

Leider bleibt uns kaum Zeit, Flores anzusehen. Die Stadt liegt auf einer Insel inmitten des Petén-Itzá-Sees und ist nur über einen künstlichen Damm mit dem Festland verbunden. Und erst recht müssen wir auf Tikal oder eine der anderen umliegenden Mayastätten verzichten. Ein weiteres Mal fühle ich mich regelrecht traurig, dass wir auf unserer bisherigen Reise so extrem viel Zeit durch die technischen Probleme und das Wetter verloren haben. So müssen wir jetzt Guatemala im Schnelldurchflug hinter uns bringen. Der einzige Trost für mich ist, dass ich das Land und seine Höhepunkte bereits recht gut kenne. Nur hätte ich gerne Doreen etwas davon gezeigt.

Wir starten am nächsten Tag pünktlich in einen Flug, der nicht viel mehr als zwei Stunden dauern wird. Wieder fliegen wir über dichten Urwald und so lenkt es mich angenehm ab, dass Doreen mich fragt, ob es Probleme geben könnte, weil wir von Guatemala aus nach Belize einreisen. Stimmt, dieses Problem hatte ich ganz verdrängt und ein zweites Mal bin ich erleichtert, Herrn Torres persönlich zu kennen.

„Ich habe vergessen, worum es in diesem Konflikt geht", gibt Doreen zu und ich wundere mich. Denn sie ist es, die sich normalerweise über jeden neuen Ort oder jedes Land so ausgiebig informiert, dass sie mir wie ein Reiseführer alles Wissenswerte vortragen kann. „Ich habe darüber irgendwann mal ausführlich gelesen. Aber ehrlich gesagt: Ich bin darüber fast eingeschlafen. Vertrag von anno dutt zwischen dem und dem, Vertrag von dann, aber jetzt zwischen dem und dem… Das ist so komplex, da blickt keiner mehr richtig durch."

Tolle Aussichten, aber wehe der Motor fällt aus...

„Dein Freund Peter hat mehrere Bücher über Belize geschrieben. Der müsste es doch wissen", wirft Doreen ein.

Ich muss lachen. „Klar weiß der das. Aber du wirst seine trockene kurze Art noch kennenlernen. Der bringt das Ganze so auf den Punkt." Ich versuche Peters Stimme nachzumachen. „Früher gehörte hier alles den Spaniern. Das fanden die Briten nicht gut und haben sich mit den Spaniern die Köppe eingeschlagen. Irgendwann hatten beide genug blaue Flecken und haben ihren Streit provisorisch geregelt. Nun sind ja die Kolonialherren längst weg und da fing Guatemala, ehemals Spanien, an zu spinnen und wollte Belize zurück, was angeblich nie den Briten richtig gehört hat. Irgendwie haben sie sich dann doch geeinigt. Dafür sollten die Briten aber eine Straße von Guatemala City zur Karibikküste bauen und noch so einiges andere. Die Straße gibt's bis heute nicht und deshalb hat vor rund 70 Jahren Guatemala mal vorsorglich alle Einigungsverträge annulliert und die Scheiße begann von vorn. Inzwischen haben beide aber auch nicht wirklich Lust, sich eins auf die Nüsse zu hauen und deshalb soll das Ganze zum Internationalen Gerichtshof nach Den Haag. Und weil niemand weiß, was in den Köpfen von Richtern so vorgeht, bauen die Briten nun vorsorglich die Straße doch. Sagen sie jedenfalls."
Das Funkgerät unterbricht frecherweise meinen Vortrag und dabei war ich gerade so schön in Fahrt. „Drehen Sie sofort um. Sie haben keine Einreisege-

nehmigung. Ich wiederhole: keine Einreisegenehmigung für Belize", tönt es aus meinen Funkgerät.

Diese Aussage ist so frech, wie die Unterbrechung selbst. Das GPS zeigt, dass wir in diesem Moment gerade über die Grenze fliegen. Meine Güte. Nicht schon wieder das Gleiche wie gestern bei der Einreise nach Guatemala. Gebetsmühlenartig leiere ich immer wieder meinen Spruch ins Funkgerät: „Bitte nehmen Sie Kontakt mit Herrn Torres auf. Er hat die Landung genehmigt." Auch unseren Code wiederhole ich in etwa so oft, wie eine Mutter ihr außer Rand und Band geratenes Kind zur Ruhe mahnt. Die Ruhe kehrt dann eine halbe Stunde später ein. Offenbar hat der Tower nun endlich Herrn Torres erreicht oder meine Akte wiedergefunden oder was weiß ich. Jedenfalls bestätigt er mir meine Landeerlaubnis. Ich wäre auch sicher nicht wieder umgedreht, denn der Flughafen Belize City ist inzwischen weniger als sieben Kilometer entfernt. Immer wieder kontrolliere ich das GPS, denn glauben kann ich diese kurze Entfernung nicht. Wir fliegen in über anderthalb Kilometer Höhe und vor lauter Schäfchenwolken – so nennt Doreen sie mit verzücktem Gesichtsausdruck – kann ich nicht einmal die Küste sehen, geschweige denn Belize City. Aber es gibt keinen Zweifel, dass mein GPS funktioniert. Ich konzentriere mich also auf ein Wolken-Lücken-Hopping, das jedem Computerspiel Konkurrenz machen kann. Ein paar Mal wird es etwas feucht, wenn ich eine Wolke streife, aber dann habe ich endlich freie Sicht und muss sofort mit dem Landeanflug beginnen.

Das Trike ist sicher geparkt und zuversichtlich begeben sich Doreen und ich ins Flughafengebäude, um die üblichen Einreiseformalitäten möglichst bald hinter uns zu bringen, denn wir wollen am Nachmittag weiter nach San Ignacio fliegen.

„Wo ist Ihr Agent?" fragt der Beamte der Immigration, ein rundlicher kleiner Mann mit Oberlippenbart und streichholzkurzer Haarpracht, die an den Schläfen und am Hinterkopf bereits bedenkliche Lücken aufweist.

„Wir haben keinen Agenten."

„Sie brauchen aber einen Agenten."

„Wir wollen doch nur die Einreisepapiere erledigen."

„Haben Sie die Formulare ausgefüllt?"

„Nein, ich habe noch keine Formulare. Ich dachte, Sie geben sie mir."

„Die Formulare hat der Agent."

„Wir haben keinen Agenten."

„Dann können Sie gleich wieder umkehren. Ohne ausgefüllte Formulare können Sie hier nicht bleiben. Allerdings, ohne Ausreiseformulare kommen Sie hier auch nicht wieder weg."

„Ich brauche ja keine Ausreiseformulare. Nur die Einreiseformulare."

„Wir haben die nicht. Die hat Ihr Agent."

„Wir haben keinen. Verstehen Sie denn nicht? Wir fliegen um die ganze Welt und kein Land verlangt einen Agenten. Ich habe hier früher gelebt und bin auch geflogen. Ohne Agent. Wir könnten uns einen solchen auch gar nicht leisten."

„Ich bin Agent." Die Stimme kommt von dem Mann, den ich gerade dabei beobachtet habe, wie er die Koffer einer Aero Mexico-Maschine entladen hat.

„Sie sind Agent? Sind Sie nicht vom…"

„Vom Gepäck. Ja. Ich bin aber auch Agent."

„Und wie viel kosten Ihre Agenten-Dienste?"

„Kommt drauf an, was Sie genau brauchen. Aber vierhundert Dollar ist Minimum."

„Nein danke. Sehr nett."

Eine weitere Angestellte der Flughafenbehörde mit einem Streifen mehr auf der Bluse als mein bisheriger Gesprächspartner hat sich während des Gesprächs zu uns gesellt und zugehört. Nun mischt sie sich ein: „Kommen Sie, ich sage Ihnen, was Sie machen müssen." Vier böse Augen folgen uns, als wir in das Büro der netten Dame gehen. Sie macht die Tür zu und ich höre förmlich, wie es bei den beiden da draußen brodelt.

„Sie gehen zur Polizei, zum Gesundheitsamt, zum Zoll und zur Einreisebehörde und lassen sich jeweils diese Formulare hier abstempeln. Und dann kommen Sie wieder zu mir." Sie drückt uns einen Packen Papier in die Hand.

Ich kann es kaum fassen. Ausgerechnet Belize macht jetzt so ein Theater? Wir hätten doch lieber direkt über Mexiko einfliegen sollen. Scheint etwas dran zu sein an dem überall schwelenden Konflikt zwischen Guatemala und Belize. Dabei hat mich gerade die lockere Bürokratie dieses Landes damals dazu gebracht hat, hier mehr als zwei Jahre zu leben. Und dass es nicht noch viel mehr Jahre geworden sind, lag nicht an den Flugaufsichts- oder Immigrationsämtern. Ganz und gar nicht. Aber das ist eine andere Geschichte. Jetzt muss ich mich also um die Behördenstempel kümmern, von denen jeder 40

US-Dollar kostet, Überstundengebühr, da heute ja Feiertag ist. Frohe Weihnachten! Nach zwei Stunden sind wir wieder zurück.

„Es wäre nett, wenn wir bald fertig würden. Denn wir wollen heute noch nach San Ignacio weiter", sage ich mit dem freundlichsten Lächeln zur Dame der Flugaufsicht.

„Dafür brauchen Sie eine Weiterfluggenehmigung. Die haben Sie nicht."

„In keinem Land der Welt braucht man eine Weiterfluggenehmigung." Langsam verzweifele ich.

„Heute wird das nichts mehr. Aber hier sind die Formulare. Sie können sich ja schon einmal darum kümmern."

Die Formulare kommen mir bekannt vor. Sie müssen von der Polizei, vom Gesundheitsamt, vom Zoll und von der Flugaufsicht abgestempelt werden. Hoffentlich muss Doreen nicht auch noch einen Schwangerschaftstest machen, bevor wir weiter dürfen.

Ich renne wieder los. Trotzdem bedarf es noch eines Anrufes auf dem Handy von Herrn Torres, der wieder auf einer Weihnachtsfeier und hörbar genervt von mir scheint. Erst, als ich ihm sage, wo die versprochene Flasche Rum für ihn deponiert ist, verzichtet er auf die vor einem Weiterflug angeblich erforderliche persönliche Inspektion des Trikes. Was er an dem Trike inspizieren will, ist mir schleierhaft, denn das hat bereits der Zoll getan. Und wie der übergewichtige Zollbeamte mir versicherte, das erste Mal in dieser Form. Denn üblicherweise müsse man mit sämtlichem Gepäck zu ihm kommen, statt umgekehrt. Doreen, deren Aufgabenbereich unser Gepäck ist, hätte ihm beinahe von hinten in seinen Allerwertesten getreten. Denn seiner Forderung nachzukommen, hätte noch einmal mindestens eine Stunde gekostet. Jeder Urlaubsreisende kennt diese Situation: Den Koffer hat man gerade so zubekommen, und das auch nur, weil man nach stundenlangen Versuchen endlich die raumsparendste Packart für alle Dinge gefunden hat, die unbedingt mit müssen. Und nun kommt ein Zollbeamter und fordert: „Machen Sie mal den Koffer auf. Was ist dies? Was ist das?" Und ehe man sich versieht, ist der Koffer durchwühlt, natürlich ohne dass der Zollbeamte etwas gefunden hat. Und nun, begleitet von den missbilligenden Blicken der Reisenden in der Schlange hinter einem, soll man den Koffer wieder schließen. Jeder weiß: Das kann nicht klappen.

Der gemütliche Zollbeamte raffte sich auf, kam mit zum Trike und aufgrund der ungewohnten und anstrengenden Bewegung begnügte er sich damit zu fragen, was in den vier verschiedenen Säcken und Taschen sei. Da ich es nicht unter Beweis stellen musste, listete ich nur die harmlosesten Gegenstände auf: Kochgeschirr, Zelt, Isomatten. Damit war die Zolluntersuchung beendet.

Um sechzehn Uhr unterbrechen Doreen und ich unser kleines Nickerchen am Trike, denn die Wolken werden immer mehr.

„Lass uns bloß losfliegen. Sonst hängen wir hier fest", sage ich und füge wie üblich zur Verstärkung hinzu: „Zack zack!"

In Rekordzeit sind wir startbereit und erbitten Startfreigabe vom Tower.

„Freigabe erteilt. Aber passen Sie auf. Regenwolken kommen auf uns zu. Das dauert aber bestimmt noch fünfzehn Minuten. Guten Flug."

Hat der eine Ahnung. Ich bin froh, wenn ich in fünfzehn Minuten richtig oben bin. Gott sei Dank sind die Wolken, die vom Meer her kommen, langsamer als wir. Dafür sehe ich in Flugrichtung zwei Wolken, die gerade abregnen. Eine links und eine rechts und beide bis zum Boden pechschwarz. Ich bin schon kurz davor, wieder umzudrehen, als ich den Funkspruch eines Piloten höre. Er ist kurz zuvor auf dem Flughafen Belize City gelandet und kam von San Ignacio. „Macht euch keine Sorgen. Ihr müsst nur an den beiden Wolken irgendwie vorbei. Danach ist es bis San Ignacio vollkommen wolkenfrei."

Mein Herz macht einen Freudenhüpfer. Ich bedanke mich bei dem netten Piloten und mit einem Abstand von höchstens je dreihundert Metern fliegen wir in der Mitte der beiden Regenwolken hindurch. Ich freue mich darauf, Doreen endlich meine alte Heimat zu zeigen und dort zu landen, wo ich immer mit meinem fliegenden Boot gelandet bin. Und ich freue mich auf meinen alten Freund.

Peter ist Deutscher und stammt aus Chemnitz. Und er ist der kantigste Mensch, den ich kenne. Es gibt nichts und niemanden, der nicht schon einmal an ihm angeeckt ist. Ein sturer Bock eben. Vielleicht mag ich ihn deshalb so. Doreen meint zwar, ich stünde ihm darin nicht nach. Aber das ist definitiv übertrieben. Schon in der DDR saß er als aufmüpfiger Student ein halbes Jahr in Cottbus ein, hat sich auch dort nicht anpassen wollen, so dass sie ihm gleich zwei weitere Jahre aufgebrummt haben. Hartnäckig wie er ist, hat er Kontakt zu Helmut Kohl aufnehmen können und wurde von der Bundesrepublik auf die Liste der freizukaufenden politischen Häftlinge gesetzt. Das hat ihm womöglich das Leben gerettet. Denn Peter behauptet bis heute, dass ihm ansonsten in Cottbus ein bedauerlicher tödlicher Unfall hätte passieren können. Nur wenige Monate nach dem Mauerfall ist er vom

Westen zurück nach Chemnitz gezogen. Dort machte er erst eine Computerfirma auf, verdiente ein Schweinegeld, übernahm später drei Kneipen in der Stadt, verdiente wieder unheimlich gut, verinvestierte alles und vor neun Jahren reichte ihm Deutschland dann. Er wanderte nach Belize aus, wo ich ihn kennenlernte. Jetzt ist er stolzer Besitzer von Wolf's Place, einer kleinen Lodge mit Restaurant, von der aus er viele Touren durch Belize organisiert. Ganz nebenbei publizierte er drei Bücher über sein neues Heimatland. Er ist verheiratet und wie man so schön sagt, gesettelt.

Und trotzdem ist er der gleiche Sturkopf wie früher und seine Frau Petra, eine super liebe nette Frau, tut mir manchmal leid.

Die beiden holen uns natürlich vom Flugplatz ab und wir fahren erst einmal auf ein Begrüßungsbier nach San Ignacio in unsere alte Stammkneipe Eva´s. Es ist zwar erst mittags, aber das muss jetzt sein.

„Hallo Andreas. Kommst du wieder zurück nach Belize?", fragt die Bedienung Elisabeth, die ich fast so lange kenne wie Peter.

„Nee, ich bin nur auf der Durchreise. Machst du uns vier eiskalte Biere? Und für dich auch eins."

„Elisabeth war heute bestimmt schon in der Kirche. Die darf das nicht", mischt sich nun Peter ein. Die beiden frotzelten sich schon früher in punkto Kirche und Glauben gegenseitig an.

„Gibt es im Himmel eigentlich Bier?", fragt Elisabeth.

„Nein. Natürlich nicht", antwortet Peter verächtlich.

„Siehst du. Deshalb wirst du auch nie dorthin gehen. Gut so", kontert Elisabeth schmunzelnd.

Als die Sonne schon recht tief steht, geht es nach Blackman Eddy, das ziemlich genau zwischen San Ignacio und Belmopán liegt, Peters und Petras Heimatort.

Wir sind noch im Stadtgebiet von San Ignacio, als ich schreie: „Halt mal! Halt mal an!" Peter guckt mich erschrocken an, fährt aber tatsächlich an den Straßenrand. Ich kann noch immer nicht glauben, was ich gerade sehe. Gibt es solche Zufälle? Beim Anblick des dunklen Zwei-Meter-Mannes mit den Rastalocken wird mir heiß und mein Puls rast. In Sekundenschnelle spüre ich, wie der Frust und die ohnmächtige Wut gegen diesen Mann wieder in mir hochsteigen, den ich glaubte, schon längst vergessen zu haben. Peter folgt meinen Blicken. „Keine Sorge. Der ist jetzt Chef beim Sicherheitsdienst. Der macht keinen Ärger mehr."

„Chef beim Sicherheitsdienst?", meine Stimme kippt beinahe. „Na super, da hat man ja den Bock zum Gärtner gemacht." Doreen stupst mich von hinten an. Ich habe Mühe, meinen Blick von dem Rastatypen loszureißen und mich umzudrehen. In ihrem Gesicht stehen drei Fragezeichen. „Wer ist das? Warum bist du so aufgeregt? Was war mit diesem Mann?"

Wir fahren weiter und Peter lacht. „Der ist Andreas' Belizianischer Albtraum."

„Ich erzähl es dir nachher, Schnuddelbacke."

„Schnuddelbacke?" Jetzt lacht Peter noch lauter. „Hab ich dir schon von Michael erzählt?"

Ich schüttele den Kopf. Während Peter unbekümmert von den neuesten Entwicklungen des gemeinsamen Freundes und seiner Familie erzählt, höre ich kaum zu. Immer wieder kehren meine Gedanken in die Vergangenheit.

2005 hatte ich meinen Pilotenschein gemacht. Ich wohnte damals in Tobago. In meiner Flugleidenschaft suchte ich nach einer Möglichkeit, Schönes mit Nützlichem zu verbinden. Eine super Idee wurde geboren: Ich würde mit einem FIB, einem Flying Inflatable Boat mit ausfahrbaren Rädern Touristen über das Land fliegen und damit etwas anbieten, das es hier noch nie gab. Leider machte mein Gastland Tobago, in dem ich insgesamt dreimal lebte und arbeitete, bei dieser Idee nicht mit. So ging ich auf die Suche nach einem Land in der Karibik, in der ich für meine Idee eine Zulassung erhalten würde. Dieses Land gab es: die Bahamas. Ich teilte meiner damaligen Frau Bolah mit: „Juchhu, wir ziehen auf die Bahamas." Sie antwortete nicht: „Juchhu, ich freue mich", aber sie kam mit mir. Ein Haus war gemietet, ein altes Auto gekauft, die letzten Formalitäten standen kurz vor der Unterschrift. Ein Ausländer durfte nicht Eigentümer eines Flugzeuges sein. Mindestens einundfünfzig Prozent musste eine oder einem Bahemia gehören. Diese Person zu finden, war nicht schwer gewesen. Aber im wirklich allerletzten Moment bekam ich kalte Füße. Was, wenn mein Mitgesellschafter eines Tages das Flugzeug verkaufte? Vielleicht sogar noch unter der Hand? Und ich mein Flugzeug, meine Einnahmequelle, schlicht meine ganze neue Existenz verlor? Ich könnte mit meinen 49 Prozent nichts dagegen machen.

Die Suche nach einem Karibikstaat ging also weiter. Und bald war klar: Belize würde dieses Land sein. Innerhalb weniger Tage hatte ich alle Genehmigungen, die ich brauchte: Aufenthaltsgenehmigung, Arbeitserlaubnis, Zulassungspapiere für das Flugzeug. Unglaublich, wenn man an unsere heutige Einreise denkt.

„Juchhu, wir ziehen nach Belize." Es sollte noch immer nicht das letzte Mal sein, dass meine damalige Frau mir irgendwohin folgte, ohne es selbst wirklich zu wollen.

Ich dagegen fand alles wunderbar in diesem Land und fühlte mich pudelwohl. Hier flog ich nun Touristen mit meinem fliegenden Boot herum. Das war ein richtiges Schlauchboot mit einem kleinen Fahrwerk, so dass ich auch Reifen ausfahren konnte. Wasserlandungen wie auch Landungen auf festem Untergrund waren somit möglich.

Neben Peter lernte ich bald auch andere Leute kennen. Unter anderem den Besitzer einer Bar, bei der wir schnell Stammgäste wurden. Er vertraute uns seine Sorgen an. Er könne die Bar finanziell nicht mehr lange halten. Es bliebe einfach nichts übrig. Das wiederum konnten Peter und ich kaum glauben, denn die Bar war jeden Abend knackend voll und stellte in unseren Augen eine wahre Goldgrube dar.

„Dann managed ihr beide das doch mal eine Weile und sagt mir, was falsch läuft. Ihr habt völlig freie Hand. Ich will am Ende des Monats ein bisschen Geld und der Rest ist Euer."

Das ließen sich weder Peter noch ich zweimal sagen. Innerhalb kürzester Zeit haben wir den Laden, besser gesagt, das Personal, das seinen Arbeitgeber nach Strich und Faden betrogen hatte, umstrukturiert und unter unseren wachsamen Augen – Peter saß an der Kasse, ich kümmerte mich um das Weitere – blühte das Geschäft auf. Wir sind halt Deutsche und als solche, es lebe das Klischee, können wir a) arbeiten und b) organisieren. Es lief einfach super. Zwei Monate lang. Dann kam der Donnerschlag.

„Zeit für die Abrechnung. Wir wollen sechzehntausend Dollar", forderte mich ein Zwei-Meter-Rasta-Mann auf und reichte mir ein Blatt Papier. Er war vom beauftragten Sicherheitsdienst, die auch den Türsteher für unsere Bar stellten.

„Sechzehntausend Dollar?", wiederholte ich fassungslos. Damit wäre aller Gewinn futsch gewesen. Wir hätten sogar noch aus eigener Tasche zuzahlen müssen, denn wir hatten dem Eigentümer ja den versprochenen monatlichen Betrag bereits übergeben. „Das kann nicht sein. Die Bar macht um siebzehn Uhr auf und es geht bis maximal ein Uhr nachts. Das sind bei zwei Leuten rund fünfhundert Stunden pro Monat. Das sind in zwei Monaten maximal viertausend Dollar. Und das ist ein guter Stundenlohn."

„Wie kommst du, Mann, auf fünfhundert Stunden? Wir sind von um acht Uhr morgens bis drei Uhr nachts hier. Macht neunzehn Stunden täglich."

„Ihr seid niemals morgens hier."

„Wir sind immer morgens hier. Ihr seht uns vielleicht nicht. Aber das soll ja auch so sein."

An diesem Tag konnte ich ihn noch abwimmeln und verbrachte die nächsten Morgen damit, ab acht Uhr vor der Bar zu stehen. Natürlich kam niemand. Peter kontrollierte am Nachmittag, bevor wir die Bar aufmachten und sah die beiden jedes Mal munter eintreffen. Nach vier Tagen traf ich Rastaman wieder, erzählte ihm von den Ergebnissen unserer Kontrollbesuche, übergab ihm viertausend Dollar und die Kündigung des Vertrages für den Sicherheitsdienst dieser Bar. Mit unbeweglichem Gesicht nahm er beides und drehte sich zum Gehen um. In diesem Moment war ich sehr stolz auf mich. Es war also richtig gewesen, hart zu bleiben und sich nicht übers Ohr hauen zu lassen. In dieser Sekunde drehte er sich wieder um, holte aus und schon war seine Faust in meinem Gesicht. Ich fiel nach hinten und spürte als nächstes seine Lederstiefel auf meinem Brustkorb, in der Seite, in meinem Gesicht. Eine letzte Erkenntnis flackerte in meinem Gehirn auf: „Stell dich tot. Sonst bist du es gleich wirklich." Dann wurde es schwarz um mich herum.

Nach dem Krankenhausbesuch, bei dem man meine Wunden versorgt und mit einem Brustverband die gebrochenen Rippen ruhiggestellt hatte, wollte ich zur Polizei. Peter fuhr mich hin.

„Sie möchten eine Anzeige wegen gefährlicher Körperverletzung aufgeben?"

„Nein", antworte ich.

„Sie möchten keine Anzeige aufgeben? Das ist gut. Wir hätten Ihnen auch davon abraten müssen."

„Ich möchte Anzeige erstatten wegen versuchten Mordes bzw. Totschlags."

„Fahren Sie nach Hause, schlafen Sie sich aus und überlegen Sie noch einmal."

„Da gibt es nichts zu überlegen."

„Heute werden wir von Ihnen keine Anzeige aufnehmen. Sie sind zu aufgeregt. Und wenn Sie morgen wiederkommen, muss ich Ihnen jetzt schon sagen, dass der von Ihnen Beschuldigte seinerseits dann Anzeige gegen Sie wegen schwerer Körperverletzung aufgeben wird."

„Soll das ein Scherz sein? Sehen Sie sich den Mann an. Er ist völlig unversehrt. Und dann sehen Sie mich an."

„Haben Sie einen Zeugen?"

„Nein, wir waren allein."

„Das kann nicht sein. Es haben sich bereits zwanzig Zeugen gemeldet und seine Aussage bestätigt."

Das Ganze war also alles andere als ein Scherz. An diesem Abend fuhr ich wieder nach Hause, um am nächsten Tag die Anzeige doch aufzugeben. Zu tief war ich körperlich und in meinem Gerechtigkeitsempfinden getroffen. Noch in derselben Nacht kam ein Pickup vor meinem Haus vorgefahren. Acht maskierte Typen stiegen aus, jeder von ihnen einen Baseballschläger in der Hand. Sie hatten nur ihre Rechnung ohne meinen Hund gemacht. Fleckchen, ein wunderschöner und kräftiger Dalmatiner, der normalerweise sehr lieb war und selten kläffte. Ganz im Gegensatz zu Peters Hund Max, der ständig im Zwinger gehalten werden muss, da er ansonsten alles anfällt, was nicht bei Eins wieder vom Grundstück ist. Jedenfalls hatte Fleckchen wohl die Gefahr gespürt und ist über sich hinausgewachsen. Er hat sich aufgeführt, schlimmer als Max. Viele Schwarze haben Angst vor Hunden und so verließ die Typen in dieser Nacht wohl auch der Mut und sie fuhren unverrichteter Dinge wieder ab. Aber es war klar, dass sie wiederkommen würden. Um es kurz zu machen: Ein paar Wochen hielt ich die Drohungen gegen mich und meine damalige Frau noch aus, dann warf ich das Handtuch. Nach zwei Jahren verließ ich das Land und zog nach Berlin zurück. Das war dann wirklich das letzte Mal, dass meine Frau Bolah mir folgte. Nach Tobago zurück hätte ich sie auch nicht bringen dürfen. Sie war die Tochter eines Baptistenpriesters und einer strengen Schulrektorin und Nachrichtensprecherin auf Trinidad/Tobago. Es hatte mich damals eine Menge Überredungskunst gekostet, ihrem Vater seine blutjunge und einzige Tochter abspenstig zu machen. Sie zu heiraten war da das Wenigste gewesen. In Berlin begann sie zu studieren - sie hatte wegen der Heirat mit mir ja keine Probleme, in Deutschland zu bleiben - was Papa hinsichtlich unserer Trennung wenigstens etwas besänftigte.

Peter blieb in Belize. Baute sich eine Alarmanlage auf seinem Grundstück ein und vertraute im Übrigen auf seine drei Hunde.

„Schätzchen, träumst du?", fragt Doreen und gibt mir einen Schmatzer auf die Wange. „Wir sind da." Der Jeep hat vor dem Tor zu Wolf's Place gehalten.

„Ach so. Ja. Warte, ich mache uns auf." Ich steige aus und öffne das Tor. Das ist eindeutig ein Fehler. Habe ich nicht eben noch Peters Hund Max erwähnt? Er ist nicht in seinem Zwinger. Stattdessen hängt er, mit seinen Zähnen fest verankert, an meinem Oberschenkel. Ich brülle vor Schmerz. Endlich ist Peter ausgestiegen und Max lässt los und kuscht vor ihm.

Nachdem ich einigermaßen wieder klar denken kann und Doreen die tiefe Fleischwunde versorgt hat, durchfährt mich trotzdem ein Gefühl der Erleichterung. Ein paar Zentimeter weiter und mit meiner eventuell noch nicht abgeschlossenen Familienplanung hätte es hier und jetzt ein jähes Ende.

Belize, warum magst du mich nicht?

Kapitel 15
Chicken-Bingo und der Radieschen-Mann

Belize mag mich offenbar wirklich nicht und wird so langsam, flugtechnisch gesehen, zur größten Enttäuschung unserer bisherigen Reise. Es regnet in einem fort und Besserung ist nicht in Sicht. Doreen ist maßlos enttäuscht, dass sie praktisch nichts von all den Dingen zu Gesicht bekommt, von denen ich ihr vorgeschwärmt habe. Kein Schnorcheln im Great Blue Hole, dem tiefblauen, 125 Meter tiefen, runden Loch mitten im türkisen Meer. Keine Füße in den weißen Sand der Cayes stecken, denen das zweitgrößte Riff der Welt vorgelagert ist. Nicht am Abend mit dem Golfcar durch San Pedro düsen, das vor bilderbuchmäßigem Karibikfeeling nur so strotzt. Dafür aber die wunderbare Gastfreundschaft Peters und Petras in Wolf's Place.

„Lass uns zu meinen Freund Frank Plett nach Spanish Lookout fahren", schlage ich vor.

„Spanish Lookout? Ist das nicht die Mennonitengemeinde? Nee. Da würde ich Xunantunich vorziehen. Und das liegt hier ganz in der Nähe", antwortet Doreen und ihre Stimme klingt überraschend abweisend.

„Hast du ein Problem mit den Mennoniten?", frage ich nach.

„Nein, ich kenne sie ja nicht. Ich kenne überhaupt keine Kirchengemeinden, Sekten oder Freikirchen oder wo immer die nun zugehören. Und bislang haben sie in meinem Leben auch nicht gefehlt."

„Aber irgendwann muss ich Frank besuchen, wenn wir schon hier in Belize sind."

„Kannst du ja. Aber bitte nicht heute."

Gut, fahren wir also zu den Mayaruinen Xunantunich, übersetzt „Steinernes Mädchen", die ganz in der Nähe mitten im Dschungel liegen. Die Mayastadt, die ungefähr 900 n.Chr. verlassen wurde, liegt auf einem Plateau am Fluss Mopán. Die komplett freigelegten Bereiche sind überschaubar und besonders, wer die mächtige Pyramide El Castillo besteigt, hat eine Wahnsinnsaussicht über weite Teile Belizes und des nahen Guatemalas.

Doreen ist Meermensch. Wenn sie nicht alle paar Wochen an einer Küste sein kann, wird sie kribbelig. Ich bin ein Flugmensch. Kann ich tagelang nicht fliegen, werde ich nicht nur kribbelig, sondern unausstehlich. Aber beide sind wir auch Waldmenschen. Nicht umsonst haben wir uns im Dschungel kennen und lieben gelernt. Schon die Fahrt hierher ist für Romantiker geeignet. Mit einer kleinen Holzfähre überquert man den Mopán, indem man sich

Im Tiefflug über die Maya-Tempel von Belize

per Hand mit einem Seil ans gegenüberliegende Ufer zieht. Dann muss man nur noch gut einen Kilometer laufen und fühlt sich meilenweit weg von aller modernen Zivilisation, obwohl San Ignacio nur dreizehn Kilometer entfernt liegt. Gemessen an anderen Mayastätten mag diese hier nicht so spektakulär sein – vielleicht auch der Grund, dass es nur wenig gesichertes Wissen über die Bedeutung dieser Stadt zu Zeiten der Mayas gibt – aber weite Teile liegen verstreut im Urwald. Wir spazieren durch ihn hindurch und halten an den steinernen Zeugen längst vergangener Baukunst an.

Voll innerer Zufriedenheit fahren wir zurück nach San Ignacio, in die Stadt, die immerhin die zweitgrößte in Belize ist. Wir schlendern ein wenig durch die Straßen. Ein buntes Gemisch aus Gerüchen und optischen Eindrücken. Farbige hölzerne Karibikhäuser mit den typischen, über die gesamte Breite des Hauses vorgesetzten Holzgalerien. Daneben einfache Steinhäuser und mittendrin immer wieder die alten Kolonialbauten. Fast alle Fassaden sind farblich unterschiedlich. Die Straßen werden von Holzpfeilern gesäumt, die die Elektrokabel durch die Stadt tragen. Ein Anblick, der zu so vielen Städten der Welt gehört, dass ich ihn selten bewusst wahrnehme.

Hier kenne ich fast jede Straße, jeden Baum. Zwei Jahre sind für eine Umgebung eben Zeit genug, um ein vertrautes Gefühl zu vermitteln. Und einen großen Anteil daran haben auch die Menschen, die in ihr leben. Deshalb schlage ich Doreen erneut vor, am nächsten Tag nach Spanish Lookout zu fahren, um meinen alten Freund Frank Plett treffen. Er ist so alt wie ich und eine bemerkenswerte Persönlichkeit.

„Wir müssen nach Belmopan. Unser Visum verlängern."

„Das können wir doch auch später noch."

„Was erledigt ist, ist erledigt. Lass uns das morgen machen." Ich resigniere vor Doreens Beharrlichkeit. Aber sie soll noch einmal sagen, ich allein sei der Sturkopf von uns beiden.

Belmopan ist die hässliche Hauptstadt Belizes, ursprünglich für 40.000 Einwohner geplant, leben hier heute, wenn es hoch kommt, 10.000 Einwohner. Eine Retortenstadt, in der fast ausschließlich Beamte leben. Heiß und fernab der Küste, wundert es mich nicht, dass hier niemand leben will. Dafür geht dieses Mal die Bürokratie überraschend einfach und schnell. Nach nur zehn Minuten haben wir unsere Visaverlängerung in der Hand.

Auf dem Rückweg frage ich Doreen: „Was hast du denn nun wirklich gegen einen Besuch bei Frank Plett?"

„Erzähl mir von ihm", bittet sie mich, „vielleicht ändere ich ja dann meine Meinung."

„Es gibt massig unterschiedliche Gemeinden hier. Von ganz konservativ wie bei den Altkoloniern bis ganz modern wie eben in Spanish Lookout."

„Obwohl sie alle gleichen Ursprungs sind. Sogenannte plautdietsche Mennoniten. Das sind die Russlandmennoniten", unterbricht mich Doreen und fährt gleich fort mit ihrem Vortrag: „Ein Priester Menno Simons hat diese Glaubensrichtung im 16. Jahrhundert gegründet. Später sind sie dann nach Deutschland und von dort weiter an die Weichsel gezogen. Später nach Kanada, dann nach Mexiko und schließlich in den 50iger nach Belize. Immer, wenn der Staat die Mennoniten zum Militärdienst oder zu Steuern zwingen wollte oder sich sonst irgendwie in ihre eigene Verwaltung eingemischt hat, sind sie einfach weitergezogen. Das ist bisher übrigens das einzige, was mir an denen sympathisch ist: ihr Pazifismus." War mir ja klar, dass Doreen wieder einmal ihre Hausaufgaben gemacht hat.

„Ja, aber Frank ist in etwa so ein altmodischer Mennonit, wie Michael Jackson ein Weißer war. Er ist auch der erste Mennonit, den ich als Piloten kennengelernt habe. Allerdings muss ich zugeben: Das hat dann auch prompt zu seinem Rauswurf aus der mennonitischen Gemeinde geführt."

„Siehst du."

„Was soll ich sehen?"

„Sie haben es eben doch nicht so mit der Toleranz. Deshalb meine Vorbehalte."

„Trotzdem finde ich vieles auch bewundernswert, was sie tun. Immerhin sind die Mennoniten prozentual nur eine ganz kleine Gruppe der Bevölkerung – ich glaube, nicht mehr als sieben Prozent – haben aber einen Riesenanteil an der Agrarwirtschaft. Frank sagt immer, Spanish Lookout versorgt mit seinen Milchprodukten, mit Früchten und Fleisch ganz Belize. Agrarwirtschaft war bei den Bewohnern Belizes sowieso total verhasst. In Kolonialzeiten hat man in Belize sogar die Eier aus dem Ausland importiert. Und Ackerbau und Viehzucht? Null. Allein die dafür erforderliche Rodung und Aufbereitung, um einen halbwegs ertragreichen Boden zu bekommen. Deshalb gab es ja so viele ausländische Siedler und später eben auch die Mennoniten. Rede am besten mit Frank persönlich. Es ist wirklich okay. Du wirst sehen: Sie haben dort Autos, Maschinen, Düngemittel und nutzen ganz normal alle agrarwissenschaftlichen Erkenntnisse. Frank hat sogar einen PC mit Internet. Und vor allem hat er einen Flughafen gebaut, um von dort aus zum Beispiel Pestizide oder Düngemittel über die Felder zu sprühen und damit ertragreicher zu sein."

„Und deshalb hat man ihn rausgeworfen?"

„Ja. Die Probleme zwischen den ewig Gestrigen und den für die Moderne wenigstens etwas offenen Mennoniten gibt es ja schon lange und die unterschiedlichen Gemeinden sind sich teilweise spinnefeind."

„Sehr christliche Einstellung", spöttelt Doreen.

Ich bin mir sicher, dass sie die ganze Sache anders sehen wird, wenn wir erst einmal dort sind und beende lieber das Thema, bevor sie sich daran festbeißt. Das macht sie nämlich ganz gerne.

„Sieh mal dahinten", sage ich deshalb. Wir sind inzwischen in der Fußgängerzone angelangt und ein großes Schild leuchtet uns entgegen: Chicken-Bingo. „Was ist das denn?", lacht Doreen. Ich zucke die Schultern. Dieses Chicken-Bingo ist entweder neu oder bisher an mir vorbeigegangen. Wir bleiben stehen und sehen zu, wie ein Losverkäufer Bingo-Lose anpreist. Ein Passant kauft ein Los, was viele andere ansteckt. Immer mehr kaufen sich eines.

„Komm, wir machen mit. Wird bestimmt lustig", sage ich.

„Aber wir wissen doch gar nicht, wie das geht", widerspricht Doreen, lässt sich aber bereitwillig mitziehen.

Schon habe ich ein Los für zwei Belizedollar in der Hand, das sind umgerechnet 80 Cent, also gerade so zu verkraften. Das Los trägt die Nummer 42.

Und nun? Gespannt beobachte ich, wie unter den beiden Veranstaltern Bewegung ins Spiel kommt. Ein quadratisches Plastiktuch mit einer Größe von 5 Quadratmetern wird mitten in der Fußgängerzone auf dem Boden ausgerollt. Das typische Bingofeld ist aufgezeichnet, in jedem der 49 Kästchen steht eine Zahl. Dann werden kleine Plastikelemente zu einem Zäunchen um das Bingofeld zusammengesteckt. Noch immer habe ich keinen Schimmer, was das hier wird. Normalerweise werden die Zahlen beim Bingo aus einer Lostrommel gezogen, laut verkündet und die Teilnehmer markieren die Zahlen auf ihrem Bingozettel. Sobald der erste alle Zahlen seines Blattes markieren kann, ruft er laut „Bingo". Aber auf unserem Zettel steht nur genau eine Zahl. Einige Leute neben uns klatschen und erst in dem Moment, in dem das Huhn in der Luft ist, realisiere ich, dass der Veranstalter, wahrscheinlich aus irgendeiner Kiste, ein Huhn genommen und es quasi auf das Spielfeld eingeworfen hat. Das Huhn gackert und läuft aufgebracht innerhalb seines „Stalls" hin und her.

„Ey, das wird jetzt aber nicht so ein Hahnenkampf, oder? Dann gehe ich sofort", sagt Doreen skeptisch.

Dauerregen oder Nebel ohne Ende in San Ignacio, Belize

Die Maya-Tempel von Xunantunich

„Aber was hätte das mit Bingo zu tun? Das Feld, in dem eines der Hühner tot zusammenbricht, hat gewonnen, oder was?" Diese Antwort bringt mir einen Seitenhieb Doreens ein. Aber wie die anderen Zuschauer auch, starrt sie gebannt auf das Huhn und seine Reise über den Zahlenparcours. Ja, und dann und völlig unblutig ist das Spiel zu Ende und eine Frau hinter mir schreit: „Ich, ich!" und hält ihr Los in die Höhe. Die übrigen klatschen. Wir auch. Die Glückliche hat die Losnummer, auf die das Huhn gekackt hat. Die Gewinnerin erhält 50 Belize-Dollar und geht glücklich weiter einkaufen.
Wieder zurück in Wolf's Place klärt mich Petra lachend auf. „Kennst du das aus Europa nicht? Allerdings hat es dort etwas größere Dimensionen. Es heißt Kuhfladen-Bingo." Nein, kannte ich nicht. Mein Gott, bin ich ungebildet.

Irgendwie hat uns das Spielen in der Fußgängerzone angepickt. Jedenfalls besuchen Doreen und ich am Abend das Kasino. An der Strenge meiner Reisekassenverwalterin Doreen hat sich zwar nichts geändert, aber irgendwie sind die Chips hier wesentlich billiger als in Las Vegas. Für die Black Jack- oder Roulette-Tische reichen die Chips in meiner Hand zwar immer noch nicht. Es sei denn, ich will genau zehn Minuten spielen und dann wie blöde mit meinem Glas, in der Hand umherlaufen. In dem Eintrittsgeld von 10

Belize Dollar, die man in Chips umtauschen muss, sind kostenlose Getränke enthalten. Also laufen wir mit unseren Gläsern Rum Cola zu den Automaten, unter denen es einige mit ganz geringem Einsatz gibt. Und wir haben Glück. Die Chips in unseren Händen werden immer mehr und unsere Gläser sind irgendwann leer, aber wir haben immer noch jede Menge Spielgeld. Zwischen den Automaten wandeln hübsche junge Mädels – schade, dass ich hier drinnen nicht meine Sonnenbrille aufsetzen kann - die leere Gläser unaufgefordert gegen gefüllte austauschen. Drei Stunden und vier Glas Rum Cola später haben wir endlich alles verspielt.

„Die Wirtschaft kann hier nicht gedeihen", lächelt Doreen in meinen Armen, als wir wieder in unserer Hütte sind. „Für 20 Belize Dollar acht Gläser Rum Cola. Wie können die da Gewinn machen?"
„Egal, war doch ein lustiger und preisgünstiger Barbesuch. Und morgen früh fahren wir nach Spanish Lookout."
„Wenn du das willst, mein Kapitän", antwortet sie und küsst mich leidenschaftlich. Okay, mit Alkohol sollte man sehr, sehr verantwortungsvoll umgehen, aber ich find gerade alles richtig super.

Heute früh fahren wir nicht nach Spanish Lookout, denn in der letzten Nacht hat mich Doreen irgendwie davon überzeugt, erst noch weitere Ausflüge zu unternehmen. Ihre Argumente sind mir zwar inzwischen entfallen, aber sie müssen überzeugend gewesen sein. Und weil Doreen der Besuch gestern in Xunantunich so gut gefallen hat, machen wir uns heute mit Peters Jeep auf den Weg in Richtung Caracol. Nach einem dreistündigen Marsch durch die weitläufigen Anlagen dieser Mayastätte muss ich Doreen Recht geben, die sich natürlich wieder ausführlich informiert hat. Es ist nicht nur die größte Mayastadt in Belize, sondern auch die bisher schönste, die wir auf unserer Reise gesehen haben. Dabei liegen die meisten Gebäude unter dem Urwald begraben. Aber die sichtbaren, restaurierten Pyramiden und Tempel machen das allemal wieder wett. „Diese mystische Ausstrahlung und die ästhetische Schönheit der Gebäude ist einfach atemberaubend", stellt Doreen mit einem tiefen Seufzer fest. Ich starre sie überrascht an und suche den Reiseführer in ihrer Hand. Aber sie hat keinen. „Hast du diesen Satz auswendig gelernt?"
„Nein, bin nur kein Kulturbanause wie du", sagt sie und schüttelt missbilligend den Kopf, den sie noch immer unverwandt in den Nacken gelegt hat,

um Caana zu bewundern. Diese Pyramide ist mit 43 Meter Höhe das größte von Menschenhand geschaffene Bauwerk in Belize. Und auch die Bedeutung des Namens spricht für sich: Himmelsplatz.

Auf dem Rückweg durch den Nationalpark Mountain Pine Ridge - nahezu Wildnis pur - machen wir noch einen weiteren Abstecher, und zwar zu den Big Rock Falls. Als der liebe Gott Wasserfälle und natürliche Swimmingpools verteilte, hat dieser Nationalpark offenbar laut „hier" gerufen. Und der Big Rock Falls ist nur ein Wasserfall unter vielen. Leider schaffen wir es nicht, auch zu den Five Sisters Falls oder zum Hidden Valley Falls zu marschieren. Aber trotzdem habe ich heute wenigstens ab und zu die Wolken über uns vergessen, die das Fliegen unmöglich machen.

Am nächsten Morgen fahren wir dann endlich nach Spanish Lookout. Doreen hat kein weiteres Veto eingelegt. Schade eigentlich, wenn ich mich an die Einzelheiten ihres Vetos der letzten Nacht erinnere.

Auch für mich, der schon öfter hier gewesen ist, ist der Anblick immer wieder erstaunlich. Mitten in Belize, dessen Bevölkerung zu über neunzig Prozent aus hellbraun-, dunkel- oder schwarzhäutigen Menschen besteht, sehen mir ohne Ausnahme blonde, blauäugige Menschen entgegen.

Das Stadtzentrum der Gemeinde Spanish Lookout unterscheidet sich beinahe in nichts von einer beliebigen Kleinstadt in Deutschland. Fahrräder, Autos, Lastwagen, Tankstellen, Restaurants, moderne Gebäude, Schulen und asphaltierte Straßen. Fährt man wenige Kilometer aus dem direkten Zentrum, fühlt man sich allerdings modisch um mindestens achtzig Jahre zurückversetzt. Viele Männer, sogar einige Frauen, tragen zwar auch hier Jeans und T-Shirt oder Hemd, aber zum Gottesdienst oder auch auf den Grundstücken und in den Häusern sieht man bei den Frauen noch immer die typischen knöchellangen, hochgeschlossenen Kleider aus Blümchenstoffen. Sie haben die langen blonden Haare zu Zöpfen geflochten oder als Zopfkranz hochgesteckt. Einige tragen farbige Häubchen oder Kopftücher. Trotzdem erscheinen auch sie viel moderner als die Mennoniten aus den konservativen Gemeinden, die wir schon oft auf dem Markt in San Ignacio gesehen haben. Männer in blauen Latzhosen und mit breitkrempigem Hut bringen auf Pferdewagen ihr Obst und Gemüse zum Verkauf in die Stadt, und sie lehnen jede moderne Technik ab. Hier dagegen fahren auf den Feldern aktuellste Agrarmaschinen, und die Viehzuchtanlagen und Silos sind vom Feinsten. Sogar ein paar Ölpumpen gibt es seit wenigen Jahren, seitdem man Ölvorkommen im Boden gefunden hat.

Und trotzdem ist bei mir eine Begegnung mit den konservativen Mennoniten auf dem Markt von San Ignacio nicht ohne Wirkung geblieben. Ich esse für mein Leben gern Radieschen. Wahre Prachtexemplare leuchteten mir von dem Stand eines alten Mennoniten entgegen. Zwar hatte ich keine Möglichkeit, mir hier eine der berühmten Radieschen-Stullen meiner Mutter zu machen – frisches Graubrot, gut mit Butter beschmiert und hauchfein geschnittene Radieschen aus unserem Garten als Belag, eine Prise Salz… mir lief das Wasser im Mund zusammen. Wenigstens eines musste ich probieren.

Auf Deutsch fragte ich nach dem Preis. Auf Altdeutsch antwortete der Mann, dass er seine Radieschen nur im Bund verkaufe. Ich erzählte ihm von den Stullen meiner Kindheit und lächelnd löste er eines heraus und gab es mir kostenlos. Während ich hineinbiss, fragte der Mennonit, ob hier in Belize unsere Heimat wäre. Ich konnte nicht antworten. Das Radieschen war so scharf, dass es nicht nur an meinem Gaumen, sondern auch die gesamten Nasennebenhöhlen entlang und hinter der Stirn alles wegbrannte, was sich dort jahrelang angesammelt hatte. Deshalb erzählte Doreen, was wir hier taten und vor allen Dingen, auf welche Art wir reisten. Der alte Mann winkte mit dem Finger, dass ich näher kommen sollte. Inzwischen bekam ich wieder ein wenig Luft und beugte mich zu ihm herunter. Mit tiefernster Miene und erhobenem Zeigefinger, den er bedrohlich nah vor meiner Nase wie ein Pendel hin und her bewegte, sagte er: „Das hat Gott aber nicht gewollt." Die Eindringlichkeit in seiner Stimme höre ich noch immer.

„Ich hab Hunger, du auch?", reißt mich Doreen jetzt zurück in die Wirklichkeit von Spanish Lookout.

„Ich musste nur gerade an den Radieschen-Mann denken."

„Glaubst du allen Ernstes, dass Gott – nehmen wir mal an, dass das alles so stimmt, was die Leute hier erzählen – dem Menschen die ganze Welt errichtet hat. Drumherum ein Weltall, dessen Größe wir uns nicht einmal vorstellen können, und dann will er angeblich nicht, dass wir uns in einem Abstand von wenigen Kilometern über der Oberfläche dieser Erde bewegen? Oder andere Menschen kennenlernen, nur weil die auf der gegenüberliegende Seite der Erde leben? Vergiss, was der Radieschen-Mann gesagt hat, so überzeugt er selbst auch davon war."

„Ich weiß selbst, dass das Quatsch ist", antworte ich mürrisch und ärgere mich, dass Doreen wieder einmal in mich hineinschaut, als sei ich ein offenes Buch für sie. „Lass uns da rein gehen", beende ich das Thema.

Wir setzen uns in eines der Restaurants. Doreen nimmt die Karte, überfliegt sie und mit dem Ausruf „So ein Schei…" wirft sie sie mit Schwung auf den Tisch zurück. „Ich hab mich so gefreut auf richtiges deutsches Essen, von dem du erzählt hast. Das hier ist der gleiche Mist, den es überall gibt. Reis mit Bohnen, Burger, Pommes. Wo bitte sind die Rouladen mit Rotkohl, Schweinsbraten mit Klößen, Eisbein mit Sauerkraut, von denen du mir vorgeschwärmt hast?"

„Jedenfalls nicht hier", muss ich zugeben. Dieses herrliche Essen gibt es aber tatsächlich bei den Mennoniten. So, wie ihre Sprache haben sie die Rezepte von Generation zu Generation weitergegeben. „Tut mir leid, vielleicht bekommst du so etwas bei Franks Frau."

„Der Hunger hat's reingetrieben", sagt sie, nachdem sie ihren Teller Reis mit Bohnen leergegessen hat. Bevor wir jetzt zu diesem Frank fahren, wolltest du mir noch von dem Unfall erzählen."

Richtig. Franks Unfall. Ich hatte ihn fast verdrängt. Ich glaube, das tut man als Pilot fast schon automatisch. Fliegen macht keinen Spaß, wenn einem ständig die Lebensgefahr vor Augen steht.

„Frank hat nicht nur einen Pilotenschein gemacht und dann einen Flughafen gebaut, sondern bildet natürlich andere junge Männer im Fliegen aus. Schließlich macht er alles für die Gemeinde und nicht privat für sich. Und Anfang letzten Jahres hat ihn ein Flugschüler fast in den Tod stürzen lassen. Bei einer der obligatorischen Übungen für eine Notlandung hat der Schüler Panik gekommen und sich dermaßen verkrampft, dass Frank auf seiner Seite die Steuerung nicht mehr richtig bedienen konnte. Mit 120 Sachen sind sie auf einen Ackerboden geknallt. Der Schüler ist mit leichten Verletzungen davon gekommen. Frank dagegen war so kaputt wie sein Kleinflugzeug. Ich weiß nicht, wie viele Bein-Brüche - alles Splitterbrüche - er hatte. Sämtliche Rippen waren gebrochen und sein Gesicht war Matsch. Wie die anderen mir erzählten, konnte er eigentlich nicht überleben. Er wurde nach Guatemala City geflogen, weil sich die Ärzte in Belize die Operationen seines Gesichts nicht zutrauten. Als mir Frank dann später am Telefon erzählte, dass die Chirurgen ihn wieder zusammenflicken konnten und er auf dem Weg der

Besserung sei, schien es mir wie ein Wunder aus seiner Bibel. Seit dem Unfall habe ich ihn aber nicht mehr gesehen."

„Er fliegt wieder?", fragt Doreen.

„Klar doch."

„Ihr Piloten seid doch unverbesserlich."

„Wenn man nicht mehr laufen kann, muss man eben fliegen."

Kopfschüttelnd steht Doreen auf und zahlt an der Theke unsere Rechnung.

„Unglaublich. Als reisten wir gerade durch eine deutsche Kleinstadt", staunt Doreen auf dem Weg zu Franks Haus. Der Rasen der Vorgärten ist kurz geschnitten. Unkraut gehört hier zu den ausgestorbenen Pflanzenarten. Die Grundstücke mit den einfachen, aber frisch gestrichenen Häusern sind durch Hecken oder Zäune voneinander getrennt. Alles ist pikobello sauber. Sogar der Wust der üblichen Elektrokabel, die über die Straße führen, wirkt ordentlicher.

Frank kommt uns in Jeans und kariertem Hemd entgegen. Er humpelt leicht und nutzt eine Krücke zur Unterstützung.

„Frank, mein Freund, kaum zu glauben. Lass dich drücken." Ich freu mich riesig, ihn so zu sehen, und wir umarmen uns lange.

Landung in meiner alten Heimat – San Ignacio Airstrip, Belize

Inzwischen ist es schon dunkel und wir setzen uns auf seine Terrasse gemeinsam mit Maria, seiner Frau und drei seiner insgesamt sechs Kinder. Und natürlich muss uns Frank alles haarklein von seinem Absturz berichten.

„Auf dem Flug nach Belize City war ich das erste Mal weg."

„Was meinst du mit weg?", frage ich.

„An der Grenze zum Tod. Also eigentlich darüber hinaus. Und da hatte ich eine sehr intensive Erfahrung mit Jesus, der mir sagte, es wäre noch nicht Zeit zu gehen."

Bereits vorhin hatte Randie, Franks 28jähriger Sohn, Doreen mit Fragen gelöchert, ob sie an Gott glaube, ob Jesus schon einmal mit ihr gesprochen habe, und hat ihr erzählt, dass er selbst bereits mehrfach Stimmen gehört hätte. Diese intensive Begegnung ist nicht nur bei den Mennoniten eine wichtige spirituelle Erfahrung, die bis in ihre Realität hinein reicht.

„Wenn du Gott reden hören willst, musst du dir zunächst tief in deinem Herzen sein Wesen und seine Liebe zu dir annehmen, denn Gott will eine persönliche Beziehung zu dir und keine Religion", hat Frank mir einmal erklärt.

So lernen bereits die Kinder, auf die Stimme ihres Gottes zu hören – ja, bis sie sie dann wirklich hören. Und Randie scheint auch mächtig stolz darauf zu sein. Deshalb überrascht es mich nicht, mit welcher Aussage sein Vater Frank fortfährt. „Und ein weiteres Mal war ich im Koma, oder wie immer man das nennen will. Das war, als die Ärzte sich nicht trauten, meine Nase zu operieren. Ich hatte gar keine Nase mehr. Sie war komplett in mein Gesicht gedrückt und die Knochensplitter waren überall verteilt, auch unmittelbar an der Gehirnhaut. Jesus forderte mich in dieser Nacht auf, mir selbst zu helfen. Und das tat ich dann auch."

„Wie?" Doreen hauchte diese Frage eher, als dass sie das Wort wirklich aussprach.

„Ich weiß es ehrlich gesagt auch nicht. Ich habe meine Nase oder besser, was davon übrig war, mit meinen Fingern herausgezogen. Jedenfalls machten die Ärzte am Morgen neue Rötgenaufnahmen und nun wagten sie die Operation. Einer der Ärzte soll gesagt haben, er wäre fest davon überzeugt gewesen, dass bereits einer seiner Kollegen Hand angelegt hatte. Jedenfalls konnte sich keiner richtig erklären, warum sich auf dem Rötgenbild die Splitter mit einem Mal kleiner und weniger dicht am Gehirn zeigten als am Vortag und die Nase wieder aus dem Gesicht herausragte."

Frank macht eine Pause und die brauchen wir auch. Ein kerniger Mann, tatkräftig, innovativ, modern, erzählt eine Geschichte, die sich weder wissenschaftlich glaubwürdig noch nachvollziehbar anhört. Doreen und ich sehen uns an und ich weiß, sie denkt in diesem Moment das Gleiche wie ich. Glauben ist eben nicht Wissen. Und ich werde, selbst als Atheist, der ich zumindest in den Augen der Mennoniten bin, einen Teufel tun und hierüber urteilen. Manchmal ist die Wahrheit für einen selbst eben das, was sie für den Nachbarn nie sein kann. Ich freue mich stattdessen einfach nur, dass mir Frank hier mit einer inzwischen heilen Nase und einem beinahe gesunden Bein gegenübersitzt und so munter und lustig drauf ist wie eh und je. Ob Jesus, Gott, er selbst oder die Chirurgen dieses Wunder vollbracht haben, ist mir ziemlich egal.

Doreen will noch vieles über den Glauben und das Leben der Mennoniten von Frank und Maria wissen, und Frank beantwortet ihr bereitwillig alle Fragen. Doch mich interessieren eher andere Dinge.

„Warst du nicht stinksauer auf den Schüler? Wie kann man nach so vielen Flugstunden noch dermaßen panisch reagieren? Er kommt mit nur leichten Verletzungen davon und du warst quasi schon tot", frage ich ihn.

„Aber letztlich hat er mir das Leben gerettet."

„Indem er dafür sorgt, dass ihr abstürzt?"

Frank lacht. „Als Fluglehrer muss ich mit solchen Fehlern rechnen. Auch wenn dieser Schüler wirklich ein sehr spezieller Fall war. Aber immerhin hat er mich rausgezogen, falls der Tank nach dem Aufprall explodieren sollte. Wenigstens in diesem Punkt hat er einen klaren Kopf behalten."

Doreen will offenbar nichts mehr von den Horrorgeschichten hören. „Aber wenn ihr Nichtmennoniten nur erlaubt, hier zu arbeiten, aber nicht, dass sie sich in Eurer Gemeinde ansiedeln und gleichzeitig wollt, dass eure Kinder nur innerhalb der Mennoniten heiraten, wie geht das? Ihr seid zwar eine ganze Menge, aber so viele unterschiedliche Familien ja nun nicht, oder?"

„Richtig, das war und ist immer noch eines der größten Probleme. So haben zum Beispiel zwei unserer Kinder Nichtmennoniten geheiratet. Aber es gibt ausreichend andere Mennonitengemeinden in der ganzen Welt. Wenn unsere Kinder alt genug sind, werden gegenseitige Fahrten veranstaltet und die dienen tatsächlich in erster Linie der Brautschau."

„Und der Junge zieht dann in das Land, wo die Frau wohnt, oder umgekehrt?"

„Es ist wie bei uns, Schnuddelbäckchen. Du folgst doch auch mir", komme ich Frank mit der Antwort zuvor und grinse sie an.

„Träum weiter, Schatzi", sagt sie und grinst frech zurück.

Kapitel 16
Versunkene Löcher und lila Hängematte im Seidenhemd

„Wenn ihr wollt, könnt ihr morgen unsere Schule besuchen", schlägt Frank zum Abschluss des Abends vor und wir nicken natürlich.

Gesagt, getan und 25 blaue Augenpaare sehe uns erwartungsvoll an. Die Mädchen auf der einen, die Jungen auf der anderen Seite des Raumes. Sie sitzen auf Holzbänken, wie ich sie nur noch aus meinen ersten Schuljahren kenne. Die Schüler sind unterschiedlichen Alters und der Lehrer ist maximal 19 Jahre alt. Unterrichtet wird Lesen, Rechnen, Schreiben und das war es dann beinahe schon. Der Lehrer erzählt uns, dass er keineswegs vor hat, diesen Beruf lange auszuüben. Er möchte, wie jeder andere Mann hier auch, Farmer werden und sein eigenes Land bestellen, eine Familie gründen - was hier bei gesunden Menschen automatisch eine ganze Kinderschar bedeutet, da die Sache mit der Verhütung im wahrsten Sinne des Wortes päpstlicher als beim Papst gesehen wird. Bereits im Alter von dreizehn Jahren ist in der Regel der Schulbesuch beendet und die Kinder und Jugendlichen helfen den Eltern. Von den Müttern lernen die Mädchen alles, was sie wissen müssen, um später einmal ebenfalls eine gute Mutter, Ehefrau und Hausfrau zu sein. Arbeiten die jungen Frauen, tun sie dies als Kassiererin im Supermarkt, in der Bank, Bedienung in den Restaurants oder Köchin in deren Küche. Die Jungs dagegen eifern ihren Vätern in der Agrar- und Viehwirtschaft nach.

„Ich weiß nicht. Aber mit dieser starren Rollenverteilung und kurzen Bildung kann ich schlecht umgehen", meint Doreen nachdenklich, als wir die Schule wieder verlassen.

„Ja, aber diese Bodenständigkeit und Selbstverständlichkeit in allen Dingen des täglichen Lebens hat irgendwie auch was für sich", erwidere ich.

„Solange es ein Angebot bleibt und kein Zwang."

„Würde aber so manchem Jugendlichen in unseren Großstädten ganz gut tun. Bei dem Angebot an Möglichkeiten, das die haben, muss man sich ja verirren."

„Oh, mein Kapitän wird philosophisch." Doreen grinst mich an.

Wahrscheinlich mag ich Frank zu gerne, um mir ein halbwegs objektives Urteil zu bilden und außerdem stellt er hier auch eine rühmliche Ausnahme dar. Zwei seiner Töchter machen gerade ein Fernstudium an einer amerikanischen Universität.

Wir kehren nach Wolf's Place zurück, schreiben ein bisschen und genießen nach den vielen Eindrücken und Gesprächen in Spanish Lookout einen Nachtmittagsschlaf in der Hängematte. Das eintönige Geräusch des Dauerregens lässt uns gut schlafen. Abends klart es auf und Petra fragt, ob wir uns zu ihnen nach draußen setzen wollen. Na klar wollen wir.

Wir setzen uns an einen Holztisch inmitten des traumhaften Gartens der ansonsten eher einfach gehaltenen Lodge. Über das Jahr gesehen, genießt man diesen Schatten sicherlich. Aber wir freuen uns über jeden Sonnenstrahl während unseres Belizeaufenthaltes.

„Wenn man sich nicht um alles selbst kümmert", schimpft Petra vor sich hin, stellt Rumflasche und Gläser auf dem Tisch ab und geht zurück ins Haus. Mit einem Besen in der Hand kehrt sie zurück.

„Kann ich dir helfen?", fragt Doreen höflich.

„Lass doch jetzt das Putzen. Ist doch egal", schlage ich vor.

Petra kehrt trotzdem die Kokosnussschalen zusammen, die reichlich um den Sitzplatz herum liegen. Peter kommt dazu und ich öffne die Rumflasche.

„Mal was ganz anderes, liebe Leute, da kommen immer mehr Schalen von oben", sagt Peter einige Gespräche über Gott und die Welt später – wobei Gott wegen des vorherigen Überangebotes in Spanish Lookout dieses Mal etwas kürzer kommt als die Welt. Er hat den Kopf in den Nacken gelegt und wir tun es ihm nach, können aber nichts erkennen. Über unsere Gespräche und die Rum Cola, haben wir die Kokosnussschalen vergessen. Doch nun fallen sie uns sogar direkt auf den Kopf. Wir beschließen, der Sache auf den Grund zu gehen. Nichts leichter als das nach drei bis fünf Gläsern Rum Cola. Wir werden in der Deutung des kokosnussschalenwerfenden Geistes in der Palme über uns immer besser.

„Ein Waschbär", mutmaßt Petra.

„Quatsch, nie und nimmer. Das ist ein Affe", widerspricht Peter.

„Der sitzt dir vielleicht im Genick, mein Alter. Aber definitiv nicht dort oben. Das ist ganz klar ein Puma", lasse ich nun meine Vermutung heraus.

„Puma? Das könnte wirklich sein. Aber es muss noch ein Baby sein, guck doch mal wie klein", schließt sich Doreen meiner Meinung an.

Also ehrlich gesagt, wie klein das Tier da oben ist, können meine Augen nicht mehr so hundertprozentig abschätzen. Ich kann ja kaum erkennen, wie viel noch in der Colaflasche auf dem Tisch ist. Und die steht deutlich näher.

„Ich hole jetzt unsere Kamera, zoome ran und am Bildschirm können wir es dann vergrößern", sagt Doreen und steht voller Tatendrang vom Stuhl auf. Der Gang zu unserer Hütte wirkt dann nicht mehr ganz so dynamisch, aber immerhin kommt sie wirklich mit dem Fotoapparat zurück.

„Lass bloß die Kamera nicht fallen", kann ich noch gerade rufen, als das blöde Vieh dort oben seinen Hintern zwischen den Palmenwedeln hervorstreckt und los strullert. Natürlich trifft es meinen Arm. Ich habe jetzt keinen Bock mehr, das Tier mit einem Fotoapparat einzufangen. Ich frage Peter nach einem Gewehr. Lachend winkt der nur ab und nimmt mich, wieder einmal, nicht ernst.

Nach einer weiteren Rum Cola kommt es unter uns vieren zu einer wundersamen Einigung. Was allerdings weniger dem Getränk zu verdanken ist, als dem umfassenden Tierlexikon mit Abbildungen, das Petra aus dem Haus holt: Ein Wickelbär.

„Nie gehört."

„Ein nachtaktiver Kleinbär, auch Honigbär genannt, der sich von Früchten in tropischen Regenwäldern ernährt und selten auf den Boden kommt", liest Petra vor.

„Würde ich ihm heute auch nicht raten", grummele ich und rieche angewidert an meinem Hemdsärmel.

Petra klappt das dicke Buch zu und erhebt sich. „Ihr Lieben, seid nicht böse. War ein langer Tag heute." Sie wirft Peter einen Handkuss zu und lässt uns allein.

„Um mal wieder etwas mehr Niveau in unsere Gespräche zu bringen", sagt Doreen, die inzwischen zu Wasser gewechselt hat. „Weißt du Peter, dass wir uns bestimmt schon mal über den Weg gelaufen sind?", fragt sie.

Wie kann man denn nur Mineralwasser trinken? Null Geschmack. Ganz abgesehen davon, dass mir gerade vom Anblick der aufsteigenden Bläschen in ihrem Glas schwindlig wird.

„Na, das wüsste ich aber noch. Wo denn?"

„Ich wohnte in der Elisenstraße in Chemnitz. Dort hattest du doch auch ein Lokal, oder?"

Peter nickt. „So so. Du kommst also auch aus dem tiefsten Osten."

„Na, weniger östlich als ich in Westberlin", sage ich und kichere, weil ich meine Antwort lustig finde. Weder Peter noch Doreen registriert das.

„Andreas hat erzählt, dass du in den Westen abgeschoben wurdest?", fragt Doreen.

„Ja, nach dem Mauerfall."

„Wie geht das denn?" Doreen lacht.

„Ich kann's beweisen. Ich habe noch den Ausweis mit dem Abschiebestempel."

„Ich glaub dir ja. Aber warum bist du nicht einfach über die Grenze gegangen?"

„Wie denn? Aus dem Knast?"

„Da warst du immer noch eingebuchtet?" Ich bin wirklich platt. „Ich dachte, das war irgendeine Jugendsünde?"

„Ein bisschen mehr. Und die haben mir das Leben da drinnen zur Hölle gemacht. Irgendwann hatte ich es aber geschafft: Mein Name stand auf der Liste der von der BRD freizukaufenden politischen Häftlinge. Dummerweise haben die sich zur Übergabe solch unerwünschter Elemente wie mich einen saublöden Tag ausgesucht: den 1. Oktober 1989."

„Das war doch aber vor dem Mauerfall", sagt Doreen.

„Geduld, Geduld. An diesem Tag haben sie Tausende der DDR-Bürger aus der Prager Botschaft in verschlossenen Zügen durch das Gebiet der DDR gekarrt und in die Bundesrepublik einreisen lassen. Das war ja wohl auch so ein idiotischer Teil der Vereinbarung, dass die Leute unbedingt über das Gebiet der DDR ausreisen mussten, anstatt sie direkt von Prag in den Westen zu bringen. Ich glaube, die meisten der armen Teufel in diesen Zügen hatten einen Riesenbammel, dass das Ganze eine Finte sein könnte und die Züge quasi direkt in die DDR-Gefängnisse einfahren würden. Wir standen mit unseren Aufpassern jedenfalls an diesem Tag auf dem Hauptbahnhof Dresden und anstatt dass diese Dösbacken uns ebenfalls in einen dieser Züge setzten, wurden wir wieder zurück ins Gefängnis gebracht und alle Abschiebungen wurden bis auf weiteres ausgesetzt. Im Gefängnis haben wir absolut nichts erfahren. Und so habe ich den 9. November 1989 völlig ahnungslos verpennt."

„Na, das haben wir gemeinsam. Ich war an dem Tag in Leipzig und hatte weder Radio noch Fernsehen an. Am nächsten Morgen bin ich zum Hauptbahnhof Leipzig gegangen, weil ich mit dem Zug nach Halle zu meinen Eltern wollte. Und wundere mich, dass der gesamte Bahnhof überfüllt ist und die Züge proppenvoll. Die Leute um mich herum erzählten, dass man einfach so in den Westen reisen könne. Ich war ziemlich skeptisch, hab dann gerade noch einen Platz für den Zug nach Halle ergattert und bin natürlich von dort aus weiter nach Berlin. Ich musste das einfach mit eigenen Augen sehen. Aber entschuldige. Das ist jetzt bei weitem weniger spektakulär. Also, wie ging es denn dann bei dir weiter?"

„Die Gefängniswärter waren anders, irgendwie komisch und es gab plötzlich keine Zeitungen mehr. Den Luxus eines Fernsehers hatten wir sowieso nicht. Irgendwann kam dann das Gerücht auf und machte die Runde. Aber so richtig geglaubt hat es keiner. Zwei Tage später hat ein Wärter die Junge Welt mitgebracht und nun konnten wir es schwarz auf weiß lesen."

Ich entdecke in Peters Stimme eine gewisse Trockenheit, Doreen wird sie bestimmt für Betroffenheit halten. Aber ich kenne Peter besser. Er hat sicher nur Durst. Und richtig: Peter gießt sich sein Glas noch einmal voll, bevor er weiterspricht. Ich lehne dankend ab und beginne, mich nach unserer Hütte zu sehnen.

„Es wurde ziemlich schnell eine Generalamnestie ausgesprochen. Aber, als meine damalige Frau sich sofort auf den Weg machte, um mich abzuholen, haben sie ihr hämisch die Auskunft gegeben, dass ihr Mann in der letzten Gruppe sein würde und es noch Tage dauern könne. Tat es dann auch und als es endlich so weit war, haben sie mich nicht etwa einfach entlassen, sondern mich noch ganz offiziell in die BRD abgeschoben."

„Wahrscheinlich haben viele zu dieser Zeit noch daran geglaubt, dass der Staat DDR weiterhin existieren würde", vermutet Doreen.

„Na trotzdem Blödsinn, weil man sich ja nun frei zwischen den beiden Staaten bewegen konnte. Und, wie ihr ja wisst, bin ich nach der Wiedervereinigung auch gleich zurück nach Chemnitz gegangen. Und du, Doreen? Bist du an diesem Tag brav wieder nach Hause gefahren?"

‚Meine Doreen und brav?', schießt es mir durch den Kopf. Ich sollte sie Peter mal besser vorstellen. Morgen allerdings erst, im Moment würde das meine Artikulationsfähigkeiten überfordern. Sie hat doch genausoviele Gläser getrunken wie ich? Wieso spricht sie dann noch so klar? Und lacht so nett? Ich beuge mich zu ihr und mit einem Mal liegt ein fürchterlicher Geruch in der Luft. Nein, das ist mein Ärmel, nicht Doreen. Die ist scheinbar gestanksresistent, lächelnd mich an, drückt mir ein Küsschen auf die Wange und wendet sich wieder voller Begeisterung dem Gespräch mit Peter zu. „Ja, klar. Aber ich habe mir meinen langjährigen Wunsch erfüllt: einmal das Brandenburger Tor von der anderen Seite zu sehen. Mehr habe ich nicht gemacht. Aber das hatte weniger mit politischen Dingen zu tun, obwohl ich als Studentin natürlich auch bei einigen Montagsdemonstrationen mitgelaufen bin und die Entwicklungen aufmerksam verfolgt habe. Aber im Prinzip ging es mir nicht darum, dass die DDR aufhört zu existieren, sondern immer nur um die Reisefreiheit. Ganz egoistisch sozusagen. Was meinst du, was ich schon als Kind davon geträumt habe, über meine Sportlerkarriere einmal in andere Länder reisen zu dürfen."

„Was nicht geklappt hat?"

„Nein, der ersehnte große Erfolg als Eisschnellläuferin blieb leider aus und irgendwann hatte ich dann mehr und mehr andere Interessen, als jeden Tag zwischen Schule, Training und Wettkampf hin und her zu pendeln, während das übrige Leben an mir vorbeigeht."

„Ich konnte auch pendeln. Zwischen Gefängniskantine und Zelle." Peter lacht.

„Ja", denke ich, „Und du Idiot lehnst dafür sogar die 10.000 DM Haftentschädigung ab, die dir die Bundesrepublik angeboten hat." Aber wenn Peter etwas macht, dann zu hundert Prozent, auch in seinem Protest. Ich erhebe mich aus dem bequemen Gartenstuhl. Leider muss ich gleichzeitig herzhaft gähnen und halte mir selbstverständlich meine Hand vor den Mund, so wie es meine Mutter mir beigebracht hat. Nur leider fehlt mir diese Hand jetzt zur Unterstützung und das macht das Aufstehen erst in einem anstrengenden zweiten Anlauf möglich. Aber nun stehe ich. „Ihr könnt ja noch ein bisschen weiterquatschen, ich gehe dann mal jetzt."

„Ich komm mit, Schatzi", sagt Doreen und steht ebenfalls auf.

Das finde ich super. Denn so marschieren wir zu unserer Hütte Arm in Arm, was den Heimweg bedeutend leichter und gradliniger macht.

„Schnuddelbäckchen? Könntest Du mir mein Hemd noch schnell waschen?"

Mein Schlaf in dieser Nacht ist tief und fest, und meine Kopfschmerzen verschwinden auf der Stelle, als ich am Morgen den Himmel betrachte. Keine Wolke in Sicht. Ich kann es kaum abwarten, dass das Frühstück heruntergekaut ist, ohne das - so droht Doreen - sie sich auf der Stelle wieder ins Bett legen werde. Aber dann brechen wir zu einem kleinen Rundflug auf.

Herrlich! Endlich mal wieder in der Luft. „Riechst du das?", fragt mich Doreen. Ich schnuppere in die Luft. „Nein. Du hast mein Hemd doch gestern Abend noch gewaschen, oder?"

„Kannst du nicht mal ein wenig tiefer gehen?"

Klar kann ich und tatsächlich. Jetzt rieche ich es auch. Und es ist nicht Wickelbärpisse, sondern wunderbarer Orangenduft, der immer intensiver wird,

Dicht über der Plantage können wir die Orangen deutlich riechen

je weiter ich nach unten komme. Es ist Erntezeit und Dutzende vollbeladene LKWs fahren über die Straßen. Es gefällt mir jedenfalls besser, hier über die Felder, Plantagen und kleinen Ortschaften mit den recht weit auseinander liegenden Häusern zu fliegen, als über Doreens zweitliebstes Gebiet, den Dschungel. Ihr liebstes ist und bleibt die Küste. Aber bis dahin haben wir es mit unserem Moskito witterungsbedingt noch immer nicht geschafft. Ob ich will oder nicht, auf dem Rückweg unseres kleinen Luftausfluges muss ich wieder über dichten Wald fliegen und Doreen, die bekanntermaßen stundenlang über das Land gelesen hat, ist auf der Suche nach den Dolinen, auch Sinkholes genannt.

„Es gibt sie überall auf der Welt, wo es Karstgebiete gibt. Das sind relativ poröse Gesteinsformen, bei denen der Abbau durch Korrosion und Lösungsvorgängen zu Klüften und Hohlräumen, ja zu ganzen meist unterirdischen Höhlensystemen führt. Fällt die Decke über solchen Hohlräumen ein, entstehen diese Sinkholes, auf deren Boden sich die Vegetation natürlich ebenso ihren Raum sucht, wie oben. Hier in Belize also quasi ein Dschungel im Dschungel. Und wenn das Loch groß und alt genug ist, kann das durchaus dazu führen, dass es dort tief unten endemische Tierarten gibt", erklärt sie mir.

Wieder etwas dazugelernt. „Also das Gegenstück zu den Tepuis in Venezuela", sage ich. Schließlich muss ich irgendwie auch mal was wissen. Langsam gehen mir allerdings die Gebiete aus, auf denen Doreen nicht auch Bescheid weiß. Seit der Maueröffnung hat sie so rasant die Welt erkundet wie ich es bei keinem anderen Menschen kenne. Ihr Begrüßungsgeld von hundert DM hat sie nicht etwa am Kudamm in irgendwelchen Boutiquen ausgegeben. Nein, sie hat damit eine Busfahrt nach Paris bezahlt. Ihre erste Reise nach dem Fall der Mauer war also gleich eine Auslandsreise und sie war stolz wie Bolle, hat sie mir erzählt. Und eben auch die Tepuis kennt sie, weil sie schon ein Jahr nach unserem Kennenlernen mit mir gemeinsam zwei von ihnen bestiegen hat. In einem Tempo, bei dem ich kaum hinterher kam.

„Sieh mal", antwortet sie und zeigt auf einige Mayatempel, die sie im Urwald entdeckt hat. Wir drehen eine Runde über der Ruinenstadt.

„Wenn ich mich nicht irre, müsste das Lamanai sein", stelle ich fest, obwohl ich es längst auf dem GPS abgelesen habe.

Egal, wo wir in Belize sind, fragen die Leute: „Und? Wann geht es weiter?" Wir üben uns in Achselzucken und zum Himmel zeigen und erhalten die Standardantwort: „Normalerweise ist das Wetter hier um diese Zeit viel besser."

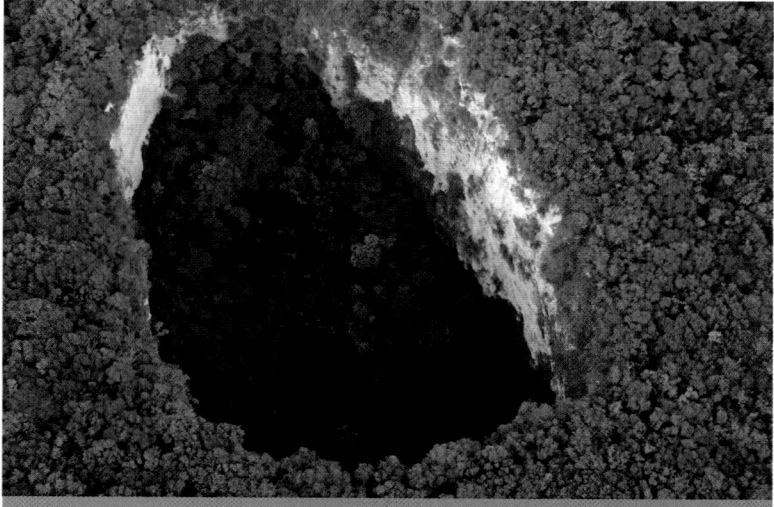

Sinkholes, große Einsturzlöcher riesiger Höhlenanlagen in Belize

Dabei ziehen sie das i in viel bedeutungsvoll in die Länge. Na toll. Doreen hat auch schon Hummeln im Hintern und deshalb freuen wir uns, dass wir übers Wochenende nach Placencia fahren können. An diesem Ort, an dem es sich so wunderbar leben lässt, hat sich mein Freund Robert niedergelassen. Und Rob ist – wie sollte es anders sein – ebenfalls Triker und begeisterter Hangglider. Mit letzterem hat er es sogar in einen in Neuseeland gedrehten Werbespot für Wrigley's Kaugummis geschafft. Er ist auch wirklich fotogen: Grauhaarig und sehr athletisch wirkt er wie ein Highclass-Abenteurer. Er trifft uns in Spanish Lookout und lädt uns kurzerhand ein, mit ihm wieder nach Hause zu fahren. So steigen wir in seinen Pickup und kommen überraschend doch noch zum Meer. Mich lockt dabei im Gegensatz zu Doreen weniger die Aussicht, nun ausgiebige Strandspaziergänge unternehmen zu können, sondern eher die Fachsimpelei mit Rob. Er ist fünfundsechzig Jahre alt und kommt aus den USA. Er fliegt schon sehr lange und besonders viele Jahre ist er in Hawaii geflogen. Ich weiß von anderen Piloten, wie anspruchsvoll Hawaii für Triker ist, und deshalb bin ich gespannt wie ein Flitzebogen, was Rob mir alles für unsere eigene Reise an Erfahrungen mit auf den Weg geben kann.

Placencia liegt am Ende einer langgestreckten Halbinsel im Süden und ist quasi die bunte und süße Dessertplatte auf dem reichhaltigen Buffet Belizes. Ein bisschen Zucker vom Karibikfeeling, das sonst nur direkt auf den Cayes herrscht, ein bisschen Buttercreme vom Luxus – hier haben sich einige US-Bürger, Kanadier und ein paar andere Ausländer prachtvolle Villen hingestellt – die bunten Schokostreusel der typischen, einfachen Strandcabañas in den unterschiedlichsten Farben und dazwischen die hellen Sahnehäubchen der Gebäude englischer Kolonialzeit.

Auch Rob hat sich mit seiner Frau Sharene außer seiner eigenen Bleibe noch zwei Appartements zugelegt. Eines direkt in Placencia, das überwiegend vermietet ist und die Luxusvariante darstellt, und das andere eher urig und schlicht in Maya Beach, einem Ort an einer der engsten Stellen, an der die Halbinsel maximal 200 Meter Breite misst.

Sharene ist einen begnadete Köchin, was bei mir natürlich einen riesigen Bonus an Sympathie auslöst. Obwohl sie den gar nicht nötig hätte, denn sie ist auch sonst so sympathisch wie Rob. Der hat ihr Herz sprichwörtlich im Flug erobert. Vor drei Jahren hat Sharene bei ihm einen halbstündigen Trike-Rundflug gebucht. Rob ging einfach nicht mehr herunter. Flog insgesamt zwei Stunden mir ihr und seit dem Tag sind die beiden ein Paar.

Gegen Rob hegte ich anfangs allerdings alles andere als Sympathie. Ich lernte ihn am Flughafen Central Farm in San Ignacio kennen, wo ich mit meinem fliegenden Boot Rundfluge für Touristen anbot. Eines Tages stand er auf dem Flugplatz, gemeinsam mit seinem Freund aus den USA, der ebenfalls gerade nach Belize ausgewandert war: John McAfee, der Gründer des bis heute weltweit bekannten gleichnamigen Antivirusprogramms. Die beiden kannten sich wohl aus Hawaii und - was uns alle drei verband - als Triker. Offensichtlich waren sie auf der Suche, wo in Belize sie ein neues Trikezentrum aufbauen könnten. McAfee hatte ja erfolgreich und spektakulär, was fast alles in seinem Leben irgendwie ist, in Rodeo, New Mexiko, in seiner Leidenschaft fürs Ultraleichtfliegen ein riesiges Resort für Triker geschaffen: Sky Gypsies Aerotrekking, mit Hotelanlagen und allem, was ein Pilotenherz höher schlagen lässt. Hier wurden nicht die üblichen Rundflüge angeboten, sondern Flugabenteuer unterschiedlichen Schweregrades. Sowohl allein, mit eigenem Trike oder einem geliehenen der McAfee-Firma oder für die, die selbst nicht fliegen konnten, gemeinsam mit erfahrenen Piloten. Ein solcher Pilot war der Neffe von McAfee, der 22jährige Joel Gordon Bitow. Er flog mit einem 61jährigen Passagier in einem Canyon und beide verunglückten tödlich. Es sind Gerüchte und Vermutungen, die behaupten, dass dieser Unfall und eine angeblich folgende Millionen-Schadenersatz-Klage der Familie des Passagiers, der maßgebliche Grund dafür gewesen sein sollen, dass McAfee innerhalb kürzester Zeit seine gesamten Immobilien und Vermögensgegenstände in den USA verkaufte, angeblich mit einem Verlust von fast 100 Millionen Dollar, und mit dem restlichen Vermögen nach Belize auswanderte. Ich kann das nicht beurteilen, aber die einzelne Träne, die sich McAfee auf seinen Arm zum Tattoo Sky Gypsies im Gedenken an den tragischen Unfall hat tätowieren lassen, habe ich mit eigenen Augen gesehen.

Nun stand dieser Mann mit Rob vor mir, sie drehten sich prüfend in alle Richtungen und McAfee meinte dann: „Ich glaube, wir werden den Flughafen hier übernehmen." Wohlgemerkt, bei dem Flughafen Central Farm handelte es sich um einen staatlichen Flughafen. Mit diesem großkotzigen Auftreten waren mir Rob und McAfee – Triker hin, Triker her – erst einmal unsympathisch.

Das änderte sich mit der Zeit, als ich Rob besser kennenlernte und feststellte, dass er, ohne Begleitung McAfees, ganz in Ordnung ist, allerdings in seinem Leben bisher extrem viel Pech gehabt hat, sowohl im Geschäftlichen als auch im Privaten. Sein erstes Trike verlor er bei einem Sturm in Hawaii, das zweite aufgrund eines Streits, den ein Flugplatzeigentümer angeblich mit McAfee hatte und deshalb eben mal schnell das in einem dortigen Hangar untergestellte Trike von Rob einkassierte, bis die Sache mit McAfee geklärt wäre. Jetzt versuchen Rob und Sharene, ein neues Trikezentrum in Placencia aufzubauen, von wo aus sie Touristen mit Trikes, die über Schwimmflügel verfügen, Rundflüge inklusive Wasserlandungen anbieten können. Ich habe da einigermaßen Zweifel, ob die Flugsicherung das erlauben wird, da es in Placencia einen Flughafen gibt, auf dem täglich bis zu dreißig Starts und Landungen ablaufen. Aber ich wünsche ihm selbstverständlich, dass seine Pläne klappen. Und natürlich tratschen wir auch ausführlich über John McAfee, den Mordverdacht gegen ihn, die möglichen Gründe seiner Flucht und die Mutmaßungen über seinen jetzigen Aufenthaltsort. Ja, auch Männer lieben Klatsch und Tratsch, jedenfalls, wenn es sich um einen so schillernden Typen handelt, der sogar einen Blog unterhält, auf dem er sich selbst regelmäßig zu Wort meldet, während sich alle Welt das Maul über ihn zerreißt.

Ansonsten ist dieser Ausflug nach Placencia hinsichtlich der kulinarischen Köstlichkeiten und körperlichen Annehmlichkeiten schlicht der achte Himmel. In Spanish Lookout kampieren wir in einem Büro am Flughafen, in dem schon vier Leute ein Gedränge bilden, essen vorwiegend Dosenfutter oder Fastfood im Schnellrestaurant der Mennoniten - und an eine heiße Dusche ist nicht einmal zu denken. Hier setzt uns Sharene ein Highlight nach dem anderen vor. Das erste Frühstück bei Rob und seiner Frau ist das absolut beste unserer bisherigen Reise. Eier mit frischem Schafskäse, Oliven, Tomaten und Sharenes geheimer Kräutermischung. Dazu französisches Baguette und Artischockenherzen und ein kräftiger Kaffee aus der French-Press. Rob und Sharene mögen das für eine Selbstverständlichkeit halten, ich werde mich noch monatelang an dieses Frühstück erinnern. Deshalb schwebe ich förmlich durch den Tag. Daran kann nicht einmal der obligatorische Strandaufenthalt etwas ändern, zu dem mich Doreen natürlich verdonnert. Und das Schweben geht auch abends weiter. Rob und Sharene pflegen nämlich Wodka zu trinken, gemischt mit diversen schmackhaften Säften. Doreen und ich sind Rum gewöhnt. Da haut uns so schnell keiner um. Aber mit dem ungewohnten Wodka, dessen Alkoholgehalt sich geschickt hinter den Fruchtzusätzen versteckt, sind wir beide jeden Abend herrlich angetüddelt.
Zum Abschluss dieses wunderbaren Wochenendes werden wir von Rob und Sharene zum Essen ausgeführt.

„Macht euch fein. Es ist ein sehr gutes Restaurant", sagt Sharene und lässt mich damit etwas ratlos zurück. Während Doreen, zugegebenermaßen nach langer Diskussion zwischen uns, wenigstens in den Tiefen unserer Taschen das kleine Schwarze mitführt, das eigentlich ein kleines Rot-Schwarzes ist, hielt ich es für unnötig, mich mit Abendgarderobe einzudecken. Unterhose, Hose, kurz, lang, dick, dünn, Hemd, T-Shirt, wenn's kalt wird, Pullover oder Jacke drüber und fertig. Ich habe Doreen im Verdacht, dass sie diese Haltung heimlich Sharene gesteckt hat. Jedenfalls steht Rob plötzlich mit einem gelben Seidenhemd mit dezenten Streifen in Pastelltönen vor mir. „Hier, völlig unbenutzt. Ich habe es zu groß gekauft. Wenn du willst, schenke ich es dir."

„Super. Danke, Rob. Genau das fehlt meinem Schatzi", antwortet Doreen sichtlich begeistert für mich und fühlt zwischen Fingern und Daumen die Seide. Daraufhin verschwindet sie im Bad. Als sie wieder herauskommt, schnuppere ich an ihr. Sie duftet ungewohnt. „Sharene hat einfach alles. Badeöle, Peelingmasken, verschiedene Deos", schwärmt sie. Arme Doreen. Sie muss sich aus Gewichtsgründen während unserer Reise mit exakt einem two-in-one-Shampoo-Duschgel und einem Deo zufriedengeben, beides einigermaßen duftneutral, denn wir müssen uns das Zeugs teilen und ich will nicht wie eine Frau riechen. Kein Wunder, dass Doreen jetzt von Sharenes Bad überwältigt ist.

Natürlich ziehe ich das Geschenkhemd an und Doreen ihr schwarzes Kleid mit roten Blumen. Kurz, ärmellos, eng. Genauso mag ich es, während mich mein Spiegelbild im Seidenhemd eher skeptisch ansieht.

„Ey, auch ihr Männer müsst euch mal schön machen für uns."

„Wir haben das nicht nötig. Wir haben eine natürliche Schönheit."

„Ach? Guck mal ein bisschen tiefer im Spiegel. Siehst du die kleinen Röllchen an deinem Bauch?"

„Ja, klar. Sieht doch klasse aus, oder?"

Doreen lacht. „Es stimmt wirklich. Männer stellen sich vor den Spiegel, natürlich ausschließlich frontal, und gucken so lange, bis sie sich toll finden. Frauen stehen vor dem Spiegel und gucken solange, bis sie endlich etwas finden, das doof aussieht."

„Ja, und dann macht ihr Diäten, meldet euch beim Fitness an und seid totunglücklich. Wir brauchen das nicht. Und auch keine Schminke, keine Cremes oder Lippenstifte, die unsere natürliche Schönheit überdecken."

Doreen schweigt und ich bin mir nicht sicher, was genau das zu bedeuten hat. Also sage ich vorsorglich: „Übrigens, Schnuddelbacke, siehst du in deinem roten Blümchenkleid unschlagbar schön aus. Das ist ja langsam so etwas, wie das offizielle Ausgehkleid unserer Expedition. Ich versprech dir, ab jetzt trage ich auch dieses offizielle Ausgeh-Seidenhemd."

„Es ist das einzige Kleid, das ich überhaupt mitnehmen durfte", knurrt Doreen undeutlich, weil sie sich gerade die Lippen nachzieht. Natürlich ist der Rotton identisch mit dem Rot der Kleiderblüten. Ich blicke mich suchend um. „Sag mal, hast du auch irgendwo einen gelben Lippenstift?"

„Raus jetzt." Doreen schubst mich förmlich aus dem Zimmer.

Auf dem Weg zum Restaurant kommen wir an einer Lokalität vorbei, in der Studenten ihr bestandenes Diplom feiern.

„Unglaublich, wie aufgetakelt die alle sind. Wie kann man denn mit diesen Schuhen tanzen? Und weshalb ziehen sich eigentlich immer diejenigen so an, die es sich figürlich überhaupt nicht leisten können?", fragt Doreen kopfschüttelnd.

Es ist eine wahre Pracht, denn Dutzende junger Frauen stehen in Gruppen zusammen. Sie kommen mit Sicherheit alle gerade aus dem Friseursalon, allerdings erst, nachdem sie ihr Gesicht in diverse Schminktöpfe getaucht haben. Die Stoffe ihrer engen Kleider glänzen, jede hat selbstverständlich eine andere Farbe gewählt. Aber dann verließ die jungen Damen entweder ihr Schamgefühl oder ihre Finanzkraft. Denn für mehr Stoff als über den teilweise recht molligen Po hat es nicht mehr gereicht. Bis zu den Schuhen komme ich in meiner Betrachtung nicht, weil mich ein Schlag Doreens in die Seite trifft.

„Pass bloß auf, dass dir die Augen nicht rausfallen."

„Ich hab' eine Sonnenbrille auf", protestiere ich.

„Und ich sehe trotzdem, dass du die Frauen am liebsten röntgen möchtest."

„Du bist die Schönste in deinem roten Blümchenkleid."

„Du wiederholst dich. Wie langweilig."

Ich setze die Sonnenbrille ab und wir müssen beide lachen. Arm in Arm folgen wir Rob und Sharene in das Restaurant.

Vier Tage, traumhaft schön, erholsam und voller Genüsse liegen hinter uns, als wir zurück nach Spanish Lookout fahren. Schon auf der Fahrt erfasst mich die gleiche Unruhe wie vor diesem verlängerten Wochenende. Heute ist bereits der 12. Februar, was bedeutet, dass wir uns schon anderthalb Monate in Belize aufhalten. Geplant waren zwei bis maximal drei Wochen. Ich möchte endlich weiter und dafür brauche ich ein Zeitfenster von mindestens zwei Tagen Flugwetter. Wir müssen zunächst nach Belize City, weil wir nur von dort aus das Land verlassen dürfen, und nach den Erfahrungen mit der Bürokratie bei unserer Einreise müssen wir hierfür mindestens einen Tag einplanen. Und am Folgetag soll es dann nach San Pedro Sula, zu der zweitgrößten Stadt von Honduras weitergehen, die derzeit den traurigen Rekord hält, die gefährlichste Stadt der Welt zu sein. Beruhigend, dass uns auch dort ein sehr gastfreundlicher Triker erwartet: Gustavo, der sogar einen Platz im Hangar für uns hat. Ich habe mich riesig gefreut, als er diese Einladung über unsere Facebookseite schickte. Vor unserer Expedition hatte ich mit dem Internet nur beruflich zu tun und wie das Ganze funktioniert, verstehe ich bis heute nicht. Aber heute hat ja jeder Depp eine Homepage. Klar also, dass Doreen und ich während unserer Vorbereitungen in Berlin auch eine solche gebastelt hatten. Ein Bausteinsystem für Doofe. Und auch einen Facebook-Account hatte ich und über die Jahre auch mehrere hundert Freunde. Aber die war eben für private Kontakte. Nun hat sich die Facebookseite als unschätzbare Hilfe für uns erwiesen. Die Gastfreundschaft unter den Piloten dieser Welt ist so enorm groß, dass ich es jedes Mal kaum glauben kann, wenn sich ein mir wildfremder Mensch meldet und mich einlädt, bei ihm zu wohnen oder uns

So etwas sieht man nur von einem Trike!

anderweitig zu helfen. Man kann über die modernen Kommunikationsmittel geteilter Meinung sein, aber in unserem Fall macht Facebook dem Begriff Social Network alle Ehre.

Meine Freude über die Einladung wird allerdings weiterhin getrübt durch den täglichen Blick auf den katastrophalen Wetterbericht Belizes. Die vierzig Minuten nach Belize City würde ich schon schaffen, aber den Weiterflug nach Honduras nicht. Und statt die Tage auf dem internationalen Flughafen der Großstadt zu verbringen, bleiben wir lieber hier. Was mir auch Sorgen bereitet: Unser Visum für Belize läuft am 21. Februar ab und noch einmal nach Belmopan? Nein, danke. Auf der anderen Seite wird es Zeit, Randie, der uns die ganze Zeit hier in Spanish Lookout am Flughafen beherbergt, seinen Büroraum im Hangar wieder freizumachen. Fünf Leute müssen hier tagsüber in drückender Hitze arbeiten und obwohl wir jeden Morgen aufräumen, liegt natürlich trotzdem überall unser Kram herum. Randie leiht uns sogar seinen Pickup, aber über den Fluss heraus aus Spanish Lookout können wir damit nicht fahren, weil die Autos nur hier fahren dürfen. Mennoniten zahlen keine Versicherung für Fahrzeuge auf ihrem eigenen Gebiet. Fast gemeinsam kommen Doreen und ich auf eine Idee: „Lass uns nach Blue Creek fliegen. Das liegt direkt an der Mexikanischen Grenze und wir können jederzeit durch die Aus- und Wiedereinreise ein neues Visum erhalten."

Gesagt, getan. Es ist sieben Uhr, als wir abheben. Doreen schaltet nicht einmal die Kameras ein, so schlecht ist die Sicht. Sie ist ungewohnt ruhig. Ich glaube, sie schläft immer wieder ein und weiß nicht, dass es zwar ein ruhiger, aber trotzdem saugefährlicher Flug ist. Die Wolken hängen bis zu hundert Meter tief. Deshalb fliege ich in nur 50 bis 80 Metern Höhe, unter uns nichts als der grüne Teppich des tropischen Regenwalds, der mir vorgaukeln will, ich könne mich im Notfall einfach auf ihn fallen lassen und er finge mich samtweich auf. Aber ich weiß es besser.

Kapitel 17
Technisches Versagen ist reparabel - menschliches auch?

In Blue Creek erwartet uns David und freut sich sichtlich über unseren Besuch. David und ich kennen uns seit meiner Zeit in Belize, zu der ich auch hier in Blue Creek sehr oft mit meinem fliegenden Boot gelandet bin. Und als ich Belize verlassen wollte, bin ich mit meinem Trike bei ihm untergekommen. So wie jetzt. Ich durfte seinen Hangar nutzen, bis ich einen Käufer gefunden und den in das ungewöhnliche Flugobjekt eingewiesen hatte.

In diesem Hangar dürfen wir uns nun häuslich niederlassen, doch Komfort ist auf dem gesamten Flughafengelände ein absolutes Fremdwort. „Nicht einmal Toiletten?", fragt Doreen entsetzt. Ich hatte es vergessen, weil Männer es da etwas leichter haben als Frauen.
„Aber David sagt, es gibt jetzt wenigstens fließend Wasser", versuche ich eine Aufmunterung.
Doch dann sehen wir, dass es zwar fließend Wasser gibt, aber ausschließlich kaltes und der Abfluss unter dem Spülbecken in Form eines Eimers geschieht, der geleert werden muss. Ein Kühlschrank steht zwar im Hangar, aber nur, um die Esswaren vor den Unmengen von Ungeziefer zu schützen. Angeschlossen ist er nicht. Wenigstens gibt es Strom für Licht und unseren Computer und ansonsten haben wir vor allem unseren Kocher. Denn die einzigen Restaurants befinden sich circa zwei Stunden Fußmarsch entfernt – bergauf! Busse oder Taxis? Fehlanzeige. Aber ansonsten sieht alles aufgeräumt und sauber aus. Wir sind schließlich wieder im Mennonitenland. Malerisch stehen die Pferde und die Kühe auf den grünen Hügeln und wenn da nicht ab und zu eine Palme wäre und der dichte Urwald am Horizont, könnte man meinen, man sei im Allgäu.
Wir sind so kaputt, dass wir am ersten Morgen in Blue Creek verschlafen. Nicht unser Wecker macht uns wach, sondern um 5:31 Uhr die dröhnenden, alle Wände erschütternden Trucks der Crop Duster Piloten. Schnell schwinge ich mich aus der neu erworbenen Hängematte – lila, meine Lieblingsfarbe - stelle mich auf die Wiese vor den Hangar und kippe einen Eimer Wasser über mich. Mann, ich habe vergessen, wie kalt Wasser sein kann. Aber wenigstens bin ich jetzt hellwach.
„Guten Morgen." David kommt auf seinem Motorrad angefahren und ich sehe Doreen in Slip aber ohne BH durch einen Spalt der hinteren Hangar-

Unser fast dreiwöchiges Camp bei den Mennoniten von Blue Creek

wand flitzen. David ist natürlich auch Mennonit und eine fast nackte fremde Frau wollen wir dem armen Kerl nicht zumuten, der bei dem Anblick auch prompt auf dem Absatz kehrt macht. Drei Sekunden später dreht sich David schon wieder um. Zu spät, mein Lieber, denke ich grinsend. Schnell greife ich Doreens Kleidung aus dem Zelt und reiche sie durch den Spalt, denn auch unser Zelt bietet keinen Sichtschutz, da wir wegen der Hitze nur das Inlet aus Mückengaze aufgebaut haben. Mit Schrecken sehe ich, dass es inzwischen auf dem Flugplatz zugeht wie in einem Ameisenbau. Die Männer beladen ihre Maschinen aus den Trucks und ein Pilot nach dem anderen steigt mit einem der dickbäuchigen Flugzeuge auf - meist sind es sogar noch Doppeldecker. Sie düngen die Felder der Gemeinde oder besprühen sie mit Pflanzenschutz oder säen aus. Wie soll die arme Doreen hier irgendwo ihre Morgentoilette verrichten? Ich entschuldige mich kurz bei David, gehe noch einmal nach hinten, wo Doreen inzwischen angezogen steht. Wir suchen einen der wenigen Büsche auf dem Gelände und ich stelle mich so raumgreifend wie es geht vor sie, damit sie wenigstens mal pinkeln kann.

Ein großer Truck fährt mit hoher Geschwindigkeit vor und ich habe Angst, dass er direkt durch den Hangar fährt und alles darin platt macht, besonders meinen Moskito. Doch der Fahrer hält kurz vorher, steigt aus und umrundet unser Trike. Dann setzt er sich wieder auf seinen Bock und fährt so rasant davon, wie er gekommen ist.

„Was war das denn?", frage ich David.

„Eure Ankunft hat sich herumgesprochen und da wollen viele das Ding wenigstens mal sehen", antwortet er.

„Das Ding?"

„Das letzte Trike ist hier damals mit dir gelandet."

„Und jetzt wirkt es wie eine Gazelle in einer Elefantenherde."

David lacht und wird gleich wieder ernst. „Wenn wir nur nicht immer wieder Menschen und Maschinen verlieren würden." Er zeigt auf zwei Flugzeug-wracks am Ende des Flughafens.

Ich bewundere die Piloten der Crop Duster Maschinen. Die Motoren haben 400 bis 600 PS, die Piloten müssen wie wir auf Sicht fliegen, haben aber im Gegensatz zu uns nicht einmal Funk an Bord, müssen also in der Luft und besonders bei Start und Landung gegenseitig auf sich achten. Während ihrer Arbeit fliegen sie extrem tief über die Felder, sprühen dort ihre Fracht ab, und steigen haarscharf vor dem angrenzenden Urwald oder den Felswänden am Rande der Felder wieder auf. Deshalb fliegen sie trotz ihres Gewichts, ebenso wie wir, nur am frühen Morgen oder am späten Abend, um einer starken Thermik zu entgehen. Trotzdem kommt es immer wieder vor, dass durch überraschende Down-Winde an den Bergrücken die Maschinen verunglü-cken. Selten überlebt ein Pilot einen solchen Unfall. Trotzdem haben sie keine Nachwuchsprobleme, denn sie werden außergewöhnlich gut bezahlt. Arbeiten unter Lebensgefahr wird immer honoriert, überall auf der Welt.

Auch wir nutzen die Gelegenheit, dass es hier nicht regnet, und ich zeige Doreen Blue Creek von oben. Nur ein kleiner Fluss mitten im grünen Wald und man ist in Mexiko. Und doch erkennt man die Grenze von oben ganz deutlich. Auf der einen Seite frisch gestrichene Häuser mit gepflegten Vor-gärten, Felder wie auf dem Schachbrett. Auf der anderen Seite kunterbuntes typisch mexikanisches Chaos. Beides hat was, finde ich.

Die Sonne ist gerade erst untergegangen, die Crop Duster Piloten mit ihren Trucks in den verdienten Feierabend gefahren und Doreen und ich sind hun-demüde. Doreen hat einen leckeren Thunfischsalat mit Mais und scharfer Sauce gezaubert und wir verkriechen uns danach sofort ins Zelt. Ich glaube, es dauert keine fünf Minuten, bis ich einschlafe.

Irgendwann mitten in der Nacht werden wir brutal geweckt. Das laute Knattern und Röhren von Motorrädern, die auf den Hangar zufahren. Ich springe auf und erkenne mindestens fünf Motorräder. Als sie näher kommen, sehe ich, dass es noch Jugendliche sind. Au Backe, das gibt Ärger. Die wollen ihren wie auch immer gearteten Frust abbauen, sind unter Alkohol oder anderen Drogen, machen Krawall, um sich gegenseitig ihre Coolness zu beweisen. Diese Erfahrungen aus anderen Gegenden der Welt beherrschen meine Gedanken und ich sehe schon mein armes Trike empfindlich beschädigt und unsere Reisekasse geleert.

Die Jugendlichen haben den Hangar erreicht. Langsam nähern sie sich in geschlossener Reihe dem zur Frontseite komplett offenen Hangar und stellen die Maschinen so, dass die Lampen das Trike beleuchten. Ich schnappe mir unsere starke Taschenlampe und – zack – stehe ich vor dem Zelt. „Hey, what's up, guys?", rufe ich energisch und leuchte ihnen nacheinander direkt in die Gesichter. Sie erschrecken sich auch wirklich, doch dann fragt einer von ihnen schüchtern: „Entschuldigen Sie, mein Herr. Dürfen wir mal gucken?"

Halleluja! So verschlafen wie ich war, habe ich glatt vergessen, dass wir im Mennonitenland sind. Null Alkohol, keine Drogen und die Jugendlichen behandeln Ältere und das Eigentum anderer mit Respekt. Bereitwillig zeige ich den Jungs das Trike und beantworte alle ihre Fragen. Anschließend steigen sie wieder auf ihre Maschinen und brausen zurück in die Nacht. Einen kurzen Moment später herrscht wieder totale Ruhe um uns herum, nur unterbrochen durch das laute Schnarchen Leos, eine Katze, die es toll findet, dass außer ihr noch jemand hier übernachtet und morgens mit ihr sein Frühstück teilt.

„Das mag jetzt total spießig klingen, aber ich wünschte mir, solche Jugendlichen gäbe es öfter auf der Welt", sagt Doreen und ich nicke zustimmend. Lächelnd kriechen wir wieder in den Schlafsack.

Es ist Sonntag. Einziger Ruhetag auf dem Flughafen von Blue Creek und wir begleiten David und seine Familie zum Gottesdienst. Wann war ich das letzte Mal in meinem Leben in einem Gottesdienst? Als ich das moderne weiße Kirchengebäude vor mir sehe, fällt es mir wieder ein: An Doreens und meinem ersten gemeinsamen Weihnachten in Berlin begleiteten wir meine Eltern in die kleine Dorfkirche in der Nähe meines Elternhauses, in der ich auch das erste Mal geheiratet hatte. Zu Weihnachten sind selbst im evangelischen

Berlin alle Kirchen voll und so ergatterten wir nur noch einen Platz in den hinteren Reihen. Die Heizung, die vielen Menschen… in kurzer Zeit wurde es stickig. Und wenn ich irgendwo sitze, wo es sehr stickig ist, dann passiert immer das Gleiche: Ich schlafe ein. Wie mir Doreen dann berichtete, war das dummerweise nicht das einzige, sondern ich begann so laut zu schnarchen, dass die umliegenden Kirchenbesucher das hörten und anfingen zu lachen. Bis schließlich alle lachten und Doreens unsanfte Seitenhiebe Erfolg zeigten und ich aufwachte. Meinen armen Eltern war das extrem peinlich, Doreen dagegen musste ebenfalls lachen; über mein dummes Gesicht, sagte sie. Ich nehme mir fest vor, dass mir das heute nicht passiert und wir suchen uns einen Platz am geöffneten Fenster.

Es ist ein fast tagesfüllendes Programm, was hier in der Kirche von Blue Creek abläuft. Nach einem Gottesdienst in Plattdeutsch, Kaffee und Kuchen, einem weiteren Gottesdienst in Englisch mit anschließender Bibelstunde, bei der gegenseitig aus der Bibel vorgelesen und gebetet wird, ist mein Bedarf an Gott, Jesus und Bibel für Jahre erst einmal wieder gedeckt. Außerdem verlangt mein Magen ganz fürchterlich nach etwas Herzhaftem. Gemeinsam mit Davids Familie fahren wir nach Mexiko. Mit einem kleinen Boot setzen wir über den Grenzfluss. Es gibt keine Kontrollen und nach kurzer Zeit sitzen wir in einem mexikanischen Restaurant. Die Speisekarte lässt mein Herz höher schlagen und nach tagelangem Dosenfutter und Salaten schmecken die Fleischgerichte göttlich.

Auf dem Rückweg kauft Davids Frau noch Gemüse und einiges andere ein, was mich sehr wundert - das Gemüse in Blue Creek sieht hundert Mal besser und appetitlicher aus - bis ich den niedrigen Preis höre. Dann ist mir klar, warum die Familie jeden Sonntag hier herüber fährt.

„Ich denke, das eigene Gemüse bringt beim Verkauf in Belize einfach mehr Geld ein, als das, was sie hier bezahlen müssen. Ein bisschen wie früher in der DDR. Das gute Obst ging in den Westen, um Devisen zu bekommen. Das Fallobst wurde der Bevölkerung angeboten", mutmaßt Doreen.

Das Programm geht weiter, denn heute Abend ist das monatliche Treffen auf der Plaza, dem Hauptplatz in Blue Creek, für alle Ehepaare, die nicht länger als fünfzehn Jahre verheiratet sind. Es wimmelt von Kindern, jede Familie hat mindestens vier oder fünf. Es gibt ein großes Lagerfeuer, gegrillte Würstchen und Pommes. Dazu Eistee.

„Ein Königreich für ein kühles Bier", flüstert mir Doreen zu.

„Morgen, Schnuddelbacke. Morgen in Chetumal trinken wir gleich zwei hintereinander."

Der Wetterbericht zeigt keinerlei Besserung für die nächsten Tage. Also fahren wir wegen des erforderlichen neuen Visums für drei Tage nach Mexiko und genießen die Intimsphäre eines kleinen Hotelzimmers, gehen abends ins Kino, essen mexikanisches Essen auf der Straße oder in urigen Bars und fühlen uns pudelwohl. Wenn da nur nicht meine Unruhe wäre, wann endlich diese Dauerserie an Regen, Sturm oder Nebel aufhört. Ich komme mir vor wie beim Roulette-Spiel. Ich setze auf schwarz. Es kommt rot. Ich setze den doppelten Einsatz auf schwarz. So kann ich nichts verlieren. Es kommt Rot. Wieder verdoppele ich. Es muss einmal schwarz kommen. Das sagt die Wahrscheinlichkeitsrechnung, Serie hin, Serie her. Erfahrungsgemäß dauert eine solche nicht länger als acht bis maximal zehn Einwürfe der Kugel in das Roulette. Doch der Wettergott hat noch nichts von Wahrscheinlichkeitsrechnung gehört und fabriziert eine noch nie da gewesene Serie an fluguntauglichen Tagen und meine Jetons gehen langsam zu Ende. Gerade noch rechtzeitig prophezeit der Wetterbericht für den 27. und 28. Februar Flugwetter für uns. Also endlich kommt mein Schwarz. Wir nehmen den Bus über die Grenze bis Orange Walk und stellen uns dort zum Trampen an die Straße. Es dauert nur Minuten, dann hält ein Pickup. Ein mennonitisches Ehepaar mit seinen sechs Kindern, zwei in der Fahrerkabine, noch so klein, dass das Geschlecht nicht wirklich erkennbar ist, und vier Jungs im Alter von drei bis maximal sechs Jahren auf der Ladefläche. Nur ihre unterschiedliche Körpergröße verrät, dass sie keine Vierlinge sind. Ansonsten gleichen sie sich wie ein Ei dem anderen: strohblonde Haare, hellblaue Augen und die Kleidung ebenfalls identisch. Dann heißt es festhalten, denn der Mennonit fährt überhaupt nicht gottesfürchtig, sondern rast wie ein Henker und braucht dafür zwei Stunden weniger für die gleiche Strecke, als der Priester, mit dem wir den Hinweg fahren durften. Als wir in Blue Creek mit schmerzenden Hintern aussteigen, entschuldigt er sich für seine Fahrweise. Er habe noch einen dringenden Termin, deshalb die Eile.

„Ach so, ja, vielen Dank", kann ich ihm gerade noch hinterher rufen.

„Jedes Jahr ein Kind. Das muss irre anstrengend sein", meint Doreen.

„Und er darf nicht mal abends in die Stammkneipe, um sich beim Bier zu erholen", stimme ich ihr zu.

„Ich meinte die Frau, du Macho."

„Ach so, ja, für die ist es bestimmt auch anstrengend."

David und seine Frau laden uns zum Abschiedsessen und zu einer letzten heißen Dusche zu sich nach Hause ein und David steht natürlich auch am frühen Morgen am Hangar und wiegt skeptisch seinen Kopf hin und her. „Ich weiß nicht, das Wetter…" Aber ich bin so bedient, dass wir trotzdem fliegen. In sehr geringer Höhe unter den dichten Wolken. Unterwegs regnet es sogar.

Nach knapp einer Stunde erreichen wir den internationalen Flughafen von Belize City und ich kann es nicht fassen: Das Funkradio funktioniert nicht! Das nigelnagelneue Funkgerät, das wir vor gerade einmal vier Monaten in Santa Fe eingebaut haben. Warum zum Teufel passiert so etwas immer auf einem internationalen Flughafen? Es bleibt mir nichts weiter übrig, als ebenso wie damals in Santa Fe, ständig meine Position durchzugeben und zu hoffen, dass mich irgendjemand hört.

Kurz vor dem Flughafen überholt uns eine Boing von American Airlines und ich komme mir vor wie David, nicht der aus Blue Creek, sondern der aus dem Kampf gegen Goliath.

Landeanflug auf die Mennonitengemeinde von Spanish Lookout, Belize

Als wir endlich sicheren Boden unter den Füßen haben, funktioniert das Funkradio wieder einwandfrei und unwillkürlich muss ich an den Radieschen-Mann in San Ignacio denken.

Wir verlieren keine Zeit und beginnen mit der Jagd nach den Ausreisestempeln. Zwei Formulare müssen wir abstempeln lassen, eines davon ist eine Kopie unseres Einreiseformulars. Also auf zur Polizei, zum Gesundheitsamt, zum Zoll, zur Immigration und zur Flugaufsicht.

„Sie verlassen heute Belize?"

„Nein, morgen."

„Und Sie wollen heute einen Stempel für morgen?"

„Ja, wir fliegen mit einem Ultraleichtflugzeug. Wenn wir nicht spätestens um 6:30 Uhr in der Luft sind, können wir gar nicht mehr fliegen. Ab 9:00 Uhr ist eine Kaltfront mit starkem Wind und Regen angesagt."

„Wir öffnen um 6:00 Uhr. Kommen Sie morgen wieder."

„Sorry, aber ich brauche eine Stunde zum Packen des Flugzeuges und 15 Minuten zum Motor warmlaufen lassen." Ich kann unmöglich bis 6:30 Uhr auch noch alle erforderlichen Stempel bei den Behörden besorgen und den Flugplan aktivieren lassen."

„Wir können Ihnen heute keinen Stempel für morgen geben."

„Dann möchte ich bitte Ihren Vorgesetzten sprechen. Es muss doch für solche Situationen eine Lösung geben."

„Mein Supervisor ist in einem Meeting."

„Gut, dann warte ich hier, bis das Meeting vorbei ist."

„Das kann drei Stunden dauern."

„Dann warte ich drei Stunden."

Dieser Dialog geschieht bei allen fünf Behörden quasi gleichlautend. Ohne Supervisor, von denen nicht ein einziger am Platz ist, geht gar nichts. Wir haben noch nichts gefrühstückt. Im Flughafengebäude ist es stickig, draußen ist es heiß. Doreen ist weiß im Gesicht, aber wir sitzen das Ganze aus. Besser gesagt, ich sitze es aus, denn bevor Doreen mir jetzt wirklich umkippt, bringe ich sie in die Abflughalle, in der die Luft besser ist und wo es etwas zu Trinken und zu Essen gibt. Ich esse nichts. Und wer mich kennt, weiß, was es bedeutet, wenn Andreas Zmuda nichts essen kann. Ich fühle mich wie ein Wasserkessel, der kurz vorm Explodieren ist. Nach sage und schreibe sechs Stunden habe ich einige Stempel zusammen. Der Zoll, die Immigration und die Flugsicherung bleiben hart, versichern mir aber, dass ihre Mitarbeiter verlässlich morgen früh um sechs Uhr auf der Matte stehen und mir die noch fehlenden Stempel aufdrücken werden. Inzwischen habe ich mich wieder etwas beruhigt und frage nach dem Sicherheitschef des Flughafens. Wenigstens der ist völlig unkompliziert. Ich erkläre ihm unsere Situation und er sagt zu, dass wir schon um fünf Uhr zu unserem Trike dürfen, um alles startklar zu machen. „Natürlich unter gar keinen Umständen den Motor anlassen. Und einer der Sicherheitsleute muss Sie begleiten."

„Kein Problem und tausend Dank für Ihr Verständnis, Herr Escobar."

Nächste Hürde: ein Taxifahrer für den nächsten Morgen um viertel vor fünf Uhr besorgen. Eine meiner leichtesten Übungen, denke ich. Leider wissen die Taxifahrer genau, wann welcher Flieger ankommt. Im Moment offenbar keiner und deshalb ist weit und breit kein Taxi in Sicht.

„Brauchen Sie Taxi?", fragt mich ein Rastaman, der voll das Klischee erfüllt, denn er kann kaum mehr geradeaus sprechen, so bekifft ist er. Seine Augen sind schmale Schlitze.

„Heute nicht, aber morgen früh um 4:45 Uhr", antworte ich in meiner Not.

„Kein Problem. Hier ist meine Karte. Ruf mich fünfzehn Minuten vorher an. Ich habe keine Lust so früh aufzustehen, wenn du dann nicht da bist."

Bei jedem S-Laut trifft mich eine Sprühfontäne, weil es mit der Artikulation nicht mehr ganz so klappt. Ich bin mir sicher, dass dieser Mann grundsätzlich nicht vor Mittags aufsteht, egal ob ich da bin oder nicht. Aber die Hoffnung stirbt bekanntlich zuletzt und deshalb nehme ich seine Karte.

Ich flitze wieder ins Flughafengebäude, sammle Doreen auf, die noch immer ziemlich blass um die Nase aussieht, und gehe für heute ein letztes Mal zur Flugaufsicht. Der freundlichen Dame halte ich meine beiden Formulare hin und frage: „Haben wir außer dem Stempel vom Zoll und von der Immigration wirklich alles?" Sie nimmt die Formulare prüfend entgegen.

„Ja."

„Fehlt keiner mehr?"

„Nein."

„Ganz sicher? Wir werden morgen früh keine Zeit mehr haben."

„Ganz sicher."

Gut. Mein Pulsschlag pendelt sich so langsam wieder auf 80 Schläge pro Minute ein - und jetzt werde ich erst einmal etwas essen. Und Doreen auch. Denn sie beichtet mir, dass sie vor lauter Mitfiebern ebenfalls keinen Bissen herunterbekommen hat.

Wir hatten das ja schön öfter: Klischees sind nur Klischees. Ich klingele um 4:30 Uhr Rastaman an und um 4:50 Uhr steht er vor dem kleinen Hotel, das wir für die Nacht in der Nähe des Flughafens bezogen haben.

Doch das war's dann auch schon mit der angenehmen Überraschung, denn der sehr hilfsbereite Herr Escobar hat leider heute Morgen um fünf Uhr keinen Dienst und die anwesenden Sicherheitsleute am Tor des Flughafengeländes wollen uns nicht zum Trike lassen.

„Rufen Sie doch Herrn Escobar an."

„Das kann ich nicht."

„Dann rufe ich ihn an."

„Das dürfen Sie nicht."

„Wer darf denn anrufen?"

„Meine Supervisorin."

„Okay, wo ist die?"

„Die ist noch nicht da."

„Wann kommt sie?"

„Ich weiß es nicht."

„Dürfen Sie Ihre Supervisorin anrufen?"

„Ja, natürlich."

„Dann machen Sie das doch bitte und fragen Sie, ob sie bitte ihren Vorgesetzten, Herrn Escobar anrufen kann, damit wir endlich durch dieses scheiß Tor auf diesen verpissten Flughafen…"

Doreen kneift mich. „Nimm dich zusammen, sonst kommen wir hier nie rein", flüstert sie.

Zehn Minuten später ist die Supervisorin da und weitere zehn Minuten später, in denen ich ohne Probleme ihre Schuhe hätte besohlen können, sind wir endlich an unserem Trike angelangt, verstauen alle Gepäckstücke und laufen los in Richtung Zoll und Immigration, um die letzten fehlenden Stempel abzuholen. Die Leute beim Zoll sind wirklich nett. Offenbar sind alle Mitarbeiter des Flughafens morgens ausgeschlafener als nachmittags. Ich öffne zuversichtlich die Tür zur Immigration und traue meinen Augen nicht: Ein rundlicher kleiner Mann mit Oberlippenbart und streichholzkurzer Haarpracht, die an den Schläfen und am Hinterkopf bereits bedenkliche Lücken aufweist. Nein! Soviel Pech können wir doch nicht haben. Ausgerechnet der Beamte, der uns bei der Einreise betreut hat und uns unbedingt einen Agenten verpassen wollte. Jetzt sieht er seine Stunde gekommen. „Es fehlt die

Durchschrift eines der Einreiseformulare. Ich habe hier nur das Original, das ich behalten muss."

„Wir sind gerade bei der Ausreise."

„Ich hatte Ihnen ja gesagt, ohne Agent ist das schwierig." Er blättert bereits in einer Akte und findet das gesuchte Original.

„Ich brauche eine Kopie hiervon."

Ein Kopierer steht vier Schritte von seinem Schreibtisch. Ich zeige wortlos auf das Gerät. Er schüttelt ebenso wortlos den Kopf und hält mir provozierend wedelnd das Formular entgegen.

Ich schnappe nach Luft, beherrsche mich im Hinblick auf die unerbittlich laufende Zeit, renne zum Zollbüro gegenüber. Diese supernetten Leute machen mir die Kopie. Ich renne zurück.

„Ich brauche zwei Kopien. Eine bekommen Sie gestempelt mit, eine muss ich abheften."

Dieser Arsch! Ich renne wieder zum Zoll und mit der zweiten Kopie zurück. Jetzt fällt ihm keine weitere Schikane mehr ein und ich bekomme im Zeitlupentempo meine Unterlagen ausgehändigt.

Nun nur noch die Flugsicherung, Stempel abholen und Flugplan aktivieren lassen. Das geht superschnell und fünf Minuten später sitzen wir im Trike. Lassen den Motor warmlaufen und um 6:30 Uhr sind wir startklar.

Ich erbitte Starterlaubnis. Mir wird auch bereits die Startbahn zugewiesen. Doch dann befiehlt der Tower: „Ihre Papiere sind nicht in Ordnung. Bitte machen Sie den Motor sofort aus und begeben sich ins Flughafengebäude."

Ich schreie, ich fluche. Und ganz kurz überlege ich, ob ich den Funkspruch einfach ignorieren soll. In einer Minute wäre ich in der Luft. Doreen scheint meine Gedanken zu ahnen und legt beruhigend ihre Hand auf meine Schulter. Ich stürme davon und lasse sie eingekeilt zwischen dem Gepäck im Trike sitzen. Bei meinem Spurt ins Flughafengebäude fällt mir ein, dass sie sich so gar nicht allein abgurten kann. Die Sonne ist aufgegangen und es wird langsam ziemlich heiß, besonders in unserer kompletten Flugbekleidung. Sorry, Doreen, aber ich kann jetzt nicht umkehren, denn ich bin schon an der Tür zur Flugaufsicht.

„Es fehlt ein Stempel der Polizei."

„Okay. Wohin? Und wo ist das Büro?"

Sie zeigt mir den Weg. Ich will schon losstürmen, da ruft sie mir hinterher „Die machen erst um 8 Uhr auf."

Ich stoppe. „Wie bitte? Der Flughafen ist seit 6:00 Uhr geöffnet. Wieso machen die erst um 8 Uhr auf?"

Sie zuckt die Achseln und sieht mich mitleidig an.

Ich renne trotzdem zum angegebenen Büro in der irren Hoffnung, einer der Mitarbeiter könnte heute schon früher kommen.

Vor der abgeschlossenen Tür möchte ich am liebsten in mich zusammenfallen, so fertig bin ich. Ich erinnere mich an Doreens unbequeme Position und kehre zum Trike zurück. Aber sie hat natürlich längst einen vorbeilaufenden Sicherheitstypen um Hilfe gebeten. Sonst wäre sie zerflossen, meint sie. Ich bin dankbar, dass sie mir keine Vorwürfe macht, denn meine Stimmung schwankt zwischen Tränen, Wut und Aggression. Letztere bekommt praktisch jeder mit, der uns entgegenkommt.

„Sollten wir jemals wieder nach Belize reisen, nur in einem Passagierflugzeug", stöhnt Doreen leise und ich begebe mich zurück auf die Wartebank vor dem Polizeibüro.

Kurz vor acht halte ich es nicht mehr aus, so ruhig zu sitzen, und stehe auf.

„Wenn wir um halb neun starten, geht es doch auch noch, oder Schatzi?", fragt Doreen.

„Da wir über das Wasser fliegen, vielleicht gerade noch so. Die Sonne heizt Wasser viel langsamer und gleichmäßiger auf als das Land."

Gefühlte hundert Mal sehe ich auf die Uhr. Die Zeit vergeht trotzdem nicht schneller. Acht Uhr fünf. Acht Uhr fünfzehn. Acht Uhr zwanzig. Weit und breit keine Flughafenpolizisten. Um acht Uhr fünfundzwanzig kommt einer im Schlendergang, den Frühstücksbeutel in der Hand, und schließt die Tür auf. Ich fahre ihn an, warum er jetzt erst kommt.

„Wieso? Ich bin doch früh dran. Mein Boss hat gesagt, hier sei irgendein Verrückter, der auf mich wartet. Sind Sie der Verrückte?"

„Sie sind spät dran. Es ist fünfundzwanzig Minuten nach acht, nicht vor."

„Mein Dienst fängt um halb neun an. Also bin ich früh dran. Geben Sie mir mal die Papiere." Er hält mir eine Hand entgegen, die andere ist besetzt von seinem Frühstücksbrot, von dem er herzhaft abbeißt.

„Nun muss ich noch das Gepäck inspizieren."

„Lieber Herr, wir reisen aus, nicht ein."

„Die Vorschriften sagen, ich muss das Gepäck inspizieren. Bei der Einreise und bei der Ausreise. Aber netterweise komme ich jetzt mit Ihnen mit zum Trike, damit es schneller geht."

Weil ich nicht in der Lage bin, freundlich mit diesem Mann umzugehen, übernimmt Doreen die Auskünfte, welche Dinge in welcher Tasche enthalten sind, während ich innerlich kochend zusehen muss, wie der Polizist in aller Ruhe ein paar Erinnerungsfotos vom Trike schießt. Schließlich ist es kurz vor neun, als wir wieder bei der Flugaufsicht sind.

„Ja, wunderbar. Jetzt sind Ihre Papiere in Ordnung. Sie können starten."

„Sehen Sie mal aus dem Fenster. Ich kann nicht mehr starten. Der Himmel ist bereits dunkelgrau und die angekündigte Regen- und Sturmfront wird in spätestens fünf Minuten den Airport erreicht haben", antworte ich mit müder Stimme. Ich kann mich nicht einmal mehr aufregen.

„Heißt das, dass Sie heute nicht starten werden?"

„Ja, das heißt es."

Sie dreht sich um, greift in ein Ablagefach und hält mir zwei taufrische Formulare entgegen. „Dann müssen Sie bitte diese Einreiseformulare hier ausfüllen. Wo Sie die erforderlichen Stempel bekommen, wissen Sie ja inzwischen. Gesundheitsamt, Zoll, Immigration, Polizei und dann kommen Sie wieder."

Ich breche zusammen. Zumindest meine Stimme tut das. Ich stottere ihr entgegen, dass sie doch einfach die Einreiseformulare nehmen soll, die sie gerade in den Händen gehalten hatte.

Ready for Rock 'n' Roll durch den Nebel von Belize

„Die sind jetzt ungültig. Da sind ja die Ausreisestempel drauf.“
Die nächsten Minuten ziehen an mir vorbei, ohne dass ich wirklich weiß, was passiert. Aber am Ende haben alle Behörden ihren Ausreisestempel ungültig gemacht und die Dame von der Flugsicherung ist zufrieden. Ich dagegen will nur noch weg. Egal wohin, aber hier halte ich es keine Minute mehr aus, zumal das meteorologische Institut einen möglichen Weiterflug frühestens für Montag voraussagt. Heute ist Donnerstag.
„Wir kommen hier nie mehr weg“, sage ich zu Doreen.
Sie nimmt mich in den Arm. „Schatzi, wir kommen immer irgendwann irgendwie von irgendwo weg. Hör nur bitte endlich auf zu fluchen. Das kommt nicht gut an, wenn du großkotzig den Belizianern erklären willst, wie man einen Flughafen organisiert. Das macht unsere Lage nicht besser.“
Wenn das mal so einfach wäre, in einer solchen Situation nicht zu fluchen. DTA in Frankreich hat einen Konkurrenten bekommen. Jetzt führen neben dem Trikehersteller auch die Bürokraten des Belize City Airports meine ganz persönliche schwarze Liste an. Mit großem Abstand zum dritten Platz: Peters Hund Max.

Wir nehmen den nächst billigen Flug. Er dauert nur sieben Minuten und bringt uns auf die vorgelagerte Insel Caye Caulker. Weil wir mit einem anderen Pärchen die einzigen Fluggäste sind, darf ich mich mit dem Piloten unterhalten. „Wie macht Ihr das denn mit dieser völlig unmöglichen Bürokratie? Nirgends auf der Welt habe ich so etwas erlebt.“
Er lacht. „Bei allen Linienflügen läuft das vollautomatisch über den Computer ab. Wir müssen manuell nichts ausfüllen und auch nirgends persönlich hin. Und die kleinen Touri-Maschinen machen alles über ihre Agenten.“
„Und zahlen eine Menge Geld dafür.“
„Das nicht allein bei den Agenten bleibt, wie du dir sicher vorstellen kannst. Warum denkst du, dass die dir das Leben so schwer gemacht haben? Wo wollt ihr denn übernachten?“, fragt er.
„Keine Ahnung. Wir müssen erst etwas suchen.“
„Ist teuer hier auf den Cayes.“

Das merken wir dann auch. Kaum eine Pension unter zweihundert Belizedollar, immerhin hundert US-Dollar. No way für unsere Reisekasse. Mir fällt ein, dass Rob hier auf der Insel sein müsste. Er wollte sich mit einem Deutschen treffen, der ebenfalls so ein Trike hat, wie er sich eines kaufen will: mit Flotes zum Start und Landung auf dem Wasser. Caye Caulker ist klein und so ein Trike fällt auf und so weiß der Taxifahrer gleich Bescheid und setzt uns vor einer kleinen Appartementanlage ab. Im Garten steht auch tatsächlich das Trike auf einem Anhänger, also sind wir richtig. Walter und Christina begrüßen uns. Rob sei leider gestern bereits abgereist, aber natürlich könnten wir kostenlos in einem der Appartements übernachten. Wir müssten nur helfen, es erst sauber zu machen. Die Gäste seien eben erst abgereist.

Nichts leichter als das, denn ich bin den beiden unglaublich dankbar, uns zwei Gestrandeten eine Unterkunft zu geben. Walter und Christina stammen aus der Nähe von Garmisch-Partenkirchen und sind vor über zwanzig Jahren nach Kanada ausgewandert, haben sich dort eine Farm gekauft und mit Bioprodukten ihr Geld verdient. Irgendwann wurde ihnen der Winter Kanadas zu kalt und zu lange. Wieder verkauften sie alles und zogen gen Süden. Eigentlich wollten sie nur herumreisen. Doch als sie hierher kamen, haben sie sich sofort in die Insel verliebt und sich das Haus mit neun Appartements gekauft. In einem leben sie, die anderen vermieten sie.

Zum Abendessen auf der Dachterrasse gibt es Rotwein. Lecker. Wie lange haben Doreen und ich schon keinen guten Rotwein getrunken? Ich wüsste nicht einmal, wo in Belize man solchen kaufen könnte. Die Herzlichkeit von Walter und Christina und der Wein lassen mich den Stress des Tages abschütteln und ich schlafe in der Nacht wunderbar ein.

Am nächsten Morgen erkunden wir mit dem Fahrrad die nur rund acht Kilometer lange Insel, Doreen bekommt ihren langen Strandspaziergang als kleine Entschädigung, dass sie mich und mein Fluchen gestern so lange ertragen musste. Dann aber zieht ein Sturm vom Feinsten auf, treibt uns den Sand wie Nadelspitzen ins Gesicht, und schnell suchen wir die Sicherheit des Appartements auf. Ich sehe mein Trike vor mir und male mir aus, wie der Sturm die Segel langsam aus der Befestigung zurrt und es zerfetzt, das Trike umfällt und die Instrumente empfindliche Schläge erhalten. Ich kann an nichts anderes mehr denken, bis Doreen vorschlägt: „Ruf doch einfach den Tower in Belize City an. Die können das Trike von dort oben doch sehen."

Tolle Idee. Ich erfahre, dass in Belize City gar nicht so starke Winde herrschen und das Trike unverändert und sicher auf seiner Parkposition steht, an der wir es verlassen haben.

„Was machst du denn jetzt?"

„Ich geh noch ein bisschen spazieren."

„Bei dem Wetter?"

„Hast ja Recht. Ist Blödsinn." Ich schließe die Tür wieder.

„Die Flughafenfeuerwehr ist direkt gegenüber unserer Parkposition. Ruf die doch einfach nochmal an", schlägt sie vor und ich wundere mich, wieso sie schon wieder meine Gedanken lesen kann. Als mir die Feuerwehr versichert, dass wirklich alles in Ordnung sei, entspanne ich mich nun endlich, zumal ich sehe, dass Doreen gerade eine saftige Ananas aufschneidet.

„Komm, Schatzi, ich habe uns einen sehr leckeren Fruchtcocktail gemixt."

Mir läuft das Wasser im Mund zusammen, aber da sich endlich die extrem langsame Internetverbindung aufgebaut hat – wahrscheinlich liegt es am Sturm – will ich noch kurz den Maileingang checken.

„Bin sofort fertig. Ach, Susanne hat geschrieben."

„Braucht sie wieder einmal deinen Rat? Den kannst du ihr auch nachher noch geben."

Doch ich habe die Mail bereits geöffnet. Beim Lesen fängt meine rechte Hand auf dem Mousepad unkontrolliert zu zittern an. Mein Herz rast und alle Schweißdrüsen meines Körpers arbeiten plötzlich auf Hochtouren. Ich kann nicht glauben, was ich da lese. Ich verstehe es nicht, besser gesagt, ich will, dass ich den Text auf dem Monitor gerade missverstanden habe.

„Schatzi!"

Ich antwortete nicht, sondern lese Susannes Nachricht noch einmal, und noch ein drittes Mal. Wie ein Legastheniker Wort für Wort, Satz für Satz. Aber es gibt keinen Zweifel. Der Text, der mit langen und umständlichen Erläuterungen Susannes über ihre persönliche Lebenssituation und ihre Arbeit beginnt, endet tatsächlich mit dem Satz, dass sie ihre Anstellung bei Otto's Tours gekündigt hat und zwar bereits mit Wirkung 1. April.

Doreen ist zu mir getreten und sieht mich prüfend an. Ich schüttele nur abwehrend den Kopf und stürze aus dem Appartement, die Treppe herunter, aus dem Haus und renne weiter in Richtung Strand. Im Dauerlauf folge ich der Wasserlinie, der Sturm treibt den Sand in meine Augen und in meinen geöffneten Mund. Und die Gischt der ankommenden Wellen besprüht mich von oben bis unten. Ich bekomme keine Luft mehr und lasse mich in den Sand fallen. Inzwischen ist es dunkel. Ich greife hinter mich und sammle kleine Steine in meine Hand, schleudere sie mit aller Kraft ins Meer. Aber es bringt mir keine Erleichterung. Dazu bräuchte es jetzt schon Felsbrocken oder schweres Treibholz, wenigstens eine dicke fette Kokosnuss, die ich auf der Stelle zertrümmern könnte. Ich stehe auf und gehe langsam zurück. Ich habe die Email offengelassen. Doreen wird also schon Bescheid wissen. Wie um Himmels Willen soll ich von hier aus eine neue Marketingmitarbeiterin an Land ziehen? Susanne ist meine Vertreterin geworden, weil sie schon einmal jahrelang in Kolumbien und Ecuador für Otto's Tours gearbeitet hatte und nur aus persönlichen Gründen damals zurück nach Deutschland musste. Otto's Tours hatte mir zusagt, unsere Expedition mitzufinanzieren und mich für die Zeit freizustellen, aber nur unter der Bedingung, dass ich selbst für adäquaten Ersatz sorgen und auch für diesen geradestehen müsse. Sollte dabei etwas schief gehen, müsse ich die Expedition ggf. abbrechen, mindestens aber unterbrechen. Ich war Reiseleiter und Marketingleiter. Reiseleiter als Ersatz zu finden, war in etwa so schwierig, wie in Berlin in angesagter Lage einen Nachmieter für eine günstige Wohnung zu suchen. Aber Marketingleiter sind die wichtigsten Eckpfeiler der Firma. Sie verkaufen die Reisebausteine oder auch Komplettreisen an die Kunden. Das können Privatleute sein, aber in erster Linie sind es andere Reiseunternehmen und -agenturen. Ohne Verkauf gibt es kein Geld. Ohne Geld gibt es keine Finanzierung unserer Expedition. Deshalb habe ich sehr früh und sehr sorgfältig mit der Suche begonnen. Schließlich sollte er bzw. sie auch noch ordentlich eingearbeitet werden. Und da schien es mir wie ein Geschenk des Himmels, als Susanne anrief und schüchtern nachfragte, ob sie nicht ggf. wieder für Otto's Tours arbeiten könne. Und die Freude war auch auf ihrer Seite grenzenlos, als ich ihr sagte, dass sie dafür nicht einmal München verlassen müsse, da dank der modernen Kommunikationsmittel die Marketingtätigkeit im Gegensatz zu damals von jedem Ort der Welt ausgeübt werden könne. Im Hinblick auf die ITB in Berlin, eine der wichtigsten Akquiseveranstaltungen überhaupt, war es sogar günstig, dass sie in Deutschland arbeiten würde. Alles war also bestens vorbereitet. Und nun, nach nur acht Monaten kündigt sie? Obwohl sie weiß, was dieser Schritt für mich bedeutet?

Doreen kommt mir entgegen und nimmt mich wortlos in den Arm.

„Susanne hat mir fast die Füße geküsst, dass sie diesen Traumjob erhielt. Alles passte. Und dann kriegt diese dumme Kuh das nicht auf die Reihe?"

„Will sie vielleicht mehr Geld?"

„Wenn's nur das wäre. Das könnte ich mit Otto's Tours noch irgendwie hinbekommen. Aber du hast es ja gelesen: Es habe definitiv keine finanziellen Gründe. Was aber wirklich dahinter steckt, darüber schweigt sie sich aus. Weißt du, ich habe durchaus auch mit der Möglichkeit gerechnet, dass jemand, der mich vertritt, nicht die ganzen drei bis vier Jahre dabei bleibt, aber ich hätte erwartet, dass derjenige es rechtzeitig sagt, ein halbes oder sogar ein ganzes Jahr vorher. Dann hätte ich genug Zeit, einen Ersatz zu finden. Aber schon per Ende März? Was denkt sich Susanne, wie das von hier aus zu schaffen ist?"

„Ich dachte, sie hätte damals bereits so etwas gemacht."

„Ja, sie kennt den Laden durch und durch und hat sich früher auch super angestellt."

„Manche Menschen sind nicht für eine selbständige Arbeit geeignet."

„Das hätte sie sich früher überlegen müssen. Und der Zeitpunkt ist der denkbar ungünstigste."

„Warum?"

„Wegen des kleinen Zeitfensters der Atlantiküberquerung oben über Grönland. Wenn ich jetzt vielleicht monatelang unterbrechen muss, müssten wir das Trike transportieren lassen, um dieses Zeitfenster für die Überquerung nutzen zu können. Dann ist es auch vorbei mit dem Weltrekord, es ohne Bodenunterstützung und Transport zu schaffen."

„Und nun, wann fliegen wir nach Deutschland zurück?" Ich höre das leichte Zittern in Doreens Stimme. Mein Traum vom Fliegen ist längst auch ihr Traum geworden.

„Ich werde alle Hebel in Bewegung setzen, um das zu vermeiden." Ich bleibe stehen und drücke sie fest an mich. Ich will mich vor ihr zusammennehmen, will nicht, dass sie merkt, wie mutlos ich gerade bin.

Unsere bisherige Expedition war eine Achterbahnfahrt. Täler mit Prüfungsstress, Bruchlandung, scheinbar unüberwindbarer Bürokratie und technischen Pannen wechselten ab mit Bergen wunderbarer Flugerlebnisse, unglaublicher Gastfreundschaft und faszinierender Schönheit der Landschaften. Aber jetzt droht unser Wagen, mit einem doppelten Looping aus der Bahn zu fliegen.

Pech gehabt, liebe Susanne, denn ich habe vor, fest in der Spur zu bleiben. Dies wird nicht das Ende unserer Reise sein!

Teil 2 folgt (ganz sicher!)

Karte

Die Autorin

Die Autorin Cordula Hamann wurde 1959 in Hannover geboren. Sie ist verheiratet und lebt mit ihrer Familie in Berlin und in Spanien. Ihre literarischen Schwerpunkte sind Kriminalromane, Thriller und Familiendramen. Sie ist im Vorstand des „42erAutoren – gemeinnütziger Verein zur Förderung der Literatur e.V."

Andreas Zmuda, Cordula Hamann und ihre Familien kennen sich seit 1994 und verloren auch über Entfernung und Zeit niemals den Kontakt zueinander. Bei der Expedition steht Cordula Hamann den Abenteurern als Autorin zur Seite. Sie bringt die Erlebnisse von Andreas Zmuda und Doreen Kröber, die als Sprachdateien ihren Weg über den Atlantik finden, zu Papier und in Form.

Weitere Informationen über die Autorin: www.cordulahamann.de.

Die Multimedia Show zur Reise

Termine & Infos:
www.trike-globetrotter.de oder http://termine.traveldiary.de

Reise in das Innere Nordamerikas

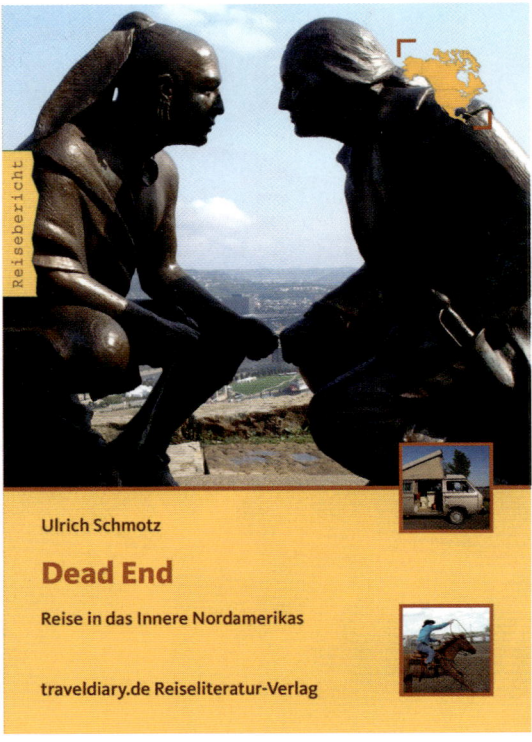

Fast 200 Jahre nachdem der Entdecker Prinz Maximilian zu Wied zu einer abenteuerlichen Reise in das Innere Nordamerika aufbrach, folgt Ulrich Schmotz dessen Spuren.

Mit der Vergangenheit im Gepäck reist er durch den Norden der heutigen USA. Vom Hafen der Pilgerväter in Boston über New York und die Wiege der amerikanischen Nation in Philadelphia, startet er mit einem VW Bulli seinen Treck nach Westen. Über die Staaten des Mittleren Westens führt die Route bis an den Missouri zu Füßen der Rocky Mountains. Als Ulrich Schmotz in Fort McKenzie den Endpunkt der Reise zu Wieds erreicht, hat er ein Nordamerika kennengelernt, das heute zu vielen Augen verborgen bleibt.

Erhältlich im Buchhandel und auf http://shop.traveldiary.de.